Os tortuosos caminhos
da educação brasileira

Claudio de Moura Castro é economista, mestre pela Yale University e doutor pela Vanderbilt University. Foi professor de várias universidades, entre elas Pontifícia Universidade Católica do Rio de Janeiro, Fundação Getúlio Vargas, Universidade de Brasília, University of Chicago e Université de Genève. Foi secretário executivo do Conselho Nacional de Recursos Hídricos do Instituto de Pesquisa Econômica Aplicada (CNRH/IPEA), chefe da unidade de políticas de formação profissional na Organização Internacional do Trabalho (OIT), em Genebra, trabalhou no Banco Mundial, em Washington, e foi assessor-chefe para a educação do Banco Interamericano de Desenvolvimento (BID). Pesquisador em educação, publica mensalmente uma coluna da revista *Veja* desde 1996.

C355t Castro, Claudio de Moura.
       Os tortuosos caminhos da educação brasileira : pontos de vista impopulares / Claudio de Moura Castro. – Porto Alegre : Penso, 2014.
       232 p. : il. ; 23 cm.

       ISBN 978-85-65848-76-3

       1. Educação. 2. Situação educacional. I. Título.

CDU 37.011.3

Catalogação na publicação: Ana Paula M. Magnus – CRB10/2052

Claudio de Moura Castro

Os tortuosos caminhos da educação brasileira

pontos de vista impopulares

2014

© Penso Editora Ltda., 2014

Gerente editorial: *Letícia Bispo de Lima*

Colaboraram nesta edição

Editora: *Lívia Allgayer Freitag*

Capa: *Tatiana Sperhacke - TAT studio*

Ilustração de capa: *Claudio de Moura Castro*

Preparação de original: *Cynthia Beatrice Costa*

Leitura final: *Cristine Henderson Severo*

Editoração eletrônica: *Formato Artes Gráficas*

Reservados todos os direitos de publicação à
PENSO EDITORA LTDA., uma empresa do GRUPO A EDUCAÇÃO S.A.
Av. Jerônimo de Ornelas, 670 – Santana
90040-340 Porto Alegre RS
Fone (51) 3027-7000 Fax (51) 3027-7070

É proibida a duplicação ou reprodução deste volume, no todo ou em parte, sob quaisquer formas ou por quaisquer meios (eletrônico, mecânico, gravação, fotocópia, distribuição na Web e outros), sem permissão expressa da Editora.

SÃO PAULO
Av. Embaixador Macedo Soares, 10.735 – Pavilhão 5 – Cond. Espace Center
Vila Anastácio – 05095-035 – São Paulo SP
Fone (11) 3665-1100 Fax (11) 3667-1333

SAC 0800 703-3444 – www.grupoa.com.br
IMPRESSO NO BRASIL
PRINTED IN BRAZIL

Agradecimentos

A matéria-prima original deste livro são meus ensaios para a revista *Veja*. Tenho como hábito enviar versões preliminares para uma lista de amigos e conhecidos. Alguns gostam, deixando minha autoestima mais sestrosa. Fico feliz. Outros criticam o mau uso da língua de Camões, tropeços da lógica, contradições, omissões, ambiguidades ou argumentos claudicantes. Há quem alerte para a ira que pode despertar nos meus inimigos essa ou aquela palavra. Fico furioso ao receber críticas, mas lentamente meus humores se metamorfoseiam em gratidão. É melhor que sejam os meus amigos a achar os erros!

Pensei em citar alguns nomes de eméritos comentaristas. Mas desisti, pois magoaria os leitores que, pelo silêncio, dão o seu aval às minhas escrivinhações. Sendo assim, permanecem anônimos todos os meus benfeitores.

Agradeço também a alguns leitores da *Veja* que escrevem oferecendo críticas pertinentes. No presente livro, devo a eles algumas revisões.

Transformar uma coleção de ensaios em um livro dá mais trabalho do que pode parecer. É preciso criar uma espinha dorsal, um fio condutor, para ajuntar ensaios criados ao sabor da inspiração do momento. Há buracos a preencher, há duplicações, umas evitáveis e outras inevitáveis. Até contradições.

Com enorme dedicação e competência, minha irmã, Eliana Moura Castro, leu e comentou vários dos meus escritos. A arrumação do presente livro foi mais um desses casos. Seus comentários críticos e suas sugestões ajudaram consideravelmente a melhorar o texto. Portanto, agradeço a ela pela boa vontade e paciência.

Sumário

Apresentação	11
1 As leis do bem pensar	15
Grotões da razão	15
Educação baseada em evidência ou em palpites?	17
O ópio dos intelectuais brasileiros	19
Impérios em guerra: educadores *versus* economistas	21
Mentir com estatísticas? Mas há vacinas	23
Sociedade iterativa: agora pensamos diferente	28
2 Alfabetização e seus dilemas	31
O "Novo Mobral" e os adultos analfabetos	31
Alfabetização de adultos: o choque das religiões	33
Lições do futebol	36
A guerra dos alfabetizadores	38
3 Ensino fundamental: o alicerce de tudo mais	41
PRIORITÁRIA É SÓ A QUALIDADE	41
A qualidade do ensino fundamental: o óbvio que não é óbvio	41
EQUAÇÃO POLÍTICA DO ENSINO	47
A escola é ruim porque os pais acham boa?	47
Quando a sociedade quer...	50
Em se plantando dá	52
O papel dos empresários: tirar a politicagem da educação	54
A culpa é do tataravô	56
Ruim comparado com quem?	58

A EDUCAÇÃO ESPELHA A SOCIEDADE 60
   Escolha seus pais com cuidado 60
   A vovó na janela 62
   Raça e a maquiagem do Frankenstein 64
COMO FAZER FUNCIONAR UMA ESCOLA 66
   Aprovar quem não aprendeu a lição? 66
   Repetência, aprovação automática e luta de classes 69
   A tríplice aliança 70
   No futebol pode 72
   Diamantes descartados na oficina de lapidação 74
   Educação em áreas conflagradas 75
   Salário de professor 77
O "FEIJÃO COM ARROZ" DO ENSINO 79
   O relatório de Mr. Saturnino 80
   Na Finlândia ou no Piauí, a teoria do feijão com arroz 85
   A hora da sala de aula 87
   Mona áspera 89
   Ensinar se aprende 91
   Satanás apostilado 92
A CIÊNCIA E A ARTE DA SALA DE AULA 95
   Construtivismo e destrutivismo 95
   Pianistas e professores: Nelson Freire ou Mozart? 97
   O Professor Nota 10 99
   As duas matemáticas 101
   Educar é contar histórias 103
   Mogli, o menino-lobo 105
   Relativismo e subjetivismo na escola 107
   Academia de ginástica (mental) 109
   Naufrágio curricular 111
   Livros para gênios? 113
AS ESCOLAS DA ROÇA 115
   Ônibus é educação? 115
   As escolas de Dona Vicky 117

4 Ensino médio: órfão de ideias, herdeiro de equívocos 119
   Papéis clássicos do médio 121
   O Brasil, a pátria do modelo único 123
   Por que nossas soluções são equivocadas 123
   E agora, como escapar dos enganos do passado? 125

5 Vestibular: traumatismos e enganos 129
   As crendices no vestibular 129

E se os reitores fizessem seus vestibulares? ... 132
(O)caso dos cursinhos ... 134

6 Os desencontros no ensino superior ... 136
AS ENCRENCAS E A POLITICAGEM ... 136
Para salvar a universidade ... 136
A mercantilização do ensino ... 140
Capitalismo de meia tigela ... 142
Educação é mercadoria? ... 144
Tapetão medieval ... 146
Diplomas, qualidade e monopólio ... 148
Vagas no ensino e vagas na garagem ... 150
A reforma: xenofobia e inocuidade ... 151
Harvard foi parar no Irajá ... 155

FUNCIONAMENTO ... 157
Cinco asneiras sobre o ensino superior ... 158
Geografia e mitologia da pesquisa ... 160
O brasileiro da Nokia ... 162
A faculdade da roça ... 164
Muitas universidades em uma só ... 166

QUEM VAI PAGAR A CONTA? ... 168
A rifa viciada do Fiat e a doação da bicicleta ... 168
O MEC acertou: Prouni ... 172

APRENDENDO UM OFÍCIO NO SUPERIOR ... 174
O sofisma da especialização ... 175
A epidemia dos diplomas? ... 176
Diplomas na Cartoriolândia ... 178
E se os professores cumprissem a lei? A ilegalidade virtuosa ... 180
Por que quatro anos? ... 182
A hora do mestrado profissional ... 184

7 Enguiços e promessas da formação profissional ... 189
O ensino das profissões manuais ... 189
O ensino técnico sem rumo ... 193

8 Estudo com trabalho e trabalho com estudo ... 197
Aprendizagem de fingidinho? ... 197
Acabemos com os falsos estágios! ... 199

9 Educação com tecnologia? ... 202
Os computadores e seus mitos ... 202
Educação ou embromação à distância? ... 206
Computador para pobre, livro para rico ... 208

10 Avaliação: o GPS do ensino ... 210
Medimos bem a ruindade da nossa educação ... 210
Ideb, o novo termômetro da educação ... 213
A pior escola vai melhorar? ... 215
Porque defendo a avaliação do ensino superior ... 217
Dom Pedro II ensina a visitar faculdades ... 221

Apêndice – Conselhos para escolas e pais ... 226
O decálogo dos pais ... 226
Dez sugestões para melhorar o ensino básico ... 228
Os dez conselhos para uma escola bem-sucedida ... 229

Apresentação

Neste seu mais recente livro, Claudio de Moura Castro nos traz alguns de seus pontos de vista mais impopulares. O alerta consta já no subtítulo e, maliciosamente, sugere que o livro é dirigido àqueles que julgam suas posições impopulares. De saída, sente-se a ferroada, como se o subtítulo do livro expressasse algo mais ou menos assim: "Trago pontos de vista impopulares. Vai encarar?". Alguns poderiam interpretar a iniciativa como mera demarcação ideológica. Entendemos que o propósito do autor é outro, sem prejuízo de seu nítido posicionamento diante de questões para lá de polêmicas. Deixando à parte a alta carga irônica que caracteriza seu estilo argumentativo, e que, aliás, permeia praticamente todos os ensaios do livro, trata-se na verdade de um convite ao debate sobre a educação brasileira. No fundo, é esta a proposta do livro: travemos um bom debate. A causa é justa e merece nosso esforço.

Não se trata neste texto de apresentar o autor, velho conhecido de acirradas polêmicas entre os educadores nacionais e assíduo frequentador do cenário intelectual dedicado à discussão da educação; tampouco de apresentar ou comentar detalhes acerca de seus pontos de vista – seja para apontar eventuais tangências, seja para acentuar nossas divergências. Deixemos que o texto fale por si só, ficando ao leitor a tarefa de julgar o mérito das propostas ali contidas. O fundamental é ressaltar a importância do debate para a melhoria da qualidade da educação. E não existe debate sem antagonismo ou confronto de posições, sem que reconheçamos algum valor intrínseco à simples existência do outro, sem que valorizemos a presença do interlocutor por si só.

O ponto de partida parece ser o seguinte: educação e dogmatismo não combinam. Aliás, são imiscíveis. Na educação, e não apenas na sala de aula, mas sobretudo na gestão da política educacional, o dogmatismo ideológico de qualquer matiz tem apenas o significado de nos tolher a criatividade, turvando a visão diante dos problemas concretos a serem resolvidos com a urgência que nosso tema requer. É claro, fazemos referência aos preconceitos e tabus ideológicos "de esquerda" ou tidos como progressistas tanto quanto aos "de direita", tidos como autoritários, conservadores ou neoliberais. Mais importante do que rotular ou posicionar autores, ideias e propostas no amplo espectro ideológico do horizonte discursivo em que o debate educacional pode se desenrolar, é preciso antes de tudo ouvi-los naquilo em que eles revelam de profundo comprometimento com a causa educacional. É o caso dos pontos de vista impopulares de Claudio de Moura Castro. Não é preciso concordar com eles para lê-los (nem sequer para apresentá-lo!); basta o comprometimento do autor com a educação do país, algo que não se deve colocar em questão.

É evidente que o processo de ensino e aprendizagem é um processo dialógico. Isso é reconhecido por todos os educadores e pensadores da educação, independentemente de filiação ideológica. O curioso é que o debate nacional acerca da educação muitas vezes não o é. Nas mais diversas situações, é possível observar como intelectuais igualmente comprometidos com a educação e seriamente envolvidos com o destino de nossos alunos acabam por se envolver em disputas de demarcação de posições simplesmente porque estão situados em polos opostos do espectro pedagógico, o que faz apenas reforçar preconceitos de parte a parte.

Quando estive no Ministério da Educação, fizemos o esforço contrário. Não seria exagero dizer que os anos de intenso trabalho despendidos caracterizaram-se, em essência, pelo antidogmatismo. A rigor, o antidogmatismo parece ser o único dogma, a única regra absoluta em educação, não obstante essa formulação possa soar um tanto paradoxal. Se o trabalho que foi desenvolvido pela minha equipe do MEC tem algum mérito, ele é consequência de um acúmulo de vivências, de uma miríade de reivindicações direcionadas a nós ao longo dos anos e de uma multiplicidade de pontos de vista com os quais nos habituamos a lidar ao longo dos anos. De um extremo a outro do espectro ideológico que organiza o debate acadêmico sobre educação no Brasil, todos foram considerados em alguma medida. Até mesmo à revelia daqueles que se recusavam ao diálogo, seus pontos de vista foram respeitados. De certa maneira, as possíveis inovações promovidas somente foram possíveis por conta da diversidade de fontes políticas e intelectuais que irrigaram a concepção do trabalho.

Não se quer dizer com isso que o nosso trabalho no Ministério teve um caráter conciliatório ou eclético, nem que superou as possibilidades de disputa política, muito menos que ele tenha sido imunizado de qualquer posicionamento diante das tarefas que se põem à política educacional brasileira. Todo e qualquer plano de governo se situa claramente no universo do discurso educacional, com plena consciência e segurança das propostas e ações das quais ele se compõe. A questão é: essa segurança decorre de que estivemos abertos a ouvir, sem bloqueios apriorísticos, sem preconceitos considerados insuperáveis. Por essa razão, a ação de governo deve se caracterizar por uma pactuação de esforços em que a coerção não ocupe posição central. A participação da comunidade escolar ou acadêmica, o autodiagnóstico e a responsabilização mútua são os protagonistas.

E isso somente foi possível porque procuramos adotar, desde o início, a confiança no debate franco e aberto como guia seguro para nossas ações. Um verdadeiro ambiente dialógico exige pelo menos três premissas fundamentais: (*i*) a capacidade de suspender, ou ao menos pôr em dúvida, nossas próprias convicções iniciais, submetendo-as ao teste crítico da posição do outro; (*ii*) assumir a possibilidade de que nosso ponto de vista pode ser aprimorado pela interação com o outro, ou seja, antes de tudo é preciso reconhecer alguma legitimidade prévia à mera disposição deliberativa do nosso interlocutor; e, por fim, (*iii*) é preciso engajar-se no debate guiado pela força do melhor argumento, admitindo a plausibilidade de abandonar, revisar ou reformular nossos próprios pontos de partida. É claro, a hipótese de confirmá-los e mantê-los sempre existe e, nesse caso, ela será sólida porque foi submetida ao teste da crítica – em todo caso, será mais sólida do que a mera reiteração teimosa dos pressupostos dos quais partimos.

Nos anos em que estive à frente do MEC, convivi com dezenas de educadores respeitáveis, absolutamente comprometidos com a causa educacional. Basta considerar, por exemplo, a realização da primeira Conferência Nacional de Educação, as inúmeras redes informais de diálogo e interlocução estabelecidas em torno do Ministério, bem como a composição dos Conselhos Técnico-Científicos da Capes, o Conselho Nacional de Educação (CNE), a Comissão Nacional de Avaliação da Educação Superior (CONAES), dentre outros colegiados, para avaliar a minha sorte. Além disso, contei sempre com a disposição para o diálogo dos dirigentes das associações de ensino e das organizações de trabalhadores em educação. Muitos deles são antagonistas de Claudio de Moura Castro, outros simpáticos a ele. Seria desonestidade intelectual da minha parte, contudo, se eu afirmasse que seus pontos de vista podem ser simplesmente ignorados.

Enfim, nosso propósito é ressaltar o valor da contribuição de Claudio de Moura Castro para o debate nacional em torno da educação. Seu comprometimento é motivo suficiente para submetermos seus pontos de vista à consideração. Se o leitor não gostar deles, desconstrua-os ou reconstrua-os. Derrote-os com evidências e bons argumentos: esse é o jogo proposto pelo autor. O que interessa é que, ainda que impopulares e irônicos, não são pontos de vista resignados diante da situação da educação brasileira e diante do esforço que se requer do Estado e da sociedade no benefício das futuras gerações. O comprometimento e a insatisfação do autor são motivos mais do que suficientes para enfrentá-los. Vai encarar?

Fernando Haddad
Ministro da Educação entre 2005 e 2012.
Doutor em Filosofia e Mestre em Economia.
Professor de Ciência Política da Universidade de São Paulo (USP).

1
As leis do bem pensar

> Vós, investigadores, não deveis confiar em autores que, apenas pelo emprego da imaginação, se fazem intérpretes entre a natureza e o homem, mas somente naqueles que exercitaram seu intelecto com os resultados de experimentos.
>
> Leonardo da Vinci

A educação tem muito a ver com aprender a pensar. É preciso evitar tropeços mentais que, infelizmente, tendem a se repetir ao longo do tempo. Vendo outro ângulo, por pensar mal, criam-se dificuldades para entender os próprios temas da educação que são tratados no presente livro.

Este capítulo lida com a razão e com as regras e os hábitos do bem pensar. Ilustra também equívocos frequentes, resultantes de preconceitos e confusão entre fatos e opiniões e da falta de disciplina intelectual.

Grotões da razão

Junto com os notáveis avanços da humanidade em muitas áreas, há também cantos esconsos em que ainda prevalece um lastimável primitivismo intelectual. Na educação, há assuntos ainda mergulhados na lenda, no mito, na crença emocional. A eles, parece que a razão não consegue chegar.

Galileu disse que a Terra gira em torno do Sol. Darwin afirmou que os homens e os macacos têm antepassados comuns. Einstein disse que massa vira energia e que a luz faz curvas. Essas mudanças de paradigmas foram marcos importantes no desenvolvimento da ciência.

Com a sua espantosa imaginação, cada um desses gigantes da ciência abalou as bases do conhecimento em sua área. Mas, no fundo, a revolução científica maior ocorreu na forma pela qual se passou a decidir quem tinha razão. Galileu foi condenado e quase queimado em praça pública pelos tribunais da Santa Inquisição. Os curadores da verdade eram os religiosos, e seus critérios eram baseados nas escrituras sagradas. Após décadas titubeando, Darwin arrostou o pensamento religioso da época. Mas já não se arriscava a ser queimado vivo. Revelando o avanço intelectual da época, a discussão lentamente pendeu para os argumentos científicos. No início do século XX, tomou corpo a teoria da relatividade, incendiando a física clássica. Mas, diante da novidade, a Igreja nada disse, e os físicos perguntaram: "Ah, é? Cadê a evidência?".

A marca do progresso científico é justamente o maior peso que vai ganhando a evidência empírica para decidir quem está certo. Perdem espaço a fé, a ideologia e a superstição. Cada vez mais, é o teste da realidade que decide, marcando a transição de Galileu para Einstein. Obviamente, nem todas as ciências avançam em ritmo igual. E a geografia do progresso é cheia de grotões sombrios, nos quais ainda impera o espírito da Inquisição. E, na topografia intelectual brasileira, há muitos grotões.

Avança a medicina baseada em evidência. Ótimo. O remédio é escolhido porque amplas pesquisas mostraram ser ele a melhor escolha. Contudo, embora a preocupação com os transgênicos não seja descabida, trata-se de um assunto científico cuja discussão sofreu um retrocesso, pois não é o que se podia esperar nos dias de hoje. Voltamos às lutas ferozes e prenhes de raivas dos tempos de Darwin. Em vez de vasculhar a evidência científica disponível, os argumentos recendem a anticapitalismo, protecionismo de alguns países e querelas de poder.

Na economia, as cores ideológicas tingem cada vez menos o processo decisório. Nosso bom jornalismo econômico fala do mundo real, progressivamente desvencilhando-se da mitologia e dos modelos simplistas. Mas ainda há pregadores falando mal do Fundo Monetário Internacional (FMI), do Banco Central e de outros assuntos técnicos sem nada conhecer. Volta a Santa Inquisição, agora vestida de patrulha ideológica. Muitos cometem o erro elementar de duvidar dos resultados das estatísticas. Devemos duvidar dos métodos de coleta, dos procedimentos de análise e das interpretações. De resto, boa parte da formação científica consiste em aprender a desconfiar e a encontrar erros nessas etapas. Contudo, se não somos capazes de detectar vícios nos processos usados, não podemos recusar os resultados. Essa é a primeira regra do método científico. Mas essa disciplina intelectual é mais árdua do que dar palpites sobre o que não se estudou e ainda menos se aprendeu.

Já se disse que existe um limite para o que se pode fazer com números, bem como um limite para o que se pode fazer sem números. Julgamentos morais e escolhas acerca de nosso futuro não se resolvem por números. Mas o erro oposto – deixar de usar números – também ocorre.

Na educação, resvalamos para épocas pré-científicas, tratando assuntos quantificáveis sem usar números. É como elucubrar sobre o peso de alguém em vez de pedir que suba na balança. Houve avanços de quantificação, permitindo medir com mais segurança o que os alunos aprenderam na escola, mas isso é ignorado por muitas vozes barulhentas. Há os que querem discutir se a educação piorou sem usar nem entender as estatísticas. Outros querem escolher qual forma de ensinar é melhor, sem medir se com ela os alunos aprendem mais. Os supostamente doutos criticam o Provão e o Exame Nacional de Desempenho de Estudantes (Enade) sem ter a cultura técnica para fazê-lo. Não fosse o bastante, a evidência rigorosamente controlada é tratada como mais um palpite de mais alguém. Da era de Einstein, recuamos para a de Galileu.

Para José Guilherme Merquior:[1]

> [...] os problemas [no Brasil] são sempre apresentados de maneira abstrata, principista e apriorista. Portanto, o coeficiente de análise empírica, de exame concreto de realidades verificáveis é muito pequeno. [...] Falam de noções abstratas [...] O resultado é que se restaurou no Brasil o estilo escolástico de debate. Uma das melhores definições de escolástica como estilo retórico diz que ela era uma maneira precisa de falar de coisas vagas.

Para discutir

1. Esquadrinhe jornais e revistas, buscando exemplos de opiniões dos jornalistas ou entrevistados em que as emoções e os preconceitos tomaram o lugar da ciência e da razão.
2. Faça o mesmo tentando encontrar exemplos de opiniões sobre assuntos técnicos emitidas por pessoas sem as qualificações para tal (sugestões: transposição das águas do São Francisco, FMI, juros, etc.).

Educação baseada em evidência ou em palpites?

Na boa medicina, os tratamentos e remédios são prescritos com base no que diz a melhor pesquisa disponível. Por que, na educação, o ensino é baseado em palpites e em tradição, em vez de se basear nas pesquisas existentes? Esta parece ser uma das razões para o mau desempenho das escolas.

---
[1] Entrevista publicada na revista *Veja*.

Se consultarmos um médico bem-formado, uma vez feito o diagnóstico, ele vai decidir a terapia com base na experiência acumulada com pessoas que apresentaram os mesmos sintomas e tomaram diferentes medicamentos. Será receitado aquele remédio cujas estatísticas de sucesso são maiores do que as das alternativas disponíveis. Decide a evidência e não a palavra do luminar ou a tradição. É a medicina baseada na evidência. Muitos de nós estamos saudáveis ou mesmo vivos graças a esse avanço.

Seria de se imaginar que, na sala de aula, o critério fosse o mesmo. A evidência do que deu mais certo orientaria a escolha, por exemplo, do método de alfabetizar, do livro ou da forma de ensinar. Parece lógico. O princípio funciona bem na medicina. Mas nossos doutos educadores não buscam a evidência acumulada para orientar a sala de aula. Uma possível explicação para isso é que a evidência científica é incontrolável e pode revelar verdades desagradáveis. Ou seja, pode mostrar que a nossa teoria predileta ou o nosso método favorito fazem água.

Com o auxílio de João Batista de Oliveira, exploro abaixo algumas constatações constrangedoras e penosas. O Sistema Nacional de Avaliação da Educação Básica (Saeb) é uma prova tecnicamente benfeita e impecavelmente aplicada. Mostra o nível de aprendizado dos alunos a ele submetidos. Tomando estudantes do 5º ano do ensino fundamental e tabulando-os pelo perfil dos professores que tiveram, podemos calcular a média para cada subgrupo. Essa média indica quanto aprenderam os alunos que têm mestres com esse ou aquele perfil de formação. Os alunos de professores que cursaram magistério ou pedagogia têm notas piores do que os de professores que possuem diploma superior em outra carreira. A leitura das estatísticas, sem nenhuma interpretação ou crítica, diz o seguinte: aprende mais quem aprende com quem não é professor.

Se for verdade, por que não facilitamos aos que possuem outros diplomas de curso superior o acesso ao magistério? O Saeb apenas dá pistas. É preciso aprofundar a análise, com dados complementares. Temos muitas estatísticas e temos gente qualificada para analisá-las com a sofisticação requerida. Precisamos saber mais e com mais precisão.

Aliás, o Saeb mostra, ainda, outras pistas interessantes. Buscando-se os fatores que mais aumentam o rendimento dos alunos, encontramos os seguintes:

- O maior diferencial de rendimento está ligado ao cumprimento do currículo previsto. Se o professor não ensina, o aluno não tem chance de aprender. Parece óbvio, mas o mau uso do tempo é endêmico.
- Um dos fatores mais correlacionados com bons resultados é o uso regular de livros e de outros recursos da biblioteca. Diante disso, causa espanto ver menos de 50% das escolas com bibliotecas.
- Aprendem mais os alunos de professores que consideram ótimo o livro didático adotado. Contudo, em apenas metade das classes todos

os estudantes possuem livros e só a metade dos mestres recebe do Ministério da Educação (MEC) o livro solicitado.
- Os professores contratados via Consolidação das Leis do Trabalho (CLT) têm alunos com mais alto rendimento. São melhores mestres do que os estatutários e os contratados em regime precário? Por quê? A explicação está no regime, ou eles têm alunos diferentes?
- Os alunos dos professores que fizeram cursos de capacitação, abundantemente oferecidos pelo país afora, não têm notas melhores. Serão inúteis tais cursos?

O Saeb não é diagnóstico preciso nem terapia, apenas um termômetro. Mostra a existência de um problema e dá pistas para a sua identificação em estudos subsequentes, com ferramentas mais elaboradas. Mas, se acreditamos na educação baseada em evidência, não podemos ignorar os sinais de alarme, sugerindo que algo vai mal.

As primeiras cartilhas para avaliar os sistemas educativos são o Saeb, a Prova Brasil e o Exame Nacional do Ensino Médio (Enem). Todavia, como estão denunciando verdades particularmente desagradáveis, não podemos esperar que os prejudicados tomem iniciativas. Nada vai acontecer sem a intervenção de outras forças vivas da sociedade.

Para discutir

1. Que razões haveria para um engenheiro ser melhor professor de matemática do que um graduado de uma licenciatura na área? Ou um advogado ensinando língua portuguesa?
2. Identifique um aluno do ciclo básico e peça a ele para anotar como foi usado o tempo de uma aula qualquer a ser escolhida. Analise cuidadosamente o registro e tente classificar aqueles blocos de tempo que poderiam contribuir para o aprendizado e os que foram pura perda de tempo.

O ópio dos intelectuais brasileiros

Durante décadas, intelectuais e gurus da educação denunciaram o capitalismo, o imperialismo e a função da escola de reproduzir a estratificação social. Outros pregaram uma visão hipnotizada por um relativismo infantil, em que não há errado ou certo, tudo depende de ponto de vista. Enquanto isso, países como a Coreia ignoraram tais debates e melhoraram as suas escolas.

Eu participei de uma recepção de diplomatas quando morava em Brasília. Pelas misteriosas leis que explicariam os fluxos das gentes em tais ocasiões, acabei cara a cara com o embaixador da Coreia. Aproveitando a ocasião, perguntei a ele por que o seu país vinha fazendo tantos progressos na educação. Sua resposta foi curiosa. Disse que lá não havia gente que soubesse fazer pesquisas em educação ou discutir as suas teorias. Portanto, a energia era gasta tentando melhorar as escolas. Simplista, talvez. Mas não haveria nisso um fundo de verdade?

O que nos diz a intelectualidade brasileira sobre a educação? É quase axiomático que a classe intelectual é produto da educação que recebeu. Deveríamos imaginar que, obsessivamente, advogasse a causa da educação. Além disso, não tem o direito de ignorar o que dizem os números.

Contudo, durante décadas, grande parte da nossa intelectualidade não deu o ar da sua graça no tema. Mas é pior do que isso. Os que cuidaram do assunto, os grandes gurus da área, gastaram seus estridentes decibéis denunciando o capitalismo, o imperialismo, a função da escola de reproduzir a estratificação social e outras coisas no gênero.

Essas teorias tendem a ter um fundo de verdade. Todavia, o fatalismo gerado ignorou o fato de que houve enormes progressos educativos em muitos países onde todas essas grandiloquentes denúncias poderiam também ser verdadeiras – como é o caso da própria Coreia. Nesses lugares, em vez de gastar tempo denunciando, trabalhou-se para melhorar a escola.

Outros tantos dos nossos professores ainda perdem o seu tempo e o dos alunos pregando teorias rarefeitas. Por exemplo, indagando sobre temas como a psicogênese do conhecimento, mas jamais dizendo aos professores como manejar uma sala de aula usando essa teoria – talvez por que não saibam ou porque nunca lecionaram, eles mesmos, no ensino básico.

Há outro grande tema epistemológico, para usar uma palavra pomposa. Circula em muitos ambientes, sobretudo na educação, uma visão mesmerizada por um relativismo infantil. Prega-se que não há errado ou certo, que tudo depende de ponto de vista. Cada aluno tem de encontrar a sua verdade. Cada aluno pode interpretar um texto escrito de acordo com a sua percepção. Postula-se que a sua explicação é verdadeira, pois é fruto do seu raciocínio.

Argumenta-se também que o texto escrito no livro não pode escravizar o aluno. Qualquer afirmativa tem muitas versões e interpretações; a subjetividade é inerente à compreensão do mundo. Isso tudo não é invenção das mentes tupiniquins, é produto importado. Só que encontrou solo fértil em nossa cultura que detesta o rigor, o pão-pão, queijo-queijo, bem como o perigo de estar redondamente enganado.

Acontece que nos testes de aprendizado, como o Programme for International Student Assesment (Pisa) ou o Saeb, só há uma resposta certa. São o conhecimento e a lógica que determinam o certo e o errado.

Infelizmente para os alunos brasileiros, os contratos com que irão se defrontar em suas vidas futuras também não dependem de percepções subjetivas. Os manuais técnicos dizem como operar a máquina, e só há um botão certo para apertar. Equívocos na posologia do remédio podem matar o doente. Uma fração considerável das palavras escritas requer interpretações únicas e exatas. Por isso, tanto o Saeb quanto o Pisa foram formulados para testar a lógica dos raciocínios. Apenas na poesia podemos soltar as rédeas da imaginação. Mas o Brasil não pode formar poetas de tempo integral, incapazes de pousar no mundo terreno.

Felizmente para nós, pensamentos desse naipe estão perdendo força no cenário brasileiro. Há cada vez mais pensadores distantes dessas ortodoxias ideológicas. Crescem os estudos feitos com maior grau de objetividade e respeito pelo método científico. Mas estamos longe de sair desse pantanal ideológico.

Ao escrever sobre a esquerda francesa, Raymond Aron intitula seu livro *O ópio dos intelectuais*.[2] Nele, faz um jogo de palavras interessante. Marx havia dito que a religião era o ópio do povo. Aron afirma que o marxismo seria o ópio dos intelectuais. No quadro brasileiro das últimas décadas, a sua frase nos vem à mente.

Para discutir

1. Busque exemplos de textos em que se requer uma compreensão exata, não havendo duas interpretações possíveis. Mostre por quê.
2. Encontre nos jornais textos de interpretação livre, convites à ação ou situações em que as opiniões legitimamente reflitam valores que não podem ser demonstrados como certos ou errados. Justifique.

Impérios em guerra: educadores *versus* economistas

Depois que apareceram economistas dando palpite na educação, o monopólio dos educadores foi destroçado. Ainda mais grave, novas maneiras de ver o mundo e decidir quem está certo lançaram raízes na educação. Os mundos dos educadores e dos economistas são dois impérios em guerra. A controvérsia ou a dialética podem nos aproximar do caminho da verdade. Mas quando as distâncias são grandes demais e as emoções afloram, perdemos a oportunidade de fertilização cruzada de duas disciplinas. Infelizmente, os educadores não são capazes de identificar corretamente em que os economistas estão equivocados.

---

[2] ARON, R. *O ópio dos intelectuais*. Brasília: UnB, 1980.

Os livros de história estão abarrotados de guerras entre impérios. E há as guerras com fortes dimensões simbólicas, como o choque entre o mundo ocidental e os muçulmanos, sugerido por Samuel Huntington. Mas há também pequenos baronatos ideológicos que se digladiam com obstinação. Examinemos uma guerrinha dos dias de hoje: educadores *versus* economistas.

Tenho participado de numerosas conferências de educadores em que borbulham sempre as acusações contra o neoliberalismo e outras palavras afins (como FMI, Banco Mundial, etc.). Além das erupções tupiniquins, já ouvi isso na Argentina, na Colômbia, no Chile e até na Inglaterra. Aliás, "neoliberalismo" é puro xingamento, pois ninguém se autoclassifica como neoliberal.

Vejamos as colisões no caso brasileiro, cujas origens já têm quase meio século. Antes disso, os educadores (de múltiplas origens profissionais) eram os donos da educação e só se falava de pedagogia. Na década de 1960, os economistas ganharam visibilidade, sobretudo os do Instituto de Pesquisa Econômica Aplicada (IPEA), pregando ideias tão heréticas quanto calcular custos do ensino, avaliar, medir a eficiência das escolas e estimar taxas de retorno do investimento. Para os educadores, era como tratar a nobreza da educação como uma fábrica de pregos. Enfim, os economistas queriam tudo quantificado e medido. Pior, passaram a elaborar os orçamentos do MEC, tentando alocar recursos de acordo com princípios de eficiência.

Tais heresias provocaram a ira incontida e diuturna dos pedagogos puros-sangues, pois essas colidiam com as visões do "homem integral", do "saber pedagógico" e da primazia do "afeto". Mais tarde, apareceram as teorias construtivistas, engalanadas em linguagem hermética, e os *slogans* em prol de um ensino puramente artesanal. Muitas vezes, vem tudo mesclado ao marxismo e flertando com Gramsci. No fundo, os educadores até hoje reivindicam um monopólio de tudo o que tem a ver com educação e escolas.

Eis os exércitos simbólicos dos dois baronatos. Quem terá razão? A revolução científica, iniciada por Francis Bacon, desembocou na ciência contemporânea tradicional. Segundo essa linha, mais cedo ou mais tarde, é preciso consultar o mundo real para ver se a observação empírica conflita com a teoria. Ou seja, a sobrevida da elaboração teórica está condicionada à sua aderência ao que se observa coletando sistematicamente dados, números e fatos.

A maioria dos economistas acredita que se falha o teste da realidade, a teoria vai para a guilhotina. O novo credo é "educação baseada em evidência". Portanto, a ciência contemporânea é teórico-empírica. Desdenha quem não demonstra com dados as suas teorias. Porém, muitos educadores (não todos!) rejeitam os avanços das medidas quantitativas. Refugiam-se em formulações que se bastam na elaboração de teorias. Reagem com adjetivos ("neoliberal") e não com ciência moderna. Perdem a oportunidade de mostrar os limites dos números e de condenar o seu uso simplista, de que alguns economistas são culpados.

Persistem os economistas com seus números. Na companhia de alguns educadores, quantificam o conhecimento, criam testes, avaliam a eficiência das escolas, publicam os seus *rankings*, pregam a concorrência entre elas e propõem prêmios para os melhores. Avaliam também os procedimentos de sala de aula e a eficiência dos materiais didáticos. Resolve-se tudo com amostras aleatórias e testes estatísticos. A julgar pelo que acontece no mundo e mesmo no Brasil, ganha terreno a visão teórico-empírica, sempre acompanhada de números, mesmo dentro de ministérios com sabores de esquerda. Até na França, o último reduto de muitos educadores de esquerda, todos os pais recebem os escores de seus filhos em testes padronizados. Ganha vigência a percepção de que a sociedade tem o direito de saber a quantas anda a educação e quais são os números que traduzem essa situação.

No ardor das batalhas, os economistas exageram, medem sem entender o que está sendo medido e subestimam o peso de conceitos que não admitem números. Tratam os processos medidos como uma caixa preta e não tentam entendê-los. Por outro lado, os educadores perdem a oportunidade de mostrar as limitações de certas pesquisas quantitativas. Ademais, não basta mostrar números. É preciso ir além e oferecer explicações, entender o porquê do encadeamento de causas e efeitos, complementando com boas análises qualitativas o que dizem os números. Em vez de gastar energia perseguindo moinhos de vento, por que não concentrar os esforços para melhorar a educação? Nessas guerras santas, perdem todos. Sobretudo, os alunos.

Para discutir

1. Considere as seguintes ciências: sociologia, física, filosofia, psicologia, economia e biologia. Mude a ordem da lista, de tal forma que venham antes aquelas em que os valores e opiniões interferem menos nas interpretações oferecidas pelos seus praticantes. Explique e mostre quais os conflitos de valor que podem existir nelas.
2. Busque nos jornais ou na internet discussões em que se confrontem os proponentes da teoria da evolução das espécies de Darwin com as teorias criacionistas. Tente isolar e examinar os argumentos científicos e os das crenças religiosas ou antirreligiosas (se for o caso). Os argumentos que se dizem "científicos" o são realmente?

Mentir com estatísticas? Mas há vacinas

Já se disse que a estatística é a arte de mentir com os números. Porém, para entender e lidar com os rumos da educação, precisamos de números. Como são montanhas de números, precisamos das ferramentas estatísticas. Não há como evitá-las. Só há um antídoto para as lorotas que podem ser contadas: conhecer estatística. É um santo remédio.

Não é infrequente ouvirmos críticas ao uso de estatísticas. Esta seria uma forma de ludibriar o público, usando números para provar qualquer ideia insensata ou inventada.

Esse é um assunto de extrema importância, por duas razões. A primeira é que, de fato, tanto é possível cometer erros grosseiros com estatísticas, quanto enganar os leitores com um uso finório dos números.

A segunda razão é que não podemos prescindir de estatísticas, pois essa é a linguagem que permite capturar, analisar e tirar conclusões em áreas críticas do conhecimento. Em particular, quando temos muitos números, a estatística é a ferramenta para dar sentido a eles. Falamos de inflação, de reservas cambiais, de exportação, de repetência ou de quanto aprenderam os alunos na escola. Não podemos prescindir de números para lidar com essas grandezas que consolidam milhares ou milhões de números. Não serve dizer que "exportamos um colosso" esse ano ou que os alunos "não sabem nada". Temos de quantificar. A forma de tratar as grandes massas de números geradas por essas medidas e tirar deles conclusões úteis é o que chamamos de estatística.

Diante dessas duas constatações, só há um antídoto: conhecer estatística. A arte de mentir com números só funciona diante de quem não sabe estatística. Para quem os conhece, os truques e ardis dos mentirosos ficam ridiculamente desnudados. Mas justiça seja feita, há muito erro inocente, sem dolo, fruto apenas do desconhecimento.

Examinemos três exemplos. Há pouco tempo, lemos três notícias sobre educação, publicadas em prestigiosos jornais do país. Infelizmente para os jornais, são exemplos de erros clássicos na interpretação de dados. Nos casos citados, tudo indica que não houve má-fé, apenas ignorância. Vejamos.

"Enem indica queda vertiginosa na qualidade do ensino médio"

As médias nacionais do Enem afundaram! O ensino piorou! As duas afirmativas ressoaram na mídia. De fato, os escores mostram a educação em queda livre. Conclui-se que a qualidade do ensino piorou. Parece uma dedução do Conselheiro Acácio.

A primeira afirmativa resulta da simples comparação da média anterior com a atual. Não há como negar sua validade.

Mas o Conselheiro Acácio também erra. Por conta de uma característica essencial do Enem, não podemos afirmar que o ensino piorou. Trata-se de uma prova cuja participação é voluntária – ou seja, faz quem quer. Se, de um ano para outro, mudam as decisões individuais de fazer ou não a prova, estamos comparando alhos com bugalhos.

Imaginemos um grupo de Vigilantes do Peso que, obstinadamente, segue o seu regime e consegue perder alguns míseros gramas. Mas, no meio do ano, a campanha publicitária atrai um bando de gente ainda mais gordinha, mas que consegue também aparar alguns gramas. A média do grupo no fim do ano vai mostrar um aumento de peso, pois as novas gordinhas puxaram a média para cima. O aumento da média é real. Só que, na realidade, todos emagreceram. Simplesmente, estamos comparando as médias de dois grupos diferentes.

O mesmo pode ter acontecido com o Enem. No caso, como o Programa Universidade para Todos (Prouni) usa o Enem para escolher os seus bolsistas, houve uma corrida a ele por parte dos candidatos enquadrados nas regras do programa – e que são mais pobres. Esses alunos tiveram um ambiente familiar e uma experiência escolar que prejudicaram o desempenho acadêmico. Portanto, são mais fracos do que os candidatos que já faziam essa prova. Inevitavelmente, puxaram a média para baixo.

É logicamente possível que ninguém haja piorado e que a qualidade do ensino tenha permanecido constante. É até mesmo possível que todos tenham melhorado. Mas, como o Enem passou a incluir candidatos mais fracos no universo dos concluintes do médio, a média do segundo é mais baixa.

De fato, sendo o Enem uma prova voluntária, não pode ser usado para tais comparações nem para comparar estados. Mesmo as comparações entre escolas são duvidosas. Uma escola onde apenas 10% fazem o Enem pode se sair melhor do que outra onde 100% o fazem. Isso não quer dizer que seja uma escola superior, pois quase sempre são os melhores 10% que se apresentam na prova.

"O Saeb mostra que a educação piorou"

Outro artigo mostra uma queda nos escores do Saeb, entre 1995 e o presente. Várias tabelas indicam curvas decrescentes para as pontuações. Os gráficos parecem não deixar dúvidas quanto à queda.

Em 1954, Darrell Huff publicou um livro que virou um clássico. Há novas edições à venda e os cursos de estatística aplicada e métodos de pesquisa repetem as ideias dele derivadas. O livro chama-se *How to lie with statistics* ("Como mentir com estatísticas").[3] Seu principal objetivo é mostrar como são manipuladas as apresentações gráficas das estatísticas, com o objetivo de demonstrar aos incautos a tese do autor, seja para dar a impressão de grandes variações, seja para minimizá-las.

Um dos principais truques é manipular a escala dos eixos. Se usarmos uma escala em que as variações sejam medidas por distâncias pequenas, parece que houve pouca mudança. Se forem medidas por espaços grandes, parece que há alterações dramáticas nos dados.

---

[3] HUFF, D. *How to lie with statistics*. New York: Norton, 1963.

No caso, as tabelas do Saeb apresentadas nos jornais amplificam as variações observadas, mediante o estratagema de apresentar uma escala truncada no seu eixo vertical. É fácil desmascarar o truque, bastando notar que o rendimento zero não aparece na tabela. Na altura do eixo horizontal, a pontuação já é de 170. Se o eixo horizontal fosse deslocado para baixo, até chegar ao zero, a tabela se espicharia pela página do jornal abaixo.

Essa tabela gigantesca – ou uma outra menor com a mesma proporcionalidade – mostraria resultados bem diferentes. Uma queda de 10 pontos no Saeb significa uma queda de apenas 5% na pontuação. E é dessas ordens de variações que estamos falando. Variações de 5% estão dentro das margens de erro, resultantes da imprecisão dos testes, de flutuações amostrais e dos algoritmos de comparabilidade intertemporal. Ou seja, quem conhece tecnicamente o Saeb não afirma peremptoriamente que houve uma queda estatisticamente significativa.

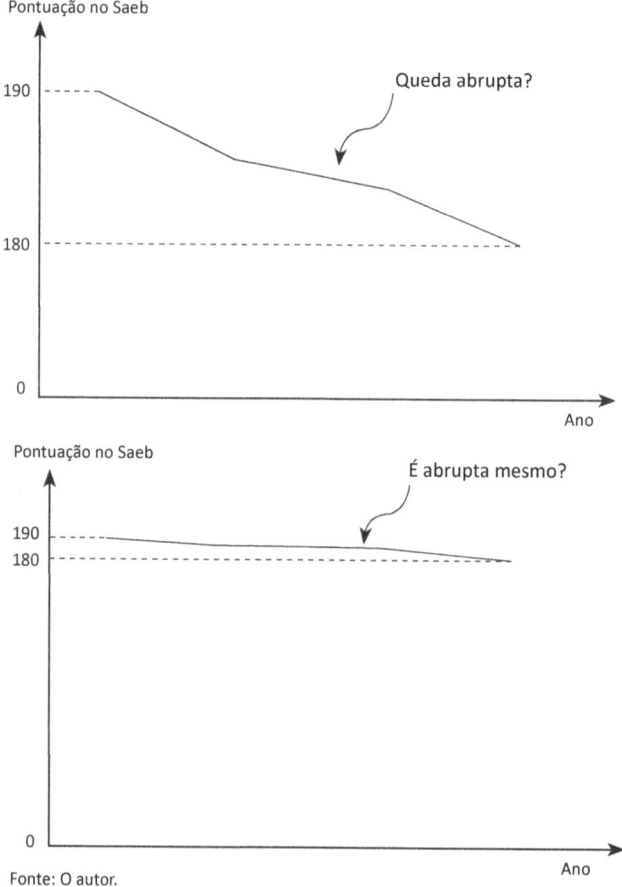

Fonte: O autor.

"Ofensas racistas"

Fomos também brindados com uma matéria de jornal mostrando como as "ofensas racistas afetam o desempenho escolar". O artigo resume uma pesquisa da Organização das Nações Unidas para a Educação, a Ciência e a Cultura (Unesco). Como leitores do jornal, temos o direito de julgar o que foi publicado. Se os erros porventura encontrados são da Unesco ou da resenha, não é nosso problema.

Em resumo, os seguintes argumentos foram apresentados.

As crianças negras são alvos de "apelidos, comentários discriminatórios e ofensas" nas escolas brasileiras. A matéria cita exemplos de tais situações.

Como resultado, há uma diferença de pontuação entre brancos e negros nos testes escolares, com ampla desvantagem para os negros. Ou seja, a discriminação causa prejuízos nos resultados escolares dos negros.

Os manuais de metodologia científica nos advertem contra o erro conhecido como *post hoc, ergo propter hoc*, que significa simplesmente "se vem depois, terá sido causado por". Como se observou a presença de racismo, este será o culpado pelas diferenças entre brancos e negros. O erro é que associações desse tipo não demonstram causação. A causa pode se dever a outros fatores.

É hipoteticamente possível que as ironias e ofensas possam levar a um desempenho inferior dos negros. É até provável. Mas há que demonstrar que é isso, em vez de muitas outras possíveis causas. Como não foi feito, não ficou demonstrada a tese.

Uma das possíveis hipóteses é mencionada – e desprezada – no último parágrafo do texto citado. Sabemos que o mais forte determinante dos resultados escolares pode ser capturado pela educação dos pais. É a qualidade da experiência escolar prévia, é o "capital intelectual" da família e diversas outras variáveis que militam para reduzir o rendimento acadêmico dos pobres. Quando comparamos alunos cujos pais têm a mesma escolaridade, as diferenças de pontuação entre brancos e negros diminuem enormemente, quase desaparecem. As pesquisas clássicas na área sugerem que grande parte das perdas de rendimento dos negros não são devidas ao tratamento que recebem dos colegas, mas do fato de serem pobres. Isso porque, em média, os pais dos alunos negros têm menos escolaridade do que os dos brancos.

Mas as diferenças não desaparecem apenas controlando a escolaridade dos pais. O que sobra, bem menos, pode resultar dos apelidos e comentários. Pode também resultar de uma autoimagem negativa herdada dos pais ou de muitos outros fatores. E também pode resultar da nossa incapacidade estatística para medir e quantificar toda a "cultura da pobreza", devido às imperfeições de medidas como educação dos pais. Por exemplo, verificou-se nos Estados Unidos que, quando controlamos não a escolaridade, mas a pontuação dos alunos em testes de rendimento escolar, as diferenças entre raças desaparecem.

Em outras palavras, a afirmativa de que "ofensas racistas afetam o desempenho escolar" é uma excelente manchete para uma matéria de jornal. Infelizmente, não é uma afirmativa que possa ser deduzida da evidência mostrada. Pelo contrário, há falhas inaceitáveis na argumentação que lemos no jornal.

Tais erros de interpretação têm consequências graves para desenhar políticas visando a melhorar o desempenho dos negros. Não é lidando com preconceitos e maus-tratos que o problema vai nos deixar. É somente melhorando a qualidade da escola que tais mudanças virão.

> **Para discutir**
>
> 1. No mesmo dia, dois jornais tinham como principal manchete o número de vítimas do terremoto no Haiti. Um mencionava 30 mil mortos, o outro, 100 mil. Especule acerca das razões para tamanha discrepância de números.
> 2. Uma pesquisa recente em Minas Gerais mostrou que havia uma proporção substancial de escravos cujos donos eram negros alforriados. Essa evidência comprometeria as interpretações oferecidas na matéria citada no último item?

Sociedade iterativa: agora pensamos diferente

Costumávamos gastar a nossa cabeça buscando soluções. Mais recentemente, atiçamos o computador no problema. A máquina sai buscando soluções a esmo, por tentativa e erro. Usamos o nosso intelecto depois, tentando explicar e fazer sentido do que foi encontrado. Isso acontece em muitas áreas, desde a fotografia até a ciência. Melhor ou pior? Não sabemos.

Ao subir o Corcovado para fotografar o Rio de Janeiro, Marc Ferrez levava uma câmera de 35 kg e, como filme, pesadíssimas chapas de vidro. Assim era a fotografia no fim do século XIX. Para não cansar o lombo, era preciso acertar da primeira vez. George Eastman inventou o filme de rolo. Mas, para trocar o filme, a câmera tinha de voltar para a fábrica. Com o filme de 35 mm, para obter um bom retrato, um fotógrafo profissional tira 100 ou 200 fotos. Na digital, o custo de apertar o obturador caiu a zero. Ferrez tinha de pensar muito antes de bater uma foto. Hoje, fotografa-se com furor, na esperança de que alguma imagem preste. No cinema, se deu algo parecido. A filmagem era uma operação cara. Mas o vídeo é regravável e, na filmadora digital, é grande a tentação de gravar horas a fio, na esperança de que alguns minutos sejam aproveitáveis.

No teatro, são necessários muito ensaio e forte rigor para a representação sair fluida todas as noites. No cinema, filma-se a cena várias vezes, até que ela fique boa. Por tentativa e erro, acerta-se. Talvez por isso, há cada vez mais cinema, em comparação com teatro. A música ao vivo perde espaço para as gravações, nas quais a peça é tocada no estúdio, tantas vezes quanto for necessário (e, se for preciso, a eletrônica conserta a desafinação). A melhor versão será para sempre congelada no disco.

Substituímos pela iteração (ou seja, pela ação reiterada de tentativa e erro) uma busca rigorosa e reflexiva da solução técnica ou estética. Tentamos, até acertar. Não pensamos muito, vamos fazendo profusamente, na esperança de topar com alguma coisa boa. É a "arte lotérica".

A prova de escolha múltipla, um avanço precioso, contrabandeia um elemento de tentativa e erro no processo de resposta. Se a alternativa B não pode ser correta, é eliminada. Abandonando as respostas claramente erradas, tenta-se a sorte nas outras, aumentando a probabilidade de acerto. Não bastasse isso, há computadores que corrigem provas de redação tão bem quanto humanos. O que é mais incrível: dão notas sem entender o texto!

A socióloga Sherry Turkle[4] mostra como os jovens transformam um jogo educativo de computador em um processo de tentativa e erro que ignora completamente o seu conteúdo. A garotada não lê as instruções, não sabe e não quer saber do princípio que está sendo ensinado. São peritos em experimentar soluções em alta velocidade, até que apareça a resposta certa (pouco importa o que significa). Das lições que eram para ser aprendidas com o jogo, passam longe. No fundo, imitam o computador na forma como este resolve muitos problemas: por tentativa e erro, sem entender nada. De fato, é assim que o computador lida com algumas equações complicadas: não aplica fórmulas, tenta soluções em alta velocidade, até acertar.

O emprego do computador na pesquisa mudou a maneira de explorar o mundo. Em vez de quebrarem a cabeça teorizando, alguns cientistas enfiam nele uma montanha de dados, buscando correlações entre as variáveis. Partem do nada. Não têm teorias nem hipóteses. As correlações encontra-das no processamento daqueles dados serão interpretadas mais adiante. É a ciência iterativa.

A propaganda convencional dirige seu apelo aos públicos com mais chances de comprar o produto. A internet permite o *spam* sem destinatário certo, que vale a pena por ser quase grátis. A medicina clássica valorizava o "olho clínico" e a apalpação pelos médicos clínicos, que são capazes de examinar o paciente e dar o diagnóstico certeiro. Hoje, muitos médicos começam encomendando ao paciente dezenas de exames, para ver o que aparece. Até

---

[4] TURKLE, S. Seeing through computers: education in a culture of simulation. *The American Prospect*, n. 31, p. 76-82, Mar./Apr. 1997.

os casamentos são iterativos. Casa-se para experimentar. Se não der certo, tenta-se novamente. Sempre houve busca iterativa e nem tudo hoje em nossa sociedade é feito por esse método (e bendito seja o computador em que escrevo!). Mas os avanços tecnológicos e o espírito dos tempos tiveram como efeito aumentar a busca de soluções por esse caminho, substituindo-se o foco, o raciocínio, a concentração e a elaboração intelectual.

Avanço ou retrocesso? Difícil dizer. Cresceu imensamente o número de problemas com que nos defrontamos. Por que não proceder por tentativa e erro, usando o apoio da tecnologia? É mais mecânico e tem exigências intelectuais muito menores. Sobrará mais tempo para lidar com os problemas rombudos? Sobreviverá a beleza do intelecto compondo suas fascinantes partituras? Quem sou eu para responder.

Para discutir

1. Entreviste um jovem adepto de jogos de computador. Verifique se ele já teve contato com jogos do tipo Roller Coaster, Sim City ou outros que têm fundo educativo. Tente questioná-lo para ver se aprendeu ou se, pelo menos, registrou a presença de leis da economia que estão por trás da sua lógica (por exemplo, a lei da oferta e da demanda, predicando que, quando o preço sobe, as quantidades compradas se reduzem). Que conclusões você tira da sua entrevista?
2. Em uma prova de múltipla escolha, você pode responder apenas àquelas perguntas em que conhece a resposta. Ou pode marcar, por palpite, as outras em que há alternativas obviamente impossíveis. Tomando uma em que você não conhece a resposta, anote os números que medem a probabilidade de acerto quando você identifica uma, duas e três alternativas erradas. O que esses números estão dizendo sobre a melhor estratégia para responder tal tipo de prova?

2
Alfabetização e seus dilemas

Embora aparente uma relativa simplicidade, os assuntos de alfabetização geram batalhas ferozes por conta de divergências teóricas, doutrinárias e ideológicas. No lado da alfabetização de crianças, há divergências ásperas e defesas apaixonadas de diferentes métodos de alfabetização. Para os adultos analfabetos, além das mesmas colisões, não há acordo sobre a prioridade ou os resultados de tentar alfabetizar adultos bem mais velhos.

O "Novo Mobral" e os adultos analfabetos

É preciso insistir; a prioridade nacional deveria ser melhorar a escola básica. Há forte controvérsia acerca da prioridade a ser dada a programas para alfabetizar adultos, sobretudo, os bem mais velhos. Há sérias dúvidas a respeito da eficácia de programas curtos. Seja como for, o que importa é evitar os erros do passado. Deus nos livre dos "programas de emergência". Tudo o que não focalizar a máquina em seu cotidiano passará longe do problema. O ensaio termina com uma surpresa!

Embora a Unesco seja pouco explícita nessas questões, alfabetização hoje não é mais apenas aprender a ler. De tudo o que sabemos e que já estava escrito antes de ser criado o Movimento Brasileiro de Alfabetização (Mobral), assinar o nome, escrever um bilhete curto e ler textos muito simples não pode nos dias de hoje ser um objetivo da alfabetização. A sociedade moderna exige muito mais. Não obstante, em sua primeira fase, o Mobral tentou alfabetizar adultos. Estava abarrotado de dinheiro. Teve uma administração profissional e competente, melhor do que jamais teve a escola de ensino fundamental do Brasil. As cartilhas eram primorosas. Os professores eram decentemente remunerados e corretamente preparados para o que iam fazer. Apesar disso, fracassou. Não porque alguém tenha feito algo errado ou deixado de fazer alguma coisa. A razão era muito simples: teve apenas o mesmo destino dos que tentam uma missão estruturalmente impossível. Como o Mobral, fracassaram no mundo inteiro programas que tentaram fazer coisas semelhantes. Programas curtos de alfabetização podem dar o empurrão que faltava a um ou outro, mas, para a maioria, nem alfabetizam de fato e nem fazem qualquer diferença prática na vida dos seus ex-alunos. Tentar de novo é mais uma vez ignorar a lição da história.

O problema que hoje demanda mais atenção é o ensino básico. E, como é tudo muito ruim, torna-se relativamente fácil conseguir progressos consideráveis. A primeira decisão crítica é definir a população a ser atendida. Responder melhor aos que estão na escola ou aos jovens que estão de fora? A opção de atender às crianças que ficaram de fora dá a impressão de responder mais de perto aos anseios de justiça e equidade. Todavia, com exceção do Nordeste rural, quase todos os brasileiros de 7 a 14 anos ou estão na escola ou já passaram por ela. Portanto, escolher como alvo os adultos que não estão mais na escola é escolher uma população que, por conta de reprovações sucessivas e um crescente sentimento de frustração, decidiu abandoná-la.

Julgamos que o Brasil deve ter a coragem de optar pelo mais importante e, também, mais fácil. Urge melhorar a escola para que os seus alunos nem a abandonem prematuramente nem se formem sabendo pouco mais do que assinar o nome.

Achamos, portanto, que a grande prioridade nacional é melhorar a escola básica. O importante aqui é evitar os erros do passado. Deus nos livre e guarde das "campanhas", dos "programas de emergência" e de outras soluções à margem da máquina escolar. Quem vai continuar a educar a nossa juventude é a escola que aí está, com os seus professores e a sua administração. A todo custo, precisamos agir sobre essa escola empobrecida, burocratizada e desmotivada. Tudo o que não focalizar a ação da máquina em seu cotidiano passará longe do problema. Educação se dá na sala de aula, com os professores existentes, com os poucos livros que lá chegam e com o quadro que já foi negro e virou cinza. Consertar essa situação não é impossível. Países mais pobres do que o Brasil conseguem oferecer uma educação decente.

O que é preciso fazer para que melhore o cotidiano da sala de aula? De tudo o que dissemos, três pontos merecem ser repetidos.

a. Mais vale melhorar a escola do que tentar em vão remendar a situação dos que foram vítimas dela e de lá saíram.
b. O problema da educação está no sistema escolar. Falharão tentativas de melhorá-la com programas externos e conjunturais, descolados da máquina.
c. A educação se dá na sala de aula. Só se justifica fazer o que comprovadamente melhore esse momento vivido entre o professor e seus alunos.

O texto acima, republicado em 2004, não foi dirigido a algum ministro da Educação recente, mas ao ministro Carlos Chiarelli. A versão original, mais longa, foi escrita por mim e por João Batista Araújo e Oliveira e publicada no *Jornal do Brasil*, em 1990, com o mesmo título. Portanto, é um texto distante de quaisquer emoções e circunstâncias do momento presente. Para os autores, já era claro que alfabetizar (adultos ou crianças) seria apenas um primeiro passo para a educação. Se o processo educativo não continuar por muitos anos, seja com crianças, seja com adultos, nada se obtém de relevante – como demonstram incontáveis pesquisas. Com relação aos adultos, o problema estatisticamente maior não é o analfabetismo completo, pois o número de pessoas nesse nível é hoje limitado. O grande tropeço é uma educação interrompida antes que possa dar frutos. E estamos falando de mais da metade da população brasileira. Ler e escrever são meras técnicas. Não passam de pré-condições para abrir as portas do conhecimento.

Para discutir

1. Quando judeus analfabetos do mundo árabe começaram a migrar para Israel, foi criado para eles um programa de alfabetização de um ano, com jornadas diárias de 10 horas. Compare com o que fazia o Mobral e com o programa mais recente do MEC. Que conclusões você tira da possível eficácia dos nossos programas? Por quê?
2. Pense em cinco ocupações que não estão totalmente fechadas para analfabetos, porém, pessoas bem alfabetizadas teriam uma maior produtividade (p. ex., empregada doméstica). Pense agora em cinco em que não faz diferença ser alfabetizado ou não (p. ex., lixeiro). Comente as diferenças e explique por que é assim, mostrando como a alfabetização pode aumentar a produtividade.

Alfabetização de adultos: o choque das religiões

As divergências doutrinárias na maneira de alfabetizar não estão apenas ancoradas em fraturas ideológicas – direita contra esquerda –

pois há também conflitos intestinos. Quando o MEC trouxe professores cubanos, houve um total desacordo, pois em Cuba adotam-se livros e manuais detalhados. Nossos teóricos são contra e querem um ensino criado pelo professor, seguindo uma versão do construtivismo que só o restante da América Latina professa.

As pitonisas da educação não se cansam de decretar: para alfabetizar (adultos ou crianças), o professor deve preparar os seus materiais, pois livros e cartilhas são uma manifestação autoritária de um poder central. O aluno precisa construir o seu conhecimento e cada um é cada um. Nutrindo-se nas lições dos livros dos defuntos da moda, o professor bem-preparado saberá ajustar seus ensinamentos às necessidades de cada aluno, embebendo-se das características socioculturais do seu entorno. Assim tem de ser, e que ninguém se atreva sequer a falar de cartilhas ensinando o que fazer, passo a passo. Na verdade, na cabeça dessas pessoas, ficam abolidas as cartilhas.

Mas a história é divertida, justamente por nos trazer surpresas. Foi acertado um acordo com Cuba que gratuitamente nos forneceria seu método de alfabetização de adultos. No evangelho da esquerda, se é de Cuba, só pode ser bom. E que ninguém se atreva a duvidar.

Ironia do destino. O método de Cuba está centrado em uma cartilha com amplo detalhamento e aulas em vídeos. Isso permite o uso de participantes voluntários que não precisam ser professores, embora seja necessário um bom treinamento para eles. Ou seja, vem tudo empacotado. É rigorosamente isso que execram as pitonisas da nossa educação. E aí? Colidiu a pureza ideológica de Cuba com a pureza das religiões pregadas pelos educadores de esquerda. Os dois métodos são frontalmente opostos.

Para infiéis como eu, vir de Cuba não é argumento convincente, não obstante Cuba haver obtido os melhores resultados nos testes da Oficina Regional de Educación en la Región de América Latina y el Caribe (Orealc/Unesco). Contudo, acho que deve dar mais certo do que o método da religião alternativa. Isso por uma razão muito simples: o método parece uma cópia carbono do Telecurso 2000, um programa que já diplomou mais de cinco milhões de brasileiros, com um sucesso amplamente demonstrado. É a mesma receita: um livro passo a passo, vídeos, monitores nas telessalas e programas de treinamento para esses monitores. Só não sei se Cuba tem o refinamento televisivo da Rede Globo – que enfiou 30 milhões de dólares da Federação das Indústrias do Estado de São Paulo (FIESP) na produção de vídeos excelentes.

Fico aqui no meu canto, de espectador. Acharia tal cisma religiosa até engraçada, se não estivéssemos tentando resolver um falso problema com dinheiros públicos.

Quando havia muito mais analfabetos do que hoje, criou-se o Mobral. Não deu certo e já se sabia que não ia dar certo, apesar de ser mais rico e mais organizado. Aliás, trabalhava para o IPEA na época e preparei uma monografia prevendo que o Mobral não conseguiria cumprir suas metas de reduzir a proporção de analfabetos na população. Obviamente, meu ensaio foi mal recebido no Mobral. Não obstante, o censo demográfico seguinte mostrou que minhas projeções estavam corretas.

Trinta anos depois, foi-se a memória do fracasso do Mobral. Paralelamente, evaporou-se grande parte do estoque de analfabetos, pela progressiva expansão da escolaridade inicial e pela morte natural dos analfabetos que se concentravam entre os mais velhos. Já faz décadas que praticamente não são produzidos, pois hoje a escola absorve e lá mantém quase toda a população em idade escolar. No total, os analfabetos totais são hoje apenas 8% da população com mais de 14 anos. Desse total, a maioria é bem mais velha, em idades em que o acomodamento, as frustrações e a falta de autoconfiança os fazem perder o interesse por programas desse tipo. Ademais, concretamente, são maiores as chances de fracasso. É até difícil achar candidatos para os programas.

Insistir em tais campanhas não leva a nada. Ou não aparecem os alunos ou aparecem e abandonam no meio do curso. Os poucos que se foram não fizeram cursos suficientemente longos para que pudessem afetar sua vida profissional. Alfabetização não passa do domínio da mecânica de decifrar um texto. A educação vem depois, quando tal técnica é usada para abrir a cabeça do aluno e ensinar-lhe coisas úteis. De fato, sabemos que são necessários cerca de cinco anos de escolaridade para que a educação possa aumentar a produtividade.

Considerando ser Paulo Freire o grande guru dos alfabetizadores, é curioso registrar que ele achava não valer a pena investir em populações com idades mais avançadas.

Nada contra programas tópicos, localizados aqui ou acolá, onde há grupos motivados ou situações favoráveis à continuidade do esforço por amplo tempo – sem o que não haverá benefícios. Mas quando o MEC falou de programas para alfabetizar 20 milhões de adultos e deixou de mostrar uma prioridade obsessiva pela qualidade do ensino inicial, suspeitamos que alguma coisa estava profundamente errada nas nossas políticas educativas. Um país no qual três quartos da população ativa não entende um texto escrito (pesquisa Ibope/Fundação P. Montenegro) não pode se dar ao luxo de desviar sua atenção da escola fundamental, na qual se permitiu a consumação dessa catástrofe. Felizmente, tais prioridades foram abandonadas e há mais clareza quanto às reais prioridades no ensino.

Para discutir

1. Por que Paulo Freire não apoiava programas para analfabetos bem mais velhos?
2. Quais as vantagens e quais as desvantagens de programas estruturados, como os de Cuba?

Lições do futebol

Curiosamente, travam-se no Brasil ferozes discussões acerca de assuntos já resolvidos no mundo dos países mais avançados. Ao não acompanhar de perto o que acontece do outro lado das fronteiras, acabamos alimentando discussões que já se extinguiram alhures. As batalhas campais sobre métodos de alfabetização persistem no país, apesar de já haverem sido resolvidas lá fora, pelos métodos convencionais da ciência. Ou seja, o que interessa é comparar rigorosamente os resultados das diferentes alternativas e medir qual dá mais certo.

Quando os países mais avançados do mundo querem melhorar seu futebol, já sabem aonde ir. Como temos um currículo de cinco vitórias em mundiais, eles vêm aqui aprender ou contratar nossos técnicos. Assim fazem Estados Unidos, Japão, China e muitos outros. Com humildade, vêm procurar quem mais sabe, em vez de inventar teorias futebolísticas próprias.

Nosso país tem muito que aprender com os melhores sobre educação, com modéstia e pragmatismo. Deveria repetir o que fazem os encarregados do futebol nos países ricos.

Silo Meireles saiu campeando para ver como os países alfabetizam suas crianças e reforçou sua busca lendo o livro *Apprendre à Être*, da Unesco.[1] Nos países com ortografias alfabéticas, há duas formas de ensinar a ler e escrever. Em primeiro lugar, há uma concepção fônica (parecida com o velho bê-á-bá), que considera indispensável ensinar de forma explícita a relação entre fonema (som) e grafema (o garrancho que representa uma letra). Em segundo lugar, há uma concepção ideovisual (ou global) que entrega textos ao aprendiz e espera que ele formule hipóteses e construa seu saber. Ou seja, o aluno recebe a frase inteira e vai tentando tirar conclusões acerca do que significa e de como é a engenharia de transformar grafemas em fonemas.

Diante de um assunto desse tipo, temos duas alternativas. Podemos mergulhar nos méritos das diferentes teorias. Ou podemos ignorá-las, deixando de lado a discussão de cada método e abordar o problema de outro ângulo: como fazem os países que têm os melhores sistemas de educação? Se for diferente do que fazemos, é bom coçar a cabeça e perguntar quem estaria errado.

Quem usa um e quem usa outro? Fiquemos apenas com os países mais bem-sucedidos em educação. Afinal, se a educação deles deu certo, por alguma razão será. Tomemos o Pisa, o teste dos países da Organização para a Cooperação e Desenvolvimento Econômico (OCDE), praticamente, o time dos ricos. Esse teste de compreensão de leitura mostrou quem é quem na educação do primei-

---
[3] FAURE, E. et al. *Apprendre à Être*. Paris: Unesco, 1972.

ro time. Nesse grupo, quase todos usam o conceito fônico, incluindo a Finlândia, campeã no Pisa. Ou seja, o fônico (com suas variantes) é a escolha de quem deu certo em educação. Estados Unidos e Reino Unido tentaram os conceitos ideovisuais. Mas resultados alarmantes levaram ao seu abandono.

Quem ainda usa o método global ou ideovisual? O Brasil. Também é adotado em pedacinhos da Espanha, do México e da Argentina. A Nova Zelândia usa, mas não conta muito, pois sua população total é equivalente à de Belo Horizonte. Aliás, o Brasil participou do Pisa e ficou em último lugar. O penúltimo foi o México. Ou seja, entre os participantes do Pisa, os que se encontram em pior colocação usam o conceito ideovisual de alfabetização. Será que só nós estamos certos?

Um conhecido garimpou nas bibliotecas das nossas faculdades de educação e nos periódicos brasileiros o que se escreve acerca de alfabetização na Europa e nos Estados Unidos. Não encontrou quase nada. Silo buscou, nas inúmeras fontes bibliográficas dos países avançados, referências aos métodos e autores da linha ideovisual. Descobriu que, lá na metrópole, o assunto morreu de inanição.

Perdoemos o desinteresse da Europa e dos Estados Unidos por métodos hoje só usados nos países de terceiro time (com mínimas exceções). Mas será que, dado o desempenho catastrófico da nossa educação, podemos nos permitir não ler os livros e artigos que falam dos métodos usados pelos países cuja educação deu certo? E por que ignorar os poucos que começam a entrar no tema,[2] exibindo resultados muito promissores? É essa soberbia que se espera de intelectuais financiados pelo contribuinte e que pontificam sobre nosso ensino público?

O livro examina as comparações entre os métodos existentes. De todos os métodos que poderiam ser considerados, por apresentarem alguns resultados promissores, o global nem sequer é citado. Ou seja, nem é candidato a ser promissor.

A escolha do método de alfabetização deveria ser tratada, corriqueiramente, como os cientistas tratam assuntos desse naipe. Para saber qual é o melhor método, tentam-se os dois, de forma controlada, e mede-se qual produz melhores resultados. Infelizmente, a questão é tratada como um auto de fé. Para quem viu as luzes, aleluia. Quem acredita no conceito fônico é excomungado e vai para o inferno.

Os países que querem melhorar seu futebol procuram o Brasil, não porque têm simpatia ou afinidade ideológica conosco, mas porque ganhamos cinco vezes a Copa do Mundo. Mas nós sequer sabemos como se alfabetiza nos países que ganharam a copa do mundo da educação (o Pisa).

---

[2] Ver CAPOVILLA, A. G. S.; CAPOVILLA, F. C. *Alfabetização*: método fônico. 5. ed. São Paulo: Mennon, 2010.

> **Para discutir**
>
> 1. Se você fosse ministro da Educação e tivesse de decidir como a juventude seria alfabetizada, como procederia para decidir qual o método a ser usado?
> 2. Diante do fato de o método global não ser mais usado nos países que têm bons resultados no Pisa, que argumentos seriam convincentes para defender esse método?

A guerra dos alfabetizadores

A alfabetização precisa superar suas cruzadas ideológicas. O que sabemos hoje nos obriga a aceitar a superioridade do método fônico para alfabetizar. Quem acredita em outro método, que demonstre sua superioridade. E que, para isso, se valha dos princípios da ciência empírico-dedutiva, que, desde Bacon, todos os cientistas aceitam. Em outras palavras, o que valida uma hipótese são os experimentos, não os gritos.

Antes mesmo de Francis Bacon, Da Vinci já mostrava o caminho da ciência experimental, cujos avanços mudaram a face da Terra. Alguns ramos da ciência embarcam em naves espaciais. Mas, entre nós, há educadores que, nessa matéria, continuam refestelados em seus uivantes carros de boi. As discussões sobre como alfabetizar uma criança ainda não seguiram os conselhos da ciência: se há dúvidas, é preciso buscar os resultados de experimentos. Os voos da imaginação só cobrem a decolagem do processo científico. A aterrissagem é no solo do mundo real.

Circulam pelo menos quatro escolas de pensamento. Há uma que afirma ser a leitura um processo global. Aprende-se a ler frases inteiras, blocos de palavras. Ao lidar com um assunto palpitante, tudo dá certo. Esse é o método exaltado pelos nossos gurus e prescrito quase universalmente no país. De resto, é crime lesa-majestade sequer propor alternativas.

Outra escola afirma que o melhor é, metodicamente, aprender sons e letras. É o método fônico, neto do velho bê-á-bá.

Uma terceira seita fica entre as duas anteriores. Adota o processo fônico, mas acha necessário contar uma história interessante, em paralelo à tarefa mecânica de aprender a associar sons e garranchos no papel. É talvez a seita mais diretamente descendente das ideias de Paulo Freire.

Por último, há um grupo agnóstico, que afirma que, não importa o método, tudo depende do professor. Cada grupo cita seu guru favorito, e a discussão patina.

Como a capacidade de ler e entender é algo eminentemente mensurável, estamos falando de usar números para avaliar. Por sorte, há números em abundância. Isso porque, como os Estados Unidos e a Inglaterra passaram por dilema semelhante, foi criado um Literacy Panel, encarregado de juntar todas as pesquisas sérias feitas sobre o tema.[3] Apareceram cerca de 115 mil artigos científicos. Passando o pente-fino, sobreviveram menos de 40. Pelas mesmas razões que não é necessário ser engenheiro automobilístico para ver quem chegou em primeiro lugar em uma corrida, podemos medir qual método alfabetiza melhor sem entender suas teorias. Basta ler os números e escolher o maior.

Os resultados são bastante claros e se aplicam ao português – por ser também uma língua fonética. Nem uma só pesquisa confiável mostrou vantagens para o método ideovisual ou global. A disputa foi entre variantes do método fônico. A combinação do fônico com uma contextualização ou enredo não mostrou bons resultados. Ao que parece, a historinha que acompanha o aprendizado de letras e sons desvia a atenção e consome tempo dos alunos. É melhor primeiro aprender a ler bem e depois dedicar-se a entender o que está escrito. Observou-se também que, quanto mais fraco o aluno, mais o método fônico traz vantagens. Tais resultados jogaram uma pá de cal na controvérsia. Todos os países desenvolvidos que haviam abandonado os métodos fônicos voltaram a adotá-los. Há pouco, o ministro francês Gilles de Robien proibiu o método global.

É instrutivo folhear a bibliografia do livro de McGuinness.[3] Entre as cerca de 700 referências, não há um só autor com nome ou sobrenome espanhol (ou português). Ou seja, nos países que nos servem de fonte de inspiração para o método global (Espanha, México e Argentina), não se produziu sequer uma pesquisa que pudesse ser citada. Ou seja, nessa área, optamos por entrar em uma trilha ignorada pela ciência dos países desenvolvidos.

Como dito, as pesquisas mostram vantagens sistemáticas para o fônico. Portanto, a hipótese dos agnósticos é negada. De fato, se o método fosse irrelevante, tais diferenças não existiriam.

Mas os agnósticos podem ter seus argumentos quando se comparam professores que não conhecem bem nem um método nem outro. Nesse caso, as comparações não permitem conclusões interessantes. Daí a dificuldade de fazer pesquisas desse tipo no Brasil e, portanto, a necessidade de recorrer a fontes internacionais. Isso porque, na maioria dos casos, os professores são instados a dizer que aplicam o método global, mas na verdade nem o conhecem bem nem sabem se o estão usando. E, aliás, tampouco aprenderam a usar o fônico.

Em ciência, não há conclusões definitivas ou finais. Mas, até que se refutem as conclusões do Literacy Panel, o que sabemos hoje nos obriga a

---

[3] Ver MCGUINNESS, D. *O ensino da leitura:* o que a ciência nos diz sobre como ensinar a ler. Porto Alegre: Artmed, 2006.

aceitar a superioridade do método fônico. A sociedade brasileira tem o direito de fazer duas exigências aos que recebem salário (pago pelos contribuintes) para cuidar de alfabetização. Que superem suas cruzadas ideológicas e se ponham de acordo.

Para discutir

1. Converse com uma professora de classes de alfabetização e pergunte qual a sua maneira de proceder. Não mencione nomes como "global" ou "fônico", apenas tente saber como realmente conduz a classe. Com base nisso, decida que método ou que combinação de métodos ela usa.
2. Pergunte a essa professora que nota na Provinha Brasil sua classe tirou. Discuta e tire suas conclusões sobre a eficácia do método usado.

3
Ensino fundamental: o alicerce de tudo mais

De tudo que precisamos saber sobre o nosso ensino, há um aspecto que se sobressai: as maiores deficiências estão nos anos iniciais de escolaridade. Portanto, ali está a grande prioridade nacional. Todas as outras deficiências empalidecem diante do fracasso da escolarização inicial. Aliás, essa é uma das grandes causas das dificuldades que aparecem depois.

PRIORITÁRIA É SÓ A QUALIDADE

No passado, a escola atendia a poucos e a qualidade era deficiente. Hoje, demos um grande salto, pois a matrícula entre 7 e 10 anos foi universalizada. Contudo, a qualidade permanece lamentavelmente inadequada.

A qualidade do ensino fundamental: o óbvio que não é óbvio

Somos herdeiros de uma sociedade elitista, em que a educação atendia apenas aos níveis mais altos. Criamos ensino superior antes de ter uma rede pública fundamental. Criamos ciência antes de alfabetizar a todos. Após cinco séculos de descaso, finalmente avançamos na cobertura da escola inicial. Foi um grande feito, ainda que tardio. Infelizmente, permanece péssima a qualidade da educação oferecida.

A palavra "óbvio" esconde uma contradição em termos. Digo: "É óbvio que a prioridade deveria ser para o ensino fundamental". Mas, obviamente, não é óbvio. Se fosse realmente óbvio não precisaria dizer que é óbvio. Quando dizemos que algo é óbvio, é justamente porque não o é. De fato, tal é o caso com o ensino fundamental. Obviamente, deveria ser a primeira e única prioridade. Mas não é.

A presente nota tem um foco certeiro: a péssima qualidade do nosso ensino fundamental. Inicialmente, tentamos mostrar o *status* subalterno desse ensino em nossa sociedade. Mas isso pouco nos prejudicava diante do parque produtivo que tínhamos, onde era possível produzir razoavelmente bem com uma força de trabalho minimamente educada. Hoje isso não é mais possível.

Registramos o enorme tempo transcorrido, antes que conseguíssemos matricular na escola toda a faixa etária correspondente. Em seguida, passamos em revista os indicadores que documentam de forma indisputável a fraca qualidade do nosso ensino. Tratamos então das prováveis causas da má qualidade da sala de aula, identificando várias fraquezas congênitas do sistema.

Não obstante, o maior obstáculo impedindo a melhoria da qualidade é a percepção da sociedade brasileira de que a escola está bem. Os pais querem vagas, o sistema oferece vagas para todos. Os pais não percebem deficiências graves na qualidade. Por consequência, o sistema não oferece qualidade. Não há crise. Não há uma dinâmica que impulsione o sistema a vencer as barreiras que impedem a melhoria da qualidade, justamente, porque tais barreiras não são percebidas.

Os desencontros de uma sociedade elitista

O Brasil tem um sistema educacional surpreendente. Já foi medíocre em todos os azimutes. De fato, em matéria de educação, por mais de quatro séculos, o país teve pouco ou quase nada a mostrar.

Curiosamente, os primeiros grandes saltos começaram pelo topo do edifício. Crescemos e fizemos bonito no alto da pirâmide. Avançamos na pós-graduação e na ciência antes de cuidar dos alicerces.

Vale a pena dar uma olhada rápida na nossa trajetória recente na ciência. Há algum tempo foi realizada uma busca sistemática nos periódicos internacionais indexados. Na década de 1950, não havia um só artigo de pesquisadores brasileiros publicado em periódicos científicos de primeira linha. Ou seja, nossa ciência engatinhava, se tanto. Somente a Universidade de São Paulo (USP) escapava desse perfil de mediocridade.

Na década de 1960, desencadeou-se um processo acelerado de criação de universidades federais, construção de *campi* belíssimos e o início do envio de brasileiros para fazer sua pós-graduação no exterior. Quando os primeiros mestres e doutores começaram a voltar, uma injeção generosa de fundos públicos, do Ministério do Planejamento, criou a pós-graduação brasileira, seguindo o modelo americano. Tomaram corpo a Coordenação de Aperfeiçoamento de Pessoal de Nível Superior (Capes), a Financiadora de Estudos e Projetos (Finep), o Conselho Nacional de Desenvolvimento Científico e Tecnológico (CNPq) e a Fundação de Amparo à Pesquisa do Estado de São Paulo (Fapesp). Seus superlativos desempenhos permitiram um vertiginoso crescimento da nossa pesquisa.

Nos dias que correm, a cada ano, formamos mais de 10 mil doutores e mais de 50 mil mestres em nossas universidades. É um volume substancial, mesmo comparado com o de países desenvolvidos.

O rebatimento de tal expansão para a ciência não poderia ser mais espetacular. Em menos de meio século, o país saiu do quase zero e tornou-se o 13º maior produtor de pesquisas (publicadas nos melhores periódicos internacionais). Note-se a quase total ausência de outros países em desenvolvimento na lista dos maiores produtores (só a Índia e, mais recentemente, os países da órbita chinesa).

Chegamos a uma situação paradoxal. Nossas mercadorias correspondem a pouco mais de 1% das exportações mundiais. Em contraste, somos responsáveis por mais de 2% da ciência mundial. Ou seja, somos maiores exportadores de pesquisa do que de mercadorias. Exibimos uma das taxas mais elevadas de crescimento da pesquisa publicada. Para um país que praticamente começa do zero na ciência, é um resultado extraordinário.

A grande contradição, é que fizemos isso tudo tendo como pano de fundo estatísticas deploráveis de educação básica. Temos ciência de Primeiro Mundo. Em contraste, em matéria de educação básica, pertencemos aos rincões atrasados do Terceiro Mundo (até recentemente éramos piores do que Bolívia, Equador e Paraguai).

Tão bizarro desempenho dificilmente poderia haver sido fortuito. De fato, parece ser o resultado de um elitismo atávico da sociedade. Como nota Maria Luiza Marcilio,[1] nossas primeiras escolas eram de nível médio. As primárias eram menos prioritárias, pois as elites contratavam preceptores para as primeiras letras dos seus filhos. É exatamente o oposto do que estava acontecendo na Europa e América do Norte, onde se alargava a matrícula nas escolas primárias. Nossas primeiras faculdades, criadas por Dom João VI, vieram antes do ensino público inicial.

---

[1] MARCILIO, M. L. *História da escola em São Paulo e no Brasil*. São Paulo: Imprensa Oficial SP, 2005.

Por que investimos pesadamente na criação de uma rede exuberante de universidades federais, quando apenas tínhamos um pouco mais da metade da nossa infância entrando na escola? A resposta está na história e na sociologia.

As explicações passam ao largo das distinções entre governo civil e militar, entre direita e esquerda. O elitismo é da sociedade brasileira e não desse ou daquele segmento. É preciso entender muito bem tal característica, pois permeia os processos que determinam todos os rumos do nosso país.

Quase cinco séculos para universalizar a escola fundamental

No século XIX, completa-se na Europa o processo de matricular em escolas toda a infância na idade correspondente, um processo que começara no século XVII. Uruguai e Argentina iniciam, em meados do século XIX, um grande movimento para levar também toda a sua juventude à escola. Nesse momento, o estado de São Paulo sequer tinha escolas públicas.

O Brasil é retardatário no desenvolvimento de suas escolas. De fato, quando examinamos estatísticas de escolaridade da população como um todo, pelo peso dos mais velhos, ainda estamos abaixo do Paraguai e Bolívia, apesar do enorme crescimento nos últimos anos. Na entrada do século XX, tínhamos por volta de 90% de analfabetismo. Sintomaticamente, Portugal tinha uma proporção pouco melhor do que a nossa.

Somente na década de 1990 conseguimos universalizar o acesso e a presença na escola da população de 7 a 14 anos. Diante do atraso, foi um feito extraordinário, pela velocidade em que sucedeu. Mas não podemos deixar de registrar o fato de que meramente nos igualamos aos países latino-americanos mais modestos.

Seja como for, se antes tínhamos uma educação que era pouca e fraca, agora já não é tão pouca. Com a universalização da entrada e da permanência na escola até 14 anos, aumentam as graduações no fundamental, cresce aceleradamente o médio e viramos o milênio com taxas de crescimento muito elevadas no superior. Nesse nível, por falta de alunos, persistia por duas décadas uma quase estagnação da matrícula.

A batalha da quantidade foi vencida. Levou 500 anos – o que é uma constatação espantosa. Mas, na década de 1990, finalmente, o ensino básico conseguiu vencer as barreiras que outros países haviam vencido com séculos de anterioridade.

Os indicadores de qualidade são vergonhosos

Apesar do espetacular sucesso dos anos recentes na universalização do ensino inicial, como veremos com detalhes mais adiante (no Capítulo 10, "Avaliação: o GPS do ensino"), não conseguimos resolver o desafio da qualidade.

É bem verdade que resolvemos o problema de medir a qualidade. Agora sabemos, com segurança, como anda a qualidade da nossa educação. Merece, pois, confiança a lastimável constatação de que é muito deficiente.

O Saeb, aplicado ao 5º ano do fundamental, mostra que 54% dos alunos não foram plenamente alfabetizados. Essa é uma etapa a ser vencida ao fim do 1º ano por praticamente todos os alunos. Ou seja, ao cabo de cinco anos, mais da metade dos alunos não aprendeu a ler. Como a leitura é a principal ferramenta da escola, metade dos alunos não tem o instrumento de que precisariam para ser educados. E isso sem considerar que os alunos chegam ao 5º ano com uma taxa de repetência que é uma das maiores da América Latina. Já o Pisa mostra que o Brasil está entre os países mais fracos em matéria de educação, dentro de um grupo que hoje atinge 50 nações. Ou seja, os alunos nem andam na velocidade certa nem aprendem.

Não há nenhuma notícia ruim no país cuja gravidade se compare a essa. Nem violência, nem desemprego, nem a desigualdade (medida pelo coeficiente de Gini) mostram um quadro tão negativo e alarmante.

A educação básica deveria ser a única prioridade

Diante dessa barragem de notícias ruins, é difícil evitar a conclusão de que o nosso ensino inicial deveria ser a única prioridade para o país. Não apenas como prioridade dentro da educação, mas como prioridade nacional.

São desafios simples: ler, entender o que está escrito, escrever, usar números e resolver problemas. Nada mais. Diante do estado de emergência em que se encontra o nosso ensino, não pode haver outras prioridades dentro da escola. O resto, ou não é prioridade ou é tudo mais que vem espontaneamente junto com a escola de qualidade.

As constatações anteriores nos levam a perguntar por que nossa escola falha tão gravemente na sua tentativa de educar nossa juventude. Centenas de livros e milhares de artigos já foram escritos sobre o assunto. Infelizmente, uma boa parte deles perde-se em diatribes e discussões ideológicas.

Não obstante, podemos com certa segurança identificar o cerne das dificuldades, assunto que será objeto do que apresentamos adiante.

- Nossos professores nem dominam os conteúdos que ensinam nem aprenderam a dar aula. Aprenderam teorias grandiloquentes de gurus consagrados, mas não aprenderam a traduzir isso tudo em práticas testadas e comprovadas na sala de aula.
- Não há prestação de contas (*accountability*) em nenhum nível. Os professores não são responsabilizados pelos maus resultados de seus alunos. Os diretores não são cobrados pelos resultados de suas escolas. Os secretários de educação não se sentem responsá-

veis e não são, tampouco, cobrados. É a impunidade em cadeia. E por tudo que nos mostra as pesquisas recentes, *accountability* é um dos fatores críticos explicando o sucesso dos países que têm boa educação.
- A comunidade dos educadores não acredita em educação baseada em evidência. Não logramos o mínimo sucesso em criar um ambiente intelectual onde a abundante pesquisa existente passe a ser o critério para decidir o que é boa prática e o que é pura superstição ou mito. Essa visão epistemológica da pesquisa e da experiência não é aceita sequer pelos que se dizem pesquisadores na educação. Os gurus da educação pontificam em espaços intergalácticos, com olímpico desprezo pela evidência empírica e pela crescente abundância de pesquisas benfeitas e mostrando resultados claros e sem ambiguidades. Em contraste, os médicos decidem qual tratamento aplicar, com base nas pesquisas que mostraram qual droga salva mais vidas. Graças a tal prática, muitos de nós estamos vivos. Graças à rejeição a esse princípio na educação, nosso ensino está morto.
- Os recursos dedicados pelo Estado à educação básica correspondem, por aluno, a um sexto daqueles dedicados ao ensino superior público. Pior, esses parcos recursos são gastos em sistemas pessimamente concebidos e administrados.

Nossa educação é vista como uma sequência de atos heroicos. É o primado dos elementos afetivos, do desejo ingênuo de criar utopias, de aplicar teorias rarefeitas e da busca de soluções complicadas. É interessante comparar com o que acontece nas escolas dos países bem-sucedidos em matéria de educação. Lá vemos profissionalismo, foco no essencial e métodos simples, mas bem dominados pelos professores. O que falta em malabarismos intelectuais e teorias sobra em persistência e seriedade.

Para discutir

1. Em 1870, a cidade de Montevidéu tinha 167 escolas. Quantas havia naquele ano na cidade em que você mora? Por quê?
2. Peça a uma pessoa com mais ou menos quatro anos de escolaridade para ler um trecho de jornal e explicar o que diz. A seguir, peça para escrever um bilhete, contando claramente onde vai guardar a chave da casa. Analise os resultados e comente.
3. Peça a essa mesma pessoa para descrever as suas aulas e o que faz a professora. Comente.

EQUAÇÃO POLÍTICA DO ENSINO

Educação é um assunto de política, pois reflete prioridades da sociedade e compete com outros gastos públicos. Políticos e administradores pesam a importância das percepções populares, sobretudo, daqueles grupos com muita expressão demográfica e capacidade de reivindicar. Portanto, a atenção que a educação irá receber depende da importância que os eleitores dão a ela. Até agora, matrícula tem sido a grande prioridade, mas qualidade ainda não é. Por essas razões, temos vagas, mas não temos qualidade.

A escola é ruim porque os pais acham boa?

De todas as notícias ruins que circularam nos últimos anos, a pior foi aquela mostrando que os pais estão satisfeitos com as escolas dos seus filhos. Que motivações terá um governante para distribuir as "maldades" que são inevitáveis para melhorar a qualidade da educação?

Descobrimos que os pais aprovam a escola dos filhos. O assunto mereceu artigo de capa na revista *Veja*. Pudera! No meu entendimento, foi a notícia mais alarmante sobre a nossa educação a aparecer publicamente nos últimos anos.

Recordando, uma pesquisa do Ibope mostrou que próximo de 70% dos pais consideram boa a nossa educação. A mesma proporção foi encontrada para os alunos e, também, entre os professores. Ou seja, há consenso.

Estaríamos todos em lua de mel e soltando foguetes se fossem verdadeiras as proclamações acerca da excelência do nosso ensino. Infelizmente, como estão todos redondamente equivocados, isso é sério, pois significa que não há e não haverá pressões irresistíveis para melhorar a educação. Inexistem desejos e aspirações não satisfeitas. Não há percepção de carências nem descontentamentos. Então, por que os políticos iriam "queimar cartuchos" com algo visto por todos como bem-resolvido?

O pior dos mundos: não há crise!

Em 2000, desabou na Alemanha uma notícia aterradora. O país estava em 25º lugar no Pisa, um teste que mede a capacidade de leitura e o aprendizado de matemática e ciências, entre jovens de 15 anos, em quase

40 países. Educadores, pais e autoridades oscilaram entre traumatizados e enfurecidos. Até hoje, o clima está tumultuado, com comissões, seminários e uma enxurrada de novas leis.

Nesse mesmo exame, o Brasil obteve o último lugar, bem atrás do México. Só que, no nosso caso, há outra notícia pior: o resultado não criou uma crise. A imprensa não fez barulho. A esquerda e a direita ficaram mudas. Pesquisas com pais mostram um resultado quase inacreditável: eles continuam satisfeitos com a educação oferecida aos filhos.

É preciso entender onde estamos. Quando não havia escolas, todos brigavam por elas. Todos ficavam contentes quando apareciam: o construtor do prédio, os novos professores contratados, os livreiros que vendiam mais livros e os pais que encontravam vagas para seus filhos. Era uma ampla distribuição de "bondades".

Agora, existem vagas em praticamente todos os lugares. Para dar os passos que faltam é preciso distribuir as "maldades". Tudo que precisa ser feito pisa nos calos de alguém. Os alunos têm de estudar mais. Os professores não podem faltar e têm de manter os alunos em rédeas curtas, precisam preparar aulas e corrigir dever de casa. Os diretores têm de ser antipáticos, comandando a sua tropa, desacostumada à disciplina requerida.

Mas, como dito, quase todos acham boa a educação que temos. Portanto, estamos no pior dos mundos. A educação é péssima, mas é considerada boa por três atores críticos no processo político: os professores, os pais e os próprios alunos. Sendo assim, na cabeça deles, não há crise, não precisa de uma reforma drástica. Não há clima político para as "maldades" requeridas para melhorar o ensino. Ou seja, há outras prioridades mais importantes no país. De fato, nas muitas pesquisas sobre percepção de problemas por parte da população, a educação fica sempre entre o quinto e o 10º lugar. Confirma-se a ideia que ficou tão nitidamente clara na pesquisa citada pela *Veja*: educação não é problema. Paradoxalmente, esse é o maior problema da educação.

Sendo assim, é difícil imaginar uma solução que não passe por uma mudança de percepções. Para isso, devemos indagar: por que nutrimos uma noção tão ilusória sobre o estado do nosso ensino?

A gênese da ilusão

Por que será que os brasileiros permanecem tão equivocados com relação à qualidade do ensino oferecido aos seus jovens? Ninguém desconhece os resultados do jogo do seu time, qualquer que seja o local onde ocorreu. Então, por que desconhecer que os nossos filhos estão recebendo uma educação horrível? Há várias explicações possíveis.

A primeira é a fragilidade histórica da nossa educação. Nunca tivemos uma boa educação. Nunca tivemos bons modelos.

Outro argumento pertinente tem a ver com o extraordinário sucesso do nosso desenvolvimento econômico. Entre 1870 e 1987, nosso PIB cresceu 157 vezes. Em contraste, o do Japão cresceu 84 vezes e o americano 53 vezes. Somente a partir da década de 1980 é que deixamos de ser recordistas mundiais de crescimento.

O real milagre brasileiro foi conseguir crescer rapidamente apenas com uma estreita elite bem-educada em um processo de industrialização abrangente e bem-sucedido. Ao que parece, esse feito ficou no imaginário brasileiro. Aprendemos que era possível crescer sem uma educação ampla e de boa qualidade. A memória coletiva não se desvencilha dessa percepção.

De fato, é verdade. O crescimento foi rápido e a educação era pouca. Podemos e devemos especular sobre tal paradoxo.

Mas não podemos ignorar que, nas últimas décadas, mudou o processo produtivo e mudaram as formas de organização das empresas. Ficou mais complexa a tecnologia. Os de baixo decidem mais. As decisões passam por sistemas escritos de comunicação – cada vez mais, em forma digital. Ou seja, torna-se cada vez mais difícil repetir a proeza de crescer com pouca educação.

O quadro internacional confirma: estão se saindo melhor os países que seriamente investem na qualidade de sua educação. Como dito, há uma grande inércia nas percepções de praticamente todos. Não percebemos que as deficiências da nossa educação estrangulam o desenvolvimento econômico.

O que fazer?

Obviamente, o pior que podemos fazer é aceitar passivamente a situação presente. Há várias linhas de ação possíveis.

Em primeiro lugar, é preciso mostrar à sociedade que há um equívoco monumental nas suas percepções. Nossa educação, ruim como é, não nos permitirá transpor os umbrais do subdesenvolvimento. A disseminação dos resultados do Índice de Desenvolvimento da Educação Básica (Ideb) é um passo à frente, pois oferecer avaliações por municípios e por escolas permite trazer os resultados mais próximos ao universo de interesses de cada um.

Nisso tudo, há um papel crítico para a grande imprensa. Cabe a ela um bom naco da responsabilidade por mostrar à sociedade como estamos. Nesse sentido, precisa sair do sensacionalismo vazio. Epidemia de piolho na escola não é problema educacional. Telhado que desaba, tampouco. Além disso, precisa entender mais de estatísticas educativas, para não cometer repetidamente os erros de sempre, que não são poucos. Seria um grande passo à frente se nossos jornalistas falassem de educação com a competência com que falam de futebol.

O meio empresarial é uma das principais vítimas do nosso ensino capenga, pois tem de conviver com empregados ignorantes. Considerando sua capacidade política e de mobilização, poderíamos esperar dos empresários um comportamento enérgico para virar a mesa, rejeitando as percepções equivocadas e as equações politiqueiras. Após muitos anos de atitudes mornas, nos últimos anos, crescem as iniciativas de advogar a causa da educação. O movimento Todos pela Educação é um exemplo claro e eloquente. Mas uma ação política mais contundente ainda não se materializou.

O terceiro setor é outro ator crítico para promover mudanças. De fato, muito do ruído que existe hoje em favor da educação vem de organizações não governamentais (ONGs). A expectativa é que ainda mais decibéis deverão se originar dali, sobretudo, porque as empresas costumam agir nessa área por meio de suas fundações.

Em última análise, se os pais não entenderem o que está acontecendo e não se derem conta da péssima qualidade da educação oferecida aos seus filhos, ficamos com a equação desequilibrada. As forças da inércia – que beneficiam a muitos interessados – não serão vencidas sem esse realinhamento dos pais e da sociedade civil. Quando um não quer, dois não brigam. Falta os pais quererem brigar.

Portanto, no eixo das principais estratégias estão as mudanças de percepções e prioridades das famílias e da sociedade civil. Sem isso, a equação política continuará no seu equilíbrio maldito.

> **Para discutir**
>
> 1. Procure na imprensa exemplos de sensacionalismo, de uso equivocado de estatísticas e explicações inadequadas para o que acontece.
> 2. Você conhece exemplos em que a imprensa teve um papel relevante para melhorar alguma coisa na educação?
> 3. Pense em ocupações que se tornaram mais complexas, exigindo mais conhecimentos e escolaridade.

Quando a sociedade quer...

Em sociedades minimamente democráticas, a opinião pública conta e acaba por influenciar as decisões. Isso porque os políticos e governantes tentam responder às demandas mais prementes e, discretamente, desdenhar as outras. Se a educação de qualidade não for percebida como uma demanda inegociável, dificilmente será uma real prioridade. E, como sabemos, discurso é uma coisa, vontade de pisar nos calos de alguns para resolver problemas é outra.

Era uma vez um país muito grande e muito quente. Era um país de lastimáveis tradições educativas. Séculos se passaram antes que conseguisse abrir escolas para todos os jovens. Mas, quanto mais aumentava o número de matrículas, maior o número dos que ficavam atolados no meio do caminho. Finalmente, as coisas boas começaram a acontecer. O país conseguiu levar todos à escola e começou a desatolar os que estavam travados no meio. Seguiu-se um enorme aumento nas graduações do ciclo inicial de estudos.

Houve assim mais alunos para abastecer um ensino médio até então mirrado. Foi tão rápido o crescimento das matrículas no médio que, em 10 anos, quase triplicou. Ao que parece, em nenhum outro país do mundo esse nível cresceu a uma taxa tão elevada. Nisso tudo, há um fator curioso a ser registrado. Nenhum estado naquele país planejou o aumento da matrícula no ensino médio, tampouco fez previsões orçamentárias para suportar tal crescimento. As escolas cresceram nem se sabe como, e o dinheiro para pagar as contas apareceu. O país chama-se Brasil.

Era uma vez um país pequeno e frio – aliás, muito frio. Há alguns anos, o descontentamento popular contra a educação se exacerbou. Aumentou a barragem de reclamações. Pelo que noticiava a imprensa, a sociedade achava totalmente inadequada a qualidade da educação oferecida pelo governo. E não se fazia de rogada nas queixas que se multiplicavam, ocupando farto espaço na mídia – apesar do estilo frio e circunspeto do povo. Mas, em algum momento, alguém abre uma publicação da OCDE em que se noticiavam os resultados do teste Pisa e descobre que a educação naquele país havia obtido o primeiro lugar no mundo. Ou seja, reclamavam de barriga cheia, pois haviam obtido o melhor desempenho nesse teste (o mesmo em que o Brasil obteve o último lugar). Alguns já terão adivinhado tratar-se da Finlândia. Aparentemente, são casos que nada têm em comum. Mas, pensando bem, têm tudo em comum, pois mostram o poder da sociedade quando embirra que quer alguma coisa.

Durante muitos anos, faltaram vagas nas escolas brasileiras, sem que isso causasse comoção ou maior embaraço para os políticos e administradores. Mas, progressivamente, a sociedade foi descobrindo que é uma excelente ideia ir à escola e lá permanecer o maior número de anos possível. Com as mudanças tecnológicas, aceleradas na década de 1990, os empregos bons migraram para os mais educados. Obviamente, todos entenderam que era necessário ficar mais tempo na escola. As novas levas de graduados do ensino fundamental tornaram-se maiores e muitos já formados quiseram voltar a estudar. Políticos e administradores não ousaram deixar que essa enorme massa de alunos ficasse sem vaga, e o dinheiro apareceu. Foi um claro exemplo da sociedade querendo e podendo.

E na Finlândia, onde todos reclamam, apesar de a educação ser ótima? É exatamente o contrário, a educação é boa justamente porque todos reclamam. Mudando um pouco de assunto, para ilustrar o ponto, ninguém reclama mais da culinária do que os franceses. E ninguém tem melhor culinária do que a França. É o espírito furiosamente crítico que impulsiona a culinária ou a qualidade da educação.

Os brasileiros aprenderam que vaga na escola é inegociável – daí, quem se atreverá a negá-la? Mas não aprenderam que é crucial uma educação de qualidade, em que se aprenda a ler, escrever e pensar. Por isso, ainda não a temos. Somente quando o preço político de oferecer educação de segunda qualidade tornar-se proibitivo é que nossos administradores temerão pelas suas carreiras e tratarão de melhorar a qualidade. Os problemas técnicos são menores. Já fizemos coisas mais difíceis.

Os políticos têm excelentes radares, farejam de longe o que a sociedade quer de verdade Se a demanda não é para valer, fica tudo nos discursos grandiloquentes. Mas, se a sociedade exige, aí é diferente. Por isso, só teremos qualidade na educação quando os governantes perceberem que não oferecê-la trará perdas políticas temíveis.

Para discutir

1. Reclamar adianta? Considere situações escolares em que pais ou alunos reclamaram. Trouxeram resultados? Para quem reclamaram? Que conclusões essa experiência sugere?
2. Como você faria um plano para convencer a população brasileira menos educada de que a educação de seus filhos é muito deficiente?

Em se plantando dá

Governantes que decidiram seriamente melhorar a educação das suas gentes vêm obtendo bons resultados. Não depende de partido, mas de competência e obstinação. Em meio a uma mediocridade morna, há excelentes exemplos de avanços, seja em municípios ou estados.

Ante o atraso enorme da educação brasileira, somos soterrados pelo pessimismo, sobretudo ao notar que as lideranças nacionais não têm sequer a consciência do problema. Nessas horas, é bom lembrar que vivemos em um país federativo, onde há um bom naco de responsabilidades nas mãos dos estados, e também dos municípios. E, se prestarmos atenção, alguns levaram a sério a decisão de tirar o atraso. Vejamos o exemplo de dois estados pouco lembrados: Acre e Sergipe.

No Acre, completam a terceira gestão dois governadores que puseram a educação no primeiro plano. Ao assumirem, encontraram um estado conflagrado e com suas escolas degradadas. A primeira providência que tomaram foi melhorar a gestão e reduzir uma burocracia central inchada, emagrecendo-a de 1.200 para 400 funcionários. Em seguida, as atenções focalizaram a construção e a reforma das escolas. Escola bonita e cores alegres fazem subir o astral de todos. Recentemente, a escolha de diretores passou a ser feita em duas etapas: concurso e eleição.

Para os alunos repetentes, foi criado o Poronga, um programa inovador utilizando a experiência e os materiais do Telecurso 2000. À medida que mais alunos de escolas públicas chegavam ao fim do ensino médio, o governo fez um acerto com a universidade federal, pelo qual o estado financiaria a expansão da sua rede em outras cidades.

Os resultados estão aí. A matrícula cresceu, tirando o estado da rabeira. Melhor ainda, os escores do Saeb mostram expressivo aumento na pontuação em língua portuguesa (matemática ainda é um problema).

Há poucos anos, Sergipe resolveu cuidar seriamente de seu ensino. O governador anterior definiu a educação como sua prioridade. Iniciou dois programas com o Instituto Ayrton Senna, experimentou um novo método de alfabetização infantil e começou a implantar as fórmulas gerenciais do professor Vicente Falconi Campos.

As avaliações mostraram quais são os professores com melhor desempenho, para recompensá-los com prêmios e um subsídio para que comprassem o próprio computador. Algumas escolas foram convertidas em estabelecimentos-modelo, começando a receber estudantes selecionados por seu talento. Foram criados pré-vestibulares gratuitos para alunos da escola pública e oferecidos prêmios aos mais bem colocados na universidade federal. Ainda é cedo para os resultados aparecerem no Saeb e no Censo Escolar. Mas, se o estado persistir nessa linha, é inevitável que os resultados sejam visíveis em breve.

Tais avanços confirmam os registrados em Minas Gerais na década de 1990, onde se originaram algumas das ideias adotadas pelo Acre e por Sergipe. Por exemplo, dinheiro diretamente para as escolas, redução severa da burocracia central e um sistema pioneiro de avaliação para todas as escolas. Os diretores passaram a ser escolhidos por concurso, seguido de eleição entre os mais bem colocados. A fórmula mostrou resultados excepcionais. Nas avaliações do Saeb, após oito anos, Minas Gerais saltou da nona para a primeira colocação.

Esses três exemplos têm muitos traços comuns. O primeiro e mais decisivo é o comprometimento do governador e de sua equipe próxima. A educação melhora somente quando se torna o centro de gravidade do governo, e assim persiste por vários anos. Competência e pragmatismo são tudo. Partido não interessa.

A burocracia das secretarias precisa ser domada, pois é foco crônico de fisiologismo, reduz a capacidade do estado de oferecer educação de qualidade e sangra os orçamentos. As intervenções devem ser poucas, cuidadosamente escolhidas e aplicadas seriamente na prática. É preciso que as ações mirem naquilo que aperfeiçoa a sala de aula. Mil penduricalhos e programinhas não resultam em nada.

Finalmente, nos casos de sucesso, todos tiveram uma pontaria certeira para identificar e atrair as melhores cabeças do país, a fim de ajudar na concepção e na execução dos planos. Igualmente, foram importados os programas mais inteligentes e eficazes. Vários deles são iniciativas da responsabilidade social de empresas. Os resultados tardam pouco. Um estado grande e complexo deu um salto em oito anos e dois estados de pouca tradição prévia na área estão acertando – aí está a prova eloquente de que é possível melhorar a nossa educação.

Para discutir

1. Pesquise sobre municípios que tiveram um grande impulso na sua educação. Tente entender por que isso aconteceu.
2. Pesquise sobre municípios que não conseguiram avançar no seu ensino. Houve tentativas de reverter a situação? Tente entender os êxitos e os fracassos, pensando nas pessoas envolvidas e no clima político do lugar.

O papel dos empresários: tirar a politicagem da educação

Como a qualidade da educação não é valorizada pela sociedade, melhorá-la não traz nenhum prêmio político. Mas os empresários podem pressionar os políticos para melhorar a qualidade da educação inicial e expressar a sua impaciência com a politicagem na escola. Cobrando esses resultados com energia, farão uma revolução na educação dos seus municípios.

Alguns anos atrás, perguntei a um grande empresário brasileiro por que ele não fazia o *lobby* da educação fundamental, pois tinha acesso a ministros e autoridades a quem poderia reclamar. Respondeu-me, laconicamente: já havia tentado, sem êxito. Ele tinha razão. Brasília não é o local para brigar pela qualidade da educação básica. Entre outras coisas, o MEC não opera escolas nesse nível. Grande parte da educação inicial é dos municípios, que pagam a conta, contratam os professores e administram o sistema. Pouca satisfação devem ao governo federal. Mas é lá também que a politicagem entra pela porta dos fundos. Note-se que 20% dos diretores ainda são escolhidos politicamente.

E isso acontece porque a lógica do sistema é perversa. Imaginemos que o prefeito tivesse um caderno de contabilidade, com páginas para os ganhos e páginas para as perdas (definidas de forma abrangente: políticas ou financeiras). Para saldar uma dívida de campanha, o prefeito nomeia como diretora a cunhada do seu cabo eleitoral ou a amiga do deputado – imbecis perfeitas que vão azedar o clima da escola. Essa nomeação rende para o prefeito uma anotação na conta de ganhos e nenhuma na conta de perdas, pois ninguém reclama. Alunos e pais não entendem ou não sabem mostrar politicamente a sua insatisfação. O mesmo ocorre com a contratação de merendeiras desnecessárias, bem como o leilão dos cargos em comissão e o comércio das transferências.

Há prefeitos de desempenho impecável. Mas as boas intenções de alguns não resistem à tentação de entrar em um jogo (legal) das nomeações, no qual só existem ganhos. Por outro lado, tal jogo é profundamente lesivo para a educação.

Pior, como a qualidade da educação não é valorizada pela sociedade, melhorá-la não traz nenhum prêmio político. Portanto, se não mudarem as regras do jogo, fica difícil melhorar o ensino. A solução óbvia e possível é fazer que o jogo político passe a produzir também perdas. Aí está o papel do empresariado local e do terceiro setor. Além do poder dos seus decibéis, as maiores empresas locais são assediadas pelos prefeitos e secretários, com pedidos de quadras esportivas e tudo o mais.

Há duas linhas possíveis de atuação. Uma delas é, simplesmente, tomar os resultados da Prova Brasil ou do Ideb e cobrar melhorias do prefeito ou do secretário de Educação. Basta levar uma tabela e mostrar: "Vocês estão aqui. Onde prometem estar em dois anos?". Ou, então, ir diretamente às escolas, para fazer o mesmo pacto com as diretoras, visando a melhorias nas pontuações. Em ambos os casos, ganhos serão recompensados (prêmios, computadores, medalhas, diplomas) e retrocessos criarão constrangimentos políticos.

A segunda alternativa é entrar na lógica da escola e substituir os mecanismos perversos por outros virtuosos. Que empresário já visitou alguma escola pública de sua vizinhança? Quantos sabem como as equipes se sentirão valorizadas com sua presença? Mas, durante a visita, muito do errado feito pela administração será desvendado. Por que não almoçar todo mês com o secretário de Educação ou com o prefeito para falar de educação? Sem arrogância nem agressão, ele vai deixar claro para o prefeito que as decisões políticas que apenas produziram ganhos podem passar a ter perdas, pois empresários (e o terceiro setor) falam alto e têm poder.

Há pouco tempo, um empresário recebeu vários pedidos do prefeito. Com toda a amabilidade, ele prometeu tudo o que foi solicitado. Apenas disse que antes da aprovação definitiva gostaria de conversar mais sobre educação. Esse prefeito vai pensar duas vezes antes de nomear outro imbecil como diretor como moeda de troca da política. E vai ficar ainda mais preocupado se o empresário mandar seu contador verificar como estão sendo gastos os orçamentos da educação.

O empresário engajado na causa da educação deverá transmitir aos políticos locais três mensagens:
(i) a única prioridade é melhorar a qualidade da educação inicial;
(ii) escola é como empresa: se não buscar a eficiência com método e competência, ela não virá;
(iii) a política deverá ser banida da escola, pois é inaceitável.

Se os empresários repetirem isso e cobrarem resultados com energia, farão uma revolução na educação dos seus municípios – e a custo praticamente zero.

> **Para discutir**
>
> 1. Converse com alunos, professores e diretores e identifique problemas resultantes da entrada ilegítima da política na escola.
> 2. Imagine outras situações plausíveis em que os empresários possam pressionar os políticos a melhorarem o ensino e deixarem de usar a escola como moeda de troca na política.

A culpa é do tataravô

Há uma tendência de acusar nosso atraso pelo que estamos fazendo errado ou pelo que não estamos fazendo. Mas não estamos errando tanto. Nosso principal problema é que começamos tarde demais. Quem deixou de fazer o que precisava foram nossos tataravós.

Nunca se criticou tanto e tão acidamente a educação brasileira quanto agora. E merecidamente, pois é péssima. Para que ela se mova, ainda é pouco o que criticamos. Mas não podemos perder a perspectiva histórica.

Nunca tivemos uma educação tão vibrante e em tão rápida transformação. Vamos entender o paradoxo. Nossa educação é ruim porque sofreu quatro séculos e meio de abandono. Foi nos últimos 50 anos que tudo começou a acontecer. Obviamente, é pouco tempo para recuperar os séculos perdidos e para evitar os solavancos e os acidentes de percurso do crescimento açodado. O desleixo passado nos deixou sequelas muito mais graves do que aquelas geradas pelas trapalhadas das décadas recentes. Ao preparar o prefácio do esplêndido livro de Maria Luiza Marcílio, *História da escola em São Paulo e no Brasil*,[1] adquiri mais munição para defender tais ideias.

Em 1612, o ducado de Weimar precedeu o resto da Europa, ordenando que "toda criança de 6 a 12 anos deveria estar na escola", cumprindo uma jornada escolar de 6 horas (proeza que ainda não igualamos). Na Viena de 1774, aprovou-se uma lei proibindo a contratação de aprendizes e empregadas domésticas sem um certificado escolar. As colônias americanas da Nova Inglaterra, já no século XVIII, caminharam rapidamente para a escolarização universal. Em meados do século XIX, inspirada por Rivadavia e Sarmiento, a Argentina começou um processo rápido de escolarização. O Uruguai a acompanhou.

Aqui no Brasil, quase nada. Herdamos a tradição portuguesa de um ensino que conseguia ser ainda mais débil do que o espanhol. O que recebemos de Portugal foi a herança de sua própria educação mirrada e medíocre, muito mais do que uma política de conter o desenvolvimento do nosso ensino – embora isso também houvesse acontecido no período colonial.

Ouvimos muitas lamúrias sobre o vácuo educacional, após a expulsão dos jesuítas. De fato, a cidade de São Paulo ficou sem escolas formais por 43 anos. Mas, enquanto funcionaram, seus colégios cobriam apenas 0,1% da população.

Nossa educação era compatível com a mediocridade intelectual da época. Mesmo a educação das elites era débil e improvisada. No dizer de Bastos Ávila, era "[...] um ensino de inutilidades ornamentais.". O que havia era uma educação péssima para as elites e quase nada para os demais. Pergunta o visitante John Luckoc:

> O que pode ensinar quem nada sabe?[...] Não havia outro meio, portanto, senão permitir que as crianças crescessem selvagens, em meio a uma chusma de escravos e vagabundos da pior espécie com quem testemunham e aprendem a praticar todas as vilanias de que sua tenra idade era capaz.

O professor ensinava a um aluno de cada vez, era tudo o que ele sabia fazer. Como resultado, os outros ficavam inquietos e indisciplinados, gerando a necessidade da palmatória. Não havia seriação. Os alunos podiam entrar e sair da escola em qualquer período do ano. Da mesma forma, não havia a

---

[1] MARCILIO, M. L. *História da escola em São Paulo e no Brasil*. São Paulo: Imprensa Oficial SP, 2005.

"grade curricular". A aritmética não era lecionada simultaneamente à língua portuguesa, e a leitura e a escrita eram ensinadas em separado. Durante todo o Império, não houve prédios escolares em São Paulo, nem móveis didáticos. Em Ubatuba, por exemplo, os alunos tinham de estudar em pé.

Em suma, a principal razão do atraso de hoje é o início tardio, pois as escolas só começaram a tomar alguma consistência no século XX. Portanto, nosso retardo educativo vem menos do que fizemos mal nas últimas décadas e mais do não feito nos quatro séculos precedentes. Mas a nós, tataranetos, não se permite complacência. Justamente por estarmos tão atrasados, temos de recuperar o tempo perdido.

> **Para discutir**
>
> 1. Frequentemente ouvimos pessoas mais velhas dizerem que: "no meu tempo a educação era ótima". Isso é compatível com o que está dito no ensaio acima? Quem estará errado?
> 2. Como dito, leitura e escrita eram ensinadas em separado. Tente imaginar como seria isso. Discuta o que significa o avanço de uma escola seriada, com sequências planejadas de conteúdo.

Ruim comparado com quem?

Sempre comparamos a nossa educação com a dos países mais avançados, ficando sucumbidos com os fracos resultados. Mas não podemos esquecer que já estamos na metade de cima das nações em matéria de desempenho educativo. Começamos baixo e tarde, mas já abandonamos o bando dos piores.

O Brasil vem comparando sua educação com a dos países mais ricos e ambiciosos em matéria de ensino. Participamos dos testes do Pisa e ficamos nos últimos lugares, chamuscando nossas vaidades verde-amarelas. Deitamos olho gordo na Coreia. Mas é assim que deve ser. É certíssimo calibrarmos nossas ambições pelo desempenho dos melhores.

Mas, depois de tanta autoflagelação, quem sabe vale a pena dar uma olhadela em um estudo recente das Nações Unidas? Nada de complacências, apenas para ter uma perspectiva de onde estávamos e do fosso que já nos separa de mais de 100 países. Há pouco tempo, éramos daquele time.

Não são poucos os países da África em que houve quedas dramáticas nas matrículas, em virtude da crise econômica e da Aids. Em 35% dos países, como nem sequer há estatísticas básicas de matrículas, não se sabe se cresceram ou encolheram.

Para os que se desesperam com o nosso analfabetismo residual, é bom saber que é igual ao da China (10%). A Índia, tão festejada nos últimos tempos, ainda tem metade da população analfabeta. Apenas dois terços dos alunos de 7 a 14 anos frequentam a escola e o atendimento está piorando, pois muitas escolas vêm sendo fechadas. Por todo lado, há classes com 75 alunos e professores faltosos, bem como enorme atraso na matrícula das mulheres. Na Índia, em Bangladesh, no Marrocos e em vários países da África, nem a metade dos alunos mais pobres frequenta a escola. Em Moçambique, somente 12% da população rural completa cinco anos de educação. Na Somália, apenas uma em cada cinco crianças está na escola.

Em contraste, no Brasil, 97% dos jovens de 7 a 14 anos estão na escola. Além disso, praticamente todas as estatísticas educativas melhoraram.

No Peru, o Ministério da Educação não sabe quantos professores estão na sua folha de pagamento. Pesquisas mostram clientelismo, em vez de mérito, na nomeação dos diretores de escolas colombianas. Pesquisas na Índia, em Uganda e no Quênia mostram que os professores faltam a um terço das aulas.

A educação é o setor mais corrupto na Colômbia, na Eslováquia e em mais quatro países da antiga União Soviética – que já foi exemplo para o mundo. Os professores cobram taxas ilegais dos alunos, e é preciso pagar para ter boas notas. Em Uganda, somente 13% dos fundos alocados pelo ministério chegavam às escolas. Em Gana, 19% das famílias pagaram para conseguir vagas e 92% tiveram de subornar os professores. Na Rússia, metade da educação pública é financiada por pagamentos ilegais aos professores. Visitei uma escola em Moscou onde as oficinas haviam sido alugadas para uma fábrica e outra onde o refeitório havia sido transformado em cabaré. Os aluguéis iam para os diretores e seus amigos.

Na Geórgia, anuncia-se publicamente quanto se desembolsa para um aluno ser aprovado nos cursos. Não são poucos os países onde se paga para passar no vestibular, como era o caso das repúblicas da Ásia Central. Em um estado da Índia, os próprios professores divulgam os exames públicos, para que seus alunos passem de ano. Em Camarões, os professores cobram uma taxa para os alunos se sentarem nas fileiras da frente e também para corrigir o dever de casa. Pior, 27% das alunas tiveram relações sexuais com os professores. Há países onde os alunos são obrigados a trabalhar como empregados domésticos na casa dos professores.

Nossa situação é bem menos pior. A qualidade das nossas estatísticas educativas é primorosa nos dias que correm. E registram que a nossa matrícula vem crescendo continuamente. Além disso, disparou na década de 1990.

Temos um belo sistema de avaliação e divulgamos amplamente todos os resultados, bons ou ruins. O México espera os resultados para decidir se serão publicados – se são fracos, não são revelados ao público. Na escola, nossa corrupção é pouca e discreta, nada comparada com as roubalheiras escancaradas alhures. Nossos vestibulares são praticamente livres de fraude e quaisquer formas de desonestidade.

Nosso desempenho ainda é pouco, é inaceitável. Nem pensar em ufanismos. Mas já passamos para a metade de cima. Começamos tarde, mas abandonamos céleres o bando dos piores.

Para discutir

1. Tente identificar áreas em que ainda há corrupção nas escolas públicas brasileiras. É muita? É pouca?
2. Quais são as decisões que afetam a escola em que o critério de mérito não prevalece? Sabemos, por exemplo, que em alguns lugares a escolha de diretores é por critérios políticos. O que mais acontece?

A EDUCAÇÃO ESPELHA A SOCIEDADE

A escola não é uma ilha isolada da sociedade. Pelo contrário, reflete muito de perto as estruturas sociais. De fato, o fator mais poderoso para determinar os rendimentos e o tempo de permanência dos alunos na escola é a classe social da família. Para as classes mais altas, a educação é a continuação de um processo educativo e de socialização que começa ao nascer. Para os pobres, é o início de um mundo diferente, para o qual não foram preparados.

Escolha seus pais com cuidado

O cuidado com que os pais acompanham a vida escolar e pessoal dos filhos tem importância crucial. Sejam pobres ou ricos, quanto mais de perto os pais seguem e colaboram com a vida escolar de seus filhos, melhor o seu desempenho na escola.

Pesquisadores da área costumam brincar que a melhor maneira de ter sucesso na escola é escolher cuidadosamente os pais. Essa incoerência não deixa de ser instrutiva, pois há uma inexorável associação entre certos tipos de família e bons resultados na escola. Os filhos de famílias mais educadas e mais ricas tendem a se sair melhor na escola, comparados a outros que não têm essas características.

Mas tal regularidade observada esconde tanto quanto revela. Isso porque filhos de famílias educadas são quase sempre mais prósperos, frequentam escolas melhores, têm maior acesso a bens culturais e recebem mais atenção da família. Desde que nascem são preparados para a escola. Estaríamos diante de um determinismo odioso só premiando os que já têm mais?

Houve muitas tentativas de deslindar as influências de cada um desses fatores. Mas, uma vez que eles vêm todos embolados, métodos estatísticos complexos são usados para separar o efeito líquido de cada um. Como as resmas de tabelas produzidas pelo computador são de interpretação difícil, ficamos sempre com o travo amargo de um problema mal resolvido.

Mas ficando à espreita, às vezes, a natureza se deixa apanhar mais desnuda, revelando alguns de seus segredos. Uma dessas situações ocorreu em uma pesquisa recente em que participei com o professor José F. Soares, testando alunos dos colégios Pitágoras, de Belo Horizonte. São colégios que atraem uma clientela bem-educada, de classe social homogênea e interessada em que seus filhos recebam a melhor educação possível.

Portanto, o que quer que se observe comparando os alunos dessas escolas não pode ser atribuído a diferenças na qualidade do ensino ou na maior ou menor educação dos pais. É um resultado cristalino.

A pesquisa apresentou ao estudante uma enorme bateria de perguntas acerca do que ele tinha em casa, como livros, revistas, jornais, enciclopédias, computador, ou de atividades, como curso de informática, inglês, aula particular, visitas a museus e viagens ao exterior.

Montes de respostas foram remexidos no caldeirão dos modelos estatísticos, na busca dos fatores correlacionados com o bom desempenho escolar. Mas havia muitas surpresas. Nada do que foi citado acima pareceu explicar melhores ou piores resultados escolares, ou porque todos os alunos já tinham o que é realmente importante ou porque tais coisas não são realmente tão fatais no desempenho escolar.

Mas dois fatores apresentaram um impacto brutal nos resultados. O primeiro é a atitude dos pais com respeito ao dever de casa. Quando os pais sistematicamente verificam se os filhos estão fazendo a lição, o rendimento escolar é muito maior. Não é preciso fazer o dever do filho nem mesmo ajudar. O que faz a diferença é o acompanhamento próximo, levando o filho a dedicar mais tempo aos estudos.

O segundo fator é a frequência de conversas entre pais e filhos. Pais e mães que dedicam tempo para conversar com os filhos recebem no fim do mês boletins com notas bem mais altas. A atenção pessoal, a presença e a interação é que diferenciam resultados medíocres de resultados excepcionais. Não precisa ser conversa sobre escola; basta ao filho ter a presença próxima e a interação com os pais.

Esses são resultados alvissareiros. Imagine-se que fossem as viagens ao exterior e os computadores que fizessem a diferença. Seria o peso do dinheiro determinando os resultados escolares. Mas não custa dinheiro ver se a meninada está fazendo seus deveres assiduamente. Tampouco conversar com os filhos é caro. Ou seja, o segredo do sucesso é barato.

Quando trazemos tais resultados para situações escolares mais típicas, é preciso certo cuidado, pois pode parecer que a qualidade da escola, os professores e a forma de ensinar não importam. Ou que outras características da família sejam irrelevantes – o que certamente não é o caso. Mas o que nos mostra o estudo é que, quando tudo mais é igual, o que faz diferença é a atenção dos pais para a vida escolar e pessoal dos filhos. E esse conselho serve para todos os pais, pobres ou ricos.

Para discutir

1. Na sua casa, quanto tempo as crianças e os jovens gastam fazendo dever de casa (refira-se a amigos ou parentes se não houver escolares em sua casa)? Isso é suficiente? Por que não dedicam mais tempo?
2. Compare esses resultados com o tempo gasto pelos filhos de alguma pessoa bem mais pobre que tenha filhos na escola. Que conclusões você tira desses resultados? São típicos para cada caso?
3. Observe uma mãe educada conversando com o filho. Faça o mesmo com outra mãe de pouca escolaridade. Que diferenças há nos estilos de comunicação? Que diferenças no uso da língua haverá entre as duas crianças?

A vovó na janela

Muitos pais brasileiros de classe média dedicam um esforço ínfimo para educar os filhos. Quantos deixam de ver TV para assegurar-se de que seus pimpolhos estão estudando? Quantos conversam frequentemente com os filhos? Sabemos que tais gestos têm impacto enorme sobre o desempenho dos filhos.

Em uma pesquisa internacional sobre aprendizado de leitura, os resultados da Coreia pareciam errados, pois eram excessivamente elevados. Despachou-se um emissário para visitar o país e checar a aplicação. Era isso mesmo. Mas, visitando uma escola, ele viu várias mulheres do lado de fora das janelas, espiando para dentro das salas de aula. Eram as avós dos alunos vigiando os netos, para ver se estavam prestando atenção às aulas.

A obsessão nacional que leva as avós às janelas é a principal razão para os bons resultados da educação em países com etnias chinesas. A qualidade do ensino é um fator de êxito, mas, antes de tudo, é uma consequência da importância fatal atribuída pelos orientais à educação.

Foi feito um estudo sobre níveis de estresse de alunos, comparando americanos com japoneses. Verificou-se que os americanos com notas muito altas eram mais tensos, pois não são bem-vistos pelos colegas de escolas públicas. Já os estressados no Japão eram os estudantes com notas baixas, pela condenação dos pais e da sociedade.

Pesquisadores americanos foram observar o funcionamento das casas de imigrantes orientais. Verificou-se que os pais, ao voltar para casa, passam a comandar as operações escolares. A mesa da sala transforma-se em área de estudo, à qual todos se sentam, sob seu controle estrito. Os que sabem inglês tentam ajudar os filhos. Os outros – e os analfabetos – apenas vigiam. Os pais não se permitem o luxo de outras atividades e abrem mão da TV. No Japão, é comum as mães estudarem as matérias dos filhos, para que possam ajudá-los em suas tarefas de casa.

Fala-se do milagre educacional coreano. Mas fala-se pouco do esforço das famílias. Lá, como no Japão, os cursinhos preparatórios começam quase tão cedo quanto a escola. Os alunos mal saem da aula e têm de mergulhar no cursinho. O que gastam as famílias pagando professores particulares e cursinhos é o mesmo que gasta o governo para operar todo o sistema escolar público.

Esses exemplos lançam algumas luzes sobre o sucesso dos países do Sudeste Asiático em matéria de educação. Mostram que tudo começa com o desvelo da família e com sua crença inabalável de que a educação é o segredo do sucesso. Países como Coreia, Cingapura e Taiwan não gastam muito mais do que nós em educação. A diferença está no empenho da família, que turbina o esforço dos filhos e força o governo a fazer sua parte.

É curioso notar que os nipo-brasileiros representam 0,5% da população de São Paulo. Mas ocupam 15% das vagas da USP. Não obstante, seus antepassados vieram para o Brasil praticamente analfabetos.

Muitos pais brasileiros de classe média achincalham nossa educação. Mas seu esforço e sacrifício pessoal tendem a ser ínfimos. Quantos deixam de ver TV para assegurar-se de que seus pimpolhos estão estudando? Quantos conversam frequentemente com os filhos? As pesquisas mostram que tais gestos têm impacto enorme sobre o desempenho dos filhos. Se a família é a primeira linha de educação e apoio à escola, que lições estamos dando às famílias mais pobres?

O Ministério da Saúde da União Soviética reclamava contra o Ministério da Educação, pois julgava que o excesso de horas de estudo depois da escola e nos fins de semana estava comprometendo a saúde da juventude. Exatamente a mesma queixa foi feita na Suíça.

No Brasil, uma pesquisa recente em escolas particulares de bom nível mostrou que os alunos do último ano do ensino médio disseram dedicar apenas uma hora por dia aos estudos além das aulas. Outra pesquisa indicou que os jovens assistem diariamente a quatro horas de TV. Esses são os alunos que dizem estar se preparando para vestibulares impossíveis.

Cada sociedade tem a educação que quer. A nossa é péssima, antes de tudo, porque aceitamos passivamente que assim o seja, além de não fazer nossa parte em casa. Não podemos culpar as famílias pobres, mas e a indiferença da classe média? Está em boa hora para um exame de consciência. Estado, escola e professores têm sua dose de culpa. Mas não são os únicos merecendo puxões de orelha.

Para discutir

1. Faça uma estatística entre seus parentes e conhecidos: em quantas casas a televisão ligada e talvez berrando atrapalha o desempenho escolar da classe média? Nesse particular, há diferenças de comportamento entre famílias mais educadas e menos educadas?
2. Se você tem conhecidos de origem japonesa, como se comportam com relação aos assuntos tratados no presente ensaio? O que dizem sobre o assunto?

A raça e a maquiagem do Frankenstein

Poucos pobres e negros sobrevivem à maratona dos 11 primeiros anos de escolaridade. Ao buscar justiça social na porta do vestibular, de cada quatro pobres que entraram na escola inicial, só um se forma no médio. Portanto, se há uma real preocupação com equidade, todas as atenções têm de estar na qualidade do ensino básico.

O Brasil não é um país sem políticas sociais. Pelo contrário, nós as temos em abundância. O problema é que elas tendem a ajudar os que menos precisam. Sendo assim, devemos festejar um novo intento de aliviar as injustiças da nossa sociedade. O MEC pretende reservar 50% das vagas de suas universidades para os alunos de escolas públicas, sabidamente mais pobres do que os das particulares. Quando nada, evitamos os pesadelos de implementar cotas raciais.

Mas parece que ainda não é desta vez que acertaremos. Mal comparando, obter justiça social na entrada da universidade é como tentar maquiar o Frankenstein. Batom, ruge e pó-de-arroz não conseguirão reduzir sua feiura.

Isso porque o problema se origina na falta de qualidade do ensino fundamental, o que impede 50% dos alunos de terminá-lo. Do contingente já desfalcado que chega ao ensino médio, quase metade soçobra antes de completar o curso. Os que terminam também não aprenderam muito. Em ambos os níveis, são os pobres (brancos e negros) que ficam travados no meio do caminho. As políticas que incidem às vésperas do vestibular beneficiam no máximo um em quatro pobres.

Melhorar o ensino público básico é a única política que enfrenta o real problema de equidade. Infelizmente, não é uma política de charme, pois seus resultados custam a aparecer.

Não é irrelevante ampliar as chances de entrar no ensino superior desse pequeno grupo que conclui o ensino médio. Aumentar sua capacidade de competir nos vestibulares é, talvez, o melhor que se pode fazer tão tardiamente. Nesse particular, merecem louvor as tentativas de criar cursinhos pré-vestibulares de qualidade para clientelas mais pobres.

Contudo, é justo pensar também em alternativas de melhorar as chances dos sobreviventes. A questão é saber a que custo. Lembremo-nos: o ensino superior não é um nível obrigatório. Portanto, não pode ser sacrificado por razões de equidade.

A ideia de cotas para os alunos das escolas públicas parece atraente. Mas, na prática, traz problemas graves. O primeiro é de princípio. No ensino superior, sobretudo nas universidades públicas – extraordinariamente caras –, deve reinar o princípio da meritocracia intelectual, no qual pode mais quem sabe mais e sobe mais quem sabe mais. Uma violação à força bruta dessas regras não se faz sem graves prejuízos para uma instituição em que o mérito é fundamental. As soluções apropriadas para o Brasil deveriam ser muito mais complexas e matizadas, em cada caso, fixando-se as cotas em níveis em que a perda de qualidade seja aceitável (há estudos sobre o assunto).

Nos Estados Unidos, quando estava vigente a chamada ação afirmativa a favor das minorias étnicas, as instituições deviam atingir certo equilíbrio entre brancos e negros. Mas, como o processo de recrutamento sempre foi assunto interno das instituições, elas saíam garimpando os negros de melhor desempenho. Isso é diferente do estabelecimento mecânico de cotas, que desconsidera o desnível dos beneficiados por elas.

No caso brasileiro, se as cotas propostas forem para a universidade pública, como um todo, não farão diferença, pois metade dos alunos já vem de escolas públicas. É muita vela para pouco defunto. Mas, se as cotas forem dentro de cada curso, nesse caso realmente vão provocar uma mudança de clientela. Exceto no caso das escolas de aplicação das universidades e das escolas técnicas federais – que já são elitizadas – serão recrutados alunos dramaticamente menos preparados para as carreiras mais competitivas. Por exemplo, na medicina e no direito da USP, os alunos que entrarem pelas cotas terão uma pontuação 54% menor no vestibular. Na Universidade Federal de Minas Gerais (UFMG), somente 10% dos candidatos ao curso de medicina egressos das escolas estaduais atingem a pontuação requerida para passar para a segunda fase. Ao final da seleção, a poda é ainda maior. Será que é o caso de admitir alunos para a medicina com níveis de desempenho no vestibular drasticamente inferiores? O que vale mais: um princípio de igualdade à força ou a saúde daqueles tratados por médicos mais fracos? Se vingarem essas propostas, estaremos comprometendo a qualidade em carreiras muito críticas para o país.

Seria interessante fazer uma pesquisa de opinião dentro do MEC para saber quem votaria pelas cotas, se isso implicasse o compromisso de ter de se tratar somente com os médicos selecionados dessa forma, em vez de fazer o vestibular como os demais.

Para discutir

1. Se as pesquisas mostram que, dentro do mesmo nível socioeconômico, as chances de sucesso educacional dos negros são muito parecidas com as dos brancos, quais as implicações disso para a política educativa?
2. Alguém perguntou: você iria a um médico, preocupado com uma doença grave, sabendo que esse médico entrou na faculdade por meio de um mecanismo de cotas? Justifique. O que precisaria acontecer nas escolas de medicina para que não houvesse preocupações desse tipo?

COMO FAZER FUNCIONAR UMA ESCOLA

Há uma longa tradição de operar escolas. Aos poucos, vão sendo depuradas as técnicas que dão melhor resultado. Reprovar ou aprovar automaticamente? Recrutar a ajuda de filantropias empresariais? Como lidar com escolas em áreas que mais parecem uma praça de guerra? Bons salários bastam para obter bons resultados?

Aprovar quem não aprendeu a lição?

Detendo recordes de reprovação, o Brasil transformou o assunto da aprovação automática em uma guerra santa. Isso é um equívoco. O que realmente interessa é criar uma escola em que quase todos aprendam. Se esse for o caso, reprovar ou não se torna um problema secundário, pois afeta poucos.

A promoção automática e os chamados ciclos viraram o bode expiatório do que está errado com a educação. Com Cândido Gomes, saí à busca de explicações. Demos uma volta ao mundo na literatura científica da área.

Alguns países desenvolvidos permitem a reprovação. Mas não é em massa, como prática pedagógica para incentivar a aprendizagem. Outros, como o Japão, têm promoção automática. Contudo, existe lá uma enorme pressão da família, dos colegas e da sociedade para que se esforcem e obtenham bons resultados.

Nos Estados Unidos e no Reino Unido praticamente não há reprovação, porém há possibilidade de agrupar os alunos mais e menos "fortes" em turmas diferentes. A Espanha conseguiu bons resultados não reprovando no interior de cada ciclo e está mantendo a mesma política em seu projeto de reforma.

Esses países aprenderam – não sem muito empenho – a incentivar os alunos a se esforçarem, sem o terror da reprovação. Comparando os países que adotam e os que não adotam a reprovação, os testes internacionais não mostram nenhuma vantagem para a prática sistemática da reprovação. Uma pesquisa recente, nos Estados Unidos, mostrou que reprovar tende a ser pior do que aprovar quem não sabe. Exceto em casos de aproveitamento muito baixo, o aprovado sem saber aprende mais na série seguinte do que o repetente.

Como se podia esperar, os resultados brasileiros são semelhantes ao que foi encontrado em outros países. No caso, podemos citar a tese de Luciana Luz, orientada pelo professor Rios Neto (UFMG), que examinou um problema fundamental: no fim do ano, o que fazer com um aluno que não aprendeu o suficiente? Dar bomba para que repita o ano? Ou deixá-lo passar? O uso de dados longitudinais permitiu grande precisão na análise. A autora tratou os números com cuidado e sofisticação estatística. O cuidado aumenta a confiança nos resultados. Mas a sofisticação impossibilita uma explicação acessível da análise estatística em um ensaio como este.

Contudo, a interpretação das conclusões é clara. A tese permite comparar um aluno que repetiu o ano por não saber a matéria com outro que foi aprovado em condições também por não saber a matéria. Os números mostram com nítida precisão: um ano depois, os repetentes aprenderam menos do que alunos aprovados sem saber o esperado.

Tudo o que se diga sobre o assunto não pode ignorar o significado desses dados, que, aliás, corroboram o que foi também encontrado pelo professor Naércio Menezes. Vale mencionar mais outro estudo. Uma pesquisa cuidadosa do Saeb, feita por Kaizo Beltrão e Ferrão, mostrou que "[...] a penalização de reter o aluno na série é muito maior que a de ele estudar numa escola com o ensino organizado em ciclos [...]". Todavia, deixar avançar um aluno não completamente alfabetizado pode ser uma péssima ideia.

Ao que parece, para os repetentes, é a mesma chatice do ano anterior, somada à frustração e à autoestima chamuscada. Andemos mais além da tese. Não reprovando, a nação economiza recursos, pois, com a repetência, o Estado paga a conta duas vezes. E, como sabemos por meio de muitos estudos, os repetentes correm muito mais risco de uma evasão futura. Logo, ganha-se de três lados. Como a "pedagogia da reprovação" não funciona, a "promoção automática" é um mal menor.

A maldição de tais medidas é ser uma solução "fácil", pois elas aumentam as conclusões e os custos se reduzem, sem o trabalho árduo de melhorar a sala de aula. Portanto, para mostrar melhores resultados, algumas autoridades "sugerem" que não se reprove. O erro não está propriamente na decisão de não reprovar, mas de exaurir-se aí a vontade de mexer no sistema.

A história não acaba aqui. A angústia de decidir se devemos aprovar quem não sabe torna-se assunto secundário diante da constatação de que o aluno não aprendeu. Esse é o drama mais brutal do ensino brasileiro. Por isso, a discussão está fora de foco. Precisamos fazer os alunos aprenderem. De resto, nos países onde a educação dá certo há muitas ideias e lições que podemos aprender.

De tempos idos, glorificamos no Brasil a "cultura da repetência", em que a marca do ensino sério era reprovar muitos alunos. Nos últimos anos, houve uma tentativa de erradicar essa prática, seja convencendo os professores de que é uma política equivocada, seja pela criação de ciclos de dois ou mais períodos, dentro dos quais não há reprovação. Obviamente, não há mágica, pois essas experiências não passam da ponta do *iceberg* de uma solução complexa. Não se trata somente de eliminar a reprovação, por súplica ou decreto.

Portanto, ensaiamos um primeiro passo ao criar os ciclos escolares e frear as reprovações. Mas há que substituir o medo da reprovação por mecanismos mais saudáveis de recompensas e punições. Para haver ganhos de aprendizagem, precisamos mexer na caixa-preta da sala de aula. Mas apenas pregações não resolvem o problema.

Não podemos condenar uma ideia cuja implementação não se completou. Mas podemos acusar aquelas autoridades que se contentam em mandar frear a reprovação. A solução começa nesta direção, mas não para nela. É preciso construir o sistema que vai substituir o medo da repetência por outros estímulos mais eficazes, sobretudo diante de turmas heterogêneas.

Precisamos abandonar a discussão bolorenta da aprovação automática *versus* reprovação em massa. O desafio é melhorar a sala de aula, de tal forma que os alunos sejam aprovados porque sabem o que precisam saber.

Para discutir

1. Pergunte a alguns pais de classe média o que acham da reprovação. Repita a mesma pergunta a pais de classe baixa. Quais as diferenças?
2. Por que o medo da repetência tem efeitos salutares nos alunos de classe média?

Repetência, aprovação automática e luta de classes

A repetência é um assunto que repercute de forma diferente segundo a classe social dos alunos. Para as classes mais altas, o medo da repetência é um santo remédio para fazer os pimpolhos estudarem mais. Portanto, é bem-vinda. Para os mais pobres, a repetência é um flagelo, pois não serve de estímulo para estudar mais e nem leva os repetentes a um aprendizado melhor do que o ocorrido com os que passam sem saber.

Na Finlândia – e mesmo no Uruguai – há professores cuja tarefa é dar uma atenção especial aos mais fracos. Por que se digladiam todos contra a "promoção automática", quando a verdadeira chaga é o fraco aprendizado? De fato, há uma razão. *Grosso modo*, três quartos da população brasileira são definidos como de "classe baixa". Dada essa enorme participação, o que é verdade, para seus membros é verdade, para o sistema escolar como um todo. Para esse grupo demograficamente dominante, a reprovação é o pior dos mundos.

Mas há os 25% de classe média e alta. Para esses pimpolhos, a situação é diferente. Famílias de classe baixa são fatalistas, assistem passivamente à reprovação dos seus filhos. Se não aprenderam a lição, é porque "sua cabeça não dá". Já na classe média a regra é outra. Levou bomba? Antes zunia a vara de marmelo, depois veio o confisco da bola, da bicicleta ou do iPhone. Santos remédios!

Reinava nas classes médias a "pedagogia do medo da repetência". Essa é a arma dos pais e dos professores para que o filho se mantenha, por longo tempo, colado à cadeira e com os olhos no livro. É também a ameaça da bomba que permite aos professores forçar os alunos a estudar. Sem ela, sentem-se impotentes. Cá entre nós, eu estudava por medo da bomba.

Se a aprovação é automática, o que fará os alunos se dedicarem aos estudos? Não devem nos surpreender as reclamações dos pais dos alunos de classe média, pois as ameaças de punições tenebrosas aos reprovados geravam bons resultados.

Portanto, estamos diante de um dilema. O medo da repetência leva a minoria de classe média a estudar, para evitar os castigos. Pode não ser a pedagogia ideal, mas ruim não é. Já nas famílias mais modestas, não há medo nem pressão para que os filhos estudem. O que há são as bombas caindo do céu e criando repetência abundante e disfuncional. Pouquíssimos países no mundo têm níveis tão altos de repetência como o nosso. Ao contrário de outros dilemas, esse tem solução clara, ainda que difícil. Se melhorarmos a qualidade da educação para todos, pouca diferença vai fazer se a aprovação é automática ou não, pois poucos estarão ameaçados por ela.

> **Para discutir**
>
> 1. Pesquisas mostram que repetir é mais prejudicial do que passar sem saber. Especule por que seria assim. O que se passaria na cabeça do aluno em um ou outro caso?
> 2. Como fazer para que quase todos aprendam a lição?

A tríplice aliança

Ao longo dos anos, o empresariado brasileiro vem ajudando as escolas. Contudo, evoluem de forma acelerada as formas que usa para intervir na educação. De apoios pontuais, patrocinando festas e esportes, as melhores fundações empresariais estão passando a oferecer apoios técnicos dentro das próprias redes públicas. Em alguns casos, com extraordinário sucesso.

Imaginemos que a Aerospatiale resolvesse criar um programa para apoiar as escolas básicas francesas. O ministro da Educação mandaria confiscar a *Légion d'Honneur* do seu presidente por demência. Em sistemas educativos consolidados, as empresas não precisam se meter na educação básica. Na América Latina, assim se passa com a Argentina e o Uruguai. Nos Estados Unidos, as empresas apoiam a educação, mas apenas no cenário político, não dentro das escolas. Contudo, em países de educação atrapalhada, como o nosso, o empresariado tenta ajudar trilhando outros caminhos.

Em um primeiro momento, os empresários socorrem na manutenção das escolas, promovem festas e dão um dinheirinho. Isso é infinitamente melhor do que nada, pois ajuda no cotidiano e abre portas para outras ações. Mas é pouco. Com a experiência, as iniciativas se tornam mais ambiciosas, dando lugar a alguns programas criativos e eficazes, por meio de institutos e fundações do terceiro setor. Modelo disso é a Fundação Bradesco, que opera uma rede exemplar de escolas com mais de 100 mil alunos.

Inevitavelmente, o alcance de iniciativas paralelas, como a do Bradesco, é limitado, não podendo mudar o panorama da educação no país. Diante disso, começa a tomar corpo outra forma de participação do empresariado na educação, com uma quantidade e variedade estonteante de propostas – das tolas às geniais. Dada a impotência das redes públicas de ensino, são programas para reforçar o seu funcionamento. Trazem para a escola o que as empresas têm de melhor, ou seja, profissionalismo, pragmatismo, gestão e foco nos resultados.

Algumas contrataram as mais brilhantes cabeças para criar programas para alunos repetentes, de alfabetização, educação por TV, uso de computadores, revistas, bem como aperfeiçoamento da gestão. Operando dentro das redes públicas ou para elas, seu impacto potencial é tão grande quanto o tamanho da rede em que agem. Contudo, alguns dos programas mais criativos vêm do terceiro setor de empresas médias, incapazes de financiar iniciativas de grande porte. Entram em cena, nesse momento, empresas enormes, como Petrobras, Banco do Brasil e Vale do Rio Doce, apoiando sua replicação em grande escala, dando-lhes assim uma envergadura muitíssimo maior. Trata-se de uma tríplice aliança: a rede pública, as fundações que desenvolvem os melhores programas e as fundações das grandes empresas que dão a eles um porte nacional. Essa fórmula começa a trazer benefícios concretos e tangíveis para a educação pública.

Como o que interessa são resultados mensuráveis, ilustremos com exemplos em que há avaliações quantitativas. Boa parte das 33 melhores escolas brasileiras – selecionadas pela Unesco/MEC – recebe apoio do terceiro setor. É também o caso de estados que resolveram dar um salto em sua educação, como Acre, Pernambuco, Piauí e Sergipe. Uma das 15 maiores médias no Enem foi obtida pela escola da Empresa Brasileira de Aeronáutica (Embraer), que apenas atende alunos egressos de escolas públicas. O Acelera Brasil (Instituto Ayrton Senna) toma alunos multirrepetentes e oferece a eles um programa no contraturno da escola. Em um ano os participantes aprendem o equivalente ao que os alunos não repetentes aprendem em dois.

Uma área que chama atenção pelo contraste entre público e privado é a gestão. De um lado, parte do empresariado brasileiro avançou muito na qualidade de sua gestão. De outro, a maioria das redes municipais dá o exemplo mais rematado de primitivismo administrativo. Daí a importância de trazer a elas as boas práticas de gestão empresarial, passo inicial para que se obtenham bons resultados na educação.

Vejamos o exemplo do Pitágoras, cuja fundação criou o Sistema de Gerenciamento Integrado (SGI), que também recebe apoio de grandes empresas. Tomemos os três municípios mineiros com SGI, que estão na região de Sete Lagoas (Jequitibá, Funilândia e Baldim). Nas provas oficiais de avaliação dos primeiros dois anos de escolarização, esses municípios obtiveram 46% de alunos alfabetizados. No total dos 15 municípios sem SGI, a média foi de 22%. Ou seja, a porcentagem de alfabetizados dos três é mais do que o dobro da dos outros. Nem nos municípios mais ricos da região os resultados se aproximam dos que têm o SGI.

Três vivas para a tríplice aliança!

Para discutir

1. Quais são as diferenças e semelhanças entre a gestão das escolas privadas e das escolas públicas? Você consegue achar exemplos de princípios de gestão que sejam bons para ambas? E princípios bons nas empresas, mas inadequados nas escolas públicas?
2. Comente as vantagens e falhas de algum programa empresarial em escolas da sua vizinhança.

No futebol pode...

No futebol, os jovens mais promissores são selecionados para receber uma preparação especial, para transformá-los em grandes craques. Infelizmente, educadores populistas não aceitam que na educação se selecionem os alunos mais promissores e se deem a eles as condições para que desabrochem seus talentos.

Quantos clubes de futebol têm escolinhas para garimpar e lapidar futuros jogadores? São muitas e merecedoras de aplausos pelo trabalho de identificar e preparar os jogadores que nos fascinarão com a sua magia. A regra é simples: olheiros garimpam talentos e trazem os melhores para o regime férreo da escolinha. Ao fim das Olimpíadas de 2004, descobriu-se o óbvio: se fizéssemos o mesmo em outros esportes, conquistaríamos mais medalhas.

Mas, curiosamente, educadores de estirpe populista não aceitam que se faça o mesmo na educação, selecionando os alunos mais promissores e dando a eles as condições propícias para que desabrochem seus talentos. Um alto funcionário do MEC confessou candidamente que lhe dói o coração ver alguém sendo premiado. Renegando a Olimpíada de Matemática, porque só premia alguns poucos vencedores, pergunta outro dignitário: e os pobres?

Mas essa é a pescaria que vai escolher aqueles que irão desempenhar funções de liderança: receber responsabilidades maiores na administração e impulsionar a ciência. São eles os que podem mudar o país.

Nos países ricos, é prática consagrada tirar os pobres talentosos das escolas que frequentam e colocá-los em instituições que saibam melhor fazer vicejar o seu potencial. Curiosamente, no Brasil isso é coisa feia.

Segundo os psicólogos especializados, escolas medíocres abafam a centelha dos mais talentosos. Os colegas obrigam muitos a fingir mediocridade para não serem marginalizados. Outros enterram seu talento por não serem socialmente aceitos. Os próprios pais não os valorizam, e há os que preferem esmagar traços tão inquietantes. Os professores recusam tais alunos, cruz-credo, por não saberem como lidar com eles. Mas a doutrina dos gurus de plantão é que não se pode tirá-los do seu meio (ficando assim mais acessíveis para serem recrutados pelo narcotráfico, que gosta de talentos).

Acreditando que não há maior riqueza em um país do que cérebros bem-preparados, o Instituto Social para Motivar, Apoiar e Reconhecer Talentos (Ismart[2]) criou programas para identificar superdotados pobres em escolas públicas e prepará-los para ganhar uma bolsa de estudos em boas escolas privadas do Rio de Janeiro e de São Paulo. Com o aperfeiçoamento

---

[2] www.ismart.org.br

do programa, os testes serão substituídos por "olheiros" acadêmicos, isto é, professores treinados para observar os alunos, na busca dos que têm os melhores prognósticos de uma carreira escolar destacada. É como no futebol.

Pode haver maior justiça social do que permitir aos bem-dotados pobres atingir os mesmos píncaros profissionais que os ricos atingem? Pode haver maior desperdício e injustiça do que deixar fenecer em escolas medíocres os futuros Einsteins e Bill Gates?

Não obstante, além de praticamente não haver programas públicos para os mais talentosos, as autoridades não gostam de ver tais alunos pescados de suas péssimas escolas públicas. Acham errado premiar alguns poucos com uma educação compatível com o seu talento. Assim sendo, esses programas encontram problemas quando tentam aplicar os testes que permitem identificar os diamantes que vão lapidar. Os diamantes não devem ser lapidados, isso seria injusto para com o simples cascalho, que, quando lapidado, tende a ser mais opaco. É o princípio da igualdade forçada de resultados, aplicado pelo expediente de tolher os mais talentosos. É uma justiça social muito caolha, pois os ricos mais talentosos não são desperdiçados.

O Ismart custou a obter autorização para aplicar os testes que identificam os mais talentosos nas escolas públicas do Rio. Até alguns anos atrás, também o governo de São Paulo negava tais autorizações. Para os iluminados governantes, não era politicamente correto identificar quem são os superdotados e, ainda menos, tirá-los das escolas públicas. Talento e superdotação eram palavras feias. Que persistisse a maldição da mediocridade para todos. Burocratas até sugeriram que o programa fosse transformado em outro para alunos com dificuldades.

Podemos selecionar atletas, podemos garimpar diamantes brutos no cascalho. Mas algumas das nossas autoridades consideram pecado ideológico garimpar as inteligências que brilham como diamantes. Essa é a noção de justiça social de alguns dos nossos educadores. Dos superdotados, lapidaremos apenas os ricos, pois o Estado não consegue impedir as ações paternas para valorizá-los. Em contraste, no futebol, todos gostam da ideia de pescar os talentosos e prepará-los para brilhar nos estádios.

Para discutir

1. Que vantagens haveria para a sociedade em manter jovens particularmente talentosos em escolas muito deficientes? Quem ganharia e quem perderia?
2. Quais são os setores em que há uma busca séria pelos melhores talentos e em quais isso não é feito de maneira regular?

Diamantes descartados na oficina de lapidação

Na nova economia, a riqueza mais preciosa são os cérebros bem lapidados. Lamentavelmente, jogamos no lixo essa matéria-prima, pois não temos programas para selecionar os mais talentosos e oferecer-lhes uma educação apropriada para o seu perfil intelectual.

Imaginem uma empresa cuja especialidade é receber cristais para lapidar. Quando aparece um diamante no meio, como não sabe lapidá-lo, ela o joga fora. Essa empresa existe? Infelizmente, existe. O seu nome: escola.

Ocasionalmente, despontam alunos muito mais talentosos do que os demais. Estima-se que somem 3% da população. São diamantes em meio ao cascalho e ao cristal. Como faz sentido dar um tratamento apropriado ao tipo de talento (e fazê-lo na idade própria para a intervenção), todos os países de educação bem-sucedida criam programas especiais para os talentosos. Na Inglaterra e na França, eles ganham acesso às melhores escolas. Nos Estados Unidos, há *high schools* destinadas a eles (*magnet schools*) ou programas especiais dentro das escolas regulares (*honors programs*). Na Rússia (e em Cuba, por sua influência), há colégios para os talentosos nas artes, nos esportes e nas áreas acadêmicas.

No Brasil, quando vêm de famílias mais ricas, os talentosos são identificados e recebem a educação apropriada. Mas e quando são de famílias pobres? São ignorados pela escola. Tanto na teoria tupiniquim quanto na prática, eles devem ser "integrados" aos demais. No entanto, como já foi demonstrado pela boa pesquisa, os talentosos são impedidos de desabrochar no tipo de escola que o Brasil oferece. Desajustam-se ou fingem ser medíocres, a fim de evitar conflitos e embaraços. São diamantes descartados.

Diante da recusa dos sistemas públicos em lapidar esses diamantes, algumas organizações empresariais resolveram tomar o problema em suas mãos.

- A Fundação José Carvalho, já faz tempo, recrutava jovens talentosos no Recôncavo Baiano, para que frequentassem o seu próprio colégio.
- O Bom Aluno, no Paraná, também recebe alunos talentosos de escolas públicas, dando a eles bolsas para que estudem em bons colégios privados.
- O Ismart seleciona alunos pobres da rede pública, oferece um programa de reforço escolar durante dois anos e concede bolsas de estudos para os melhores colégios do Rio de Janeiro, de São Paulo e de Fortaleza.
- A escola da Embraer (operada pelo Pitágoras) recruta todos os seus alunos nas escolas públicas das vizinhanças de São José dos Campos

mediante concurso. Como o sistema de seleção mostrou-se muito competitivo, os aprovados são alunos extraordinários.

Por mais surpreendente que pareça, os alunos do programa Ismart tendem a se colocar acima da média de seus colegas, nos colégios frequentados (que o Enem indica estarem entre os 20 melhores do Brasil). A escola da Embraer é a 17ª melhor do país. Ou seja, são alunos pobres ou muito pobres cujo excepcional desempenho escolar prenuncia uma carreira profissional brilhante.

Hoje, os países vencedores são aqueles que operam bem na nova economia do conhecimento. E, nessa nova economia, a riqueza mais preciosa são os cérebros bem lapidados. Lamentavelmente, jogamos no lixo essa matéria-prima.

Segundo o geneticista russo Wladimir Efroimson, "[...] o talento não é uma propriedade privada, é uma propriedade pública e ninguém tem o direito de desperdiçá-lo [...]". De fato, é uma espantosa burrice jogar fora o único recurso que nos daria acesso à economia do conhecimento. É cometer o haraquiri do desenvolvimento. Está na hora de refletir sobre as nossas políticas públicas, para que não continuemos a perder essa riqueza.

Para discutir

1. Você concorda com a afirmativa do Efroimson? Justifique.
2. Se você fosse ministro da Educação, aprovaria a criação de escolas como as *magnet schools* ou suas equivalentes europeias? Justifique.

Educação em áreas conflagradas

No interior, a nossa educação é apenas medíocre. Mas nas periferias das grandes capitais, os problemas educacionais se combinam com uma grave desestruturação social, delinquência e criminalidade. Agir apenas para melhorar as escolas não vai dar resultados nessas áreas conflagradas.

A ciência tomou corpo quando se descobriu ser mais fácil entender o mundo classificando o que se quer estudar. Aristóteles deu a partida. Muito depois, Lineu pôs ordem na biologia, separando os bichos e as plantas ("Esse de seis perninhas vai com o outro, também com seis"). Assim agrupados, fica mais fácil estudá-los e encontrar-lhes outros traços comuns. Para E. Junger, a razão encontra a sua suprema metáfora na classificação das espécies da flora. Classificamos até em um campo desconjuntado como a educação. Para entender os avanços e atoleiros do nosso ensino, proponho repensar as classificações costumeiras. Consideremos as escolas como pertencendo a três categorias: (i) há as escolas dos grotões; (ii) há as escolas das cidades médias e pequenas; e, finalmente, (iii) há as escolas conflagradas das periferias urbanas e favelas. (Abandonamos aqui as grandes capitais, pois não percebemos generalizações relevantes.)

Os grotões vivem no círculo vicioso da pobreza. A seu favor, são mundos fechados e estáveis, onde cada um é cada um. Mas, na maioria deles, as vantagens da educação não são percebidas. Como consequência, o ensino é ruim e poucos se importam com isso. A depender da sua própria dinâmica, nada vai mudar. Porém, com um bom empurrão de fora, transformações são possíveis.

As cidades pequenas e médias vivem em um equilíbrio instável, do ponto de vista da educação. As que são dinâmicas, ou cujo prefeito acredita em escola, têm tudo de que precisam para progredir. Com o Ideb, sabe-se onde elas estão. Aos poucos, as mais inquietas vão aprendendo os caminhos. Em um bom número delas há avanços consideráveis. Algumas tomaram as rédeas nos dentes e dispararam. Passaram na frente das capitais, mais ricas e com mais tradição. E isso aconteceu em todos os níveis. Há algumas que ultrapassaram as médias de rendimento da OCDE.

Finalmente, temos as favelas e periferias das grandes capitais. Esse é o enguiço mais sério. Não lhes faltam recursos nem atenção. Contudo, estão travadas e perdendo espaço para as cidades menores. Por exemplo, dos 645 municípios do estado, a cidade de São Paulo está no 565º lugar no Ideb. O nó da questão é que são regiões conflagradas. A comunidade local teve seu tecido social dilacerado pelo crescimento atabalhoado ou foi invadida por vagas de imigrantes que não conseguiram se integrar na enorme confusão das periferias. Algumas são como praças de guerra, por seus problemas de insegurança, criminalidade, desemprego, pobreza e desintegração familiar. Nesses casos, faz sentido lembrar a hierarquia do psicólogo Abraham Harold Maslow. Para ele, as pessoas só se fixam em certos objetivos pessoais depois que outros mais importantes já foram resolvidos. Insegurança física, desemprego e condições precárias de vida vêm antes de educação. Sem que essas questões sejam minimamente atendidas, pouquíssimos darão atenção ao ensino.

Portanto, a não ser que se "pacifiquem" essas periferias, estão fadadas ao insucesso as tentativas heroicas dos secretários de Educação de agir nelas. São outras as prioridades, tais como sobreviver às guerras de gangues do narcotráfico. Isso tudo nos leva à necessidade de políticas educativas diferentes para elas. É preciso cuidar da educação e, ao mesmo tempo, de uma boa coleção de problemas no entorno da escola. A tarefa ultrapassa o alcance das secretarias de Educação. Porém, requer uma ação minimamente coordenada com elas. Polícia, assistência social, saúde e políticas de emprego têm de entrar em cena e agir de forma articulada. Há boas experiências no Brasil e devemos aprender com elas. Mas citemos um caso com grande visibilidade: Medellín, na Colômbia. A cidade chamava atenção pela virulência das guerras do narcotráfico (vi soldados empunhando fuzis nas varandas da escola). Mas foi pacificada por um bom prefeito.

Em conclusão, alguns pensam que os grotões podem esperar. Mas, se for para consertar, é possível. Entre as cidades pequenas e médias, as mais dinâmicas começam a se mover por conta própria. Nas outras, é cutucar os prefeitos lentos e recalcitrantes com respeito à educação. Porém, nas praças de guerra das periferias, só educação não resolve. Ou entramos com programas mais abrangentes, ou nada vai acontecer – além de se repetirem as explosões costumeiras.

Para discutir

1. Procure descobrir uma região muito atrasada que deu um salto em matéria de educação. A que se poderia atribuir esse avanço? Pessoas? Mudanças na economia?
2. O que teria sido diferente nas capitais, quando elas lideravam o país em matéria de educação?

Salário de professor

Há uma crença arraigada de que se aumentássemos os salários dos professores a qualidade da educação melhoraria. Mas essa hipótese esbarra no fato de que os estudos estatísticos não mostram correlação entre salários e qualidade. O assunto é controvertido, mas não podemos evitar a conclusão de que há muito mais do que salários e dinheiro determinando quanto aprendem os alunos.

Segundo afirmativa corrente, os professores da educação básica ganham pouco, por isso a educação é ruim. Como tenho a infeliz sina de acreditar na ciência, para mim isso é assunto de contar e medir.

Ganhar pouco ou muito é uma questão relativa (como se viu pelas discussões sobre salários de deputados e juízes). Portanto, só tem sentido a comparação com categorias equivalentes. Logo, as respostas têm de vir de comparações de categorias semelhantes.

Com Gustavo Ioschpe, fiz uma revisão de duas pesquisas meticulosas, cotejando o salário dos professores com o de outros grupos profissionais na América Latina. Os resultados colidem com os mitos. Em confronto com pessoas de educação equivalente, os professores não ganham menos. Fazendo as comparações em termos de salários-hora (em vez do salário mensal), aumenta a superioridade salarial dos mestres, inclusive dos brasileiros. Isso porque a jornada de trabalho é mais curta, as férias mais longas. Se for considerada a idade mais precoce de aposentadoria da classe, bem como o nível de remuneração dos aposentados, a diferença aumenta a favor dos professores.

Ou seja, não se pode dizer que os professores ganham mal considerando a remuneração de profissionais com igual escolaridade. Há significativas variações de estado para estado, sendo alguns professores realmente mal pagos. Mas, como a educação é ruim na média, faz sentido comparar salários de professores também na média.

Outro estudo interessante nos é dado por uma pesquisa recente de Samuel Pessoa, na qual o autor confronta os salários do sistema privado com os do sistema público. Em contraste com as conversas de botequim, em média, os salários do setor privado são ligeiramente inferiores, apesar da ampla superioridade no desempenho dos seus alunos. Mais um abalo sísmico nos castelos da imaginação.

Outra maneira de ver o assunto é perguntar se a salários maiores corresponde um ensino de qualidade superior. Nesse assunto, filosofar não resolve. Faz mais sentido calcular os coeficientes de correlação. No caso, podemos medir a probabilidade de que salários mais altos dos professores ocorram nos sistemas estaduais com melhor educação – medida por um Ideb mais elevado. Foram tomadas várias definições de salário: do ensino médio, do fundamental, salário-hora (com e sem gratificação) e, também, o orçamento estadual para a educação (*per capita*). Os resultados são sempre os mesmos, quaisquer que sejam as definições. Não há nenhuma associação entre salário alto e educação melhor. Os estados com desempenho superior no ensino tanto podem pagar bem como mal. Por exemplo, Alagoas e Amazonas pagam muito e têm desempenho fraco. Minas e Santa Catarina pagam pouco e estão no topo da lista do Ideb.

Só há uma conclusão possível da análise de tais números: a má qualidade do nosso ensino não pode ser explicada pelos salários dos professores. Não se trata de metafísica nem de imponderáveis. Quem discordar dessa afirmativa que trate de demonstrar que os números estão errados.

Mas, remexendo outros números, podemos encontrar algumas pistas intrigantes. Pesquisa recente indicou que 80% dos professores da rede pública estavam insatisfeitos e com sua autoestima chamuscada. Já em uma pesquisa com escolas privadas de todo o Brasil, verifiquei que 80% dos professores estavam satisfeitos. Ou seja, com níveis salariais semelhantes, as escolas privadas – não apenas as de elite – atraem melhores professores e os mantêm contentes. Parece também que os professores estão contentes nas escolas públicas com lideranças fortes, embora não existam dados confiáveis para verificar essa hipótese.

Se essas ideias fazem sentido, os sistemas públicos ganhariam em qualidade se conseguissem criar um ambiente mais positivo e estimulante para os seus professores. Como a escola tem a cara do diretor, a sua escolha irresponsável arruína o ensino. Onde isso ocorre, os professores se sentem desvalorizados e manipulados pela burocracia. Os mais graves pepinos estão no clientelismo do governo local. A politicagem passa na frente das preocupações com a qualidade. A carreira do magistério é leniente com malandros e incompetentes. É a "incompetência ignorada e a competência não reconhecida". No fim das contas, a experiência dos estados mais bem-sucedidos mostra que consertar a educação requer muito mais do que jogar dinheiro no sistema.

Quando tivermos uma educação de melhor qualidade e atraindo melhores professores, a repetência desaparecerá e, com isso, será possível aumentar em 30% os salários dos professores, sem aumentos nas dotações orçamentárias.

Tais ideias são vistas como infames pelos sindicatos de professores. Há um apelo ao argumento intuitivo de que professores bem pagos estarão mais contentes e terão melhor desempenho. Mas como dito acima, dentro das variações de salário observadas no Brasil, não se observam vantagens no ensino naqueles estados que pagam mais.

Naturalmente, não é possível saber o que aconteceria com a qualidade do ensino se os salários fossem dobrados (o que exigiria também quase dobrar os orçamentos da educação). Isso porque, como tal não sucede no mundo real, não se podem calcular estatísticas de situações inexistentes. Portanto, nada ficamos sabendo sobre mudanças radicais de salários. Trariam uma revolução na qualidade do ensino? Somente sabemos que politicamente é inviável conseguir fundos orçamentários para dobrar os salários dos professores.

Para discutir

1. Entreviste uma professora do sistema público e indague quais são as suas principais reclamações. Em que medida elas confirmam o que foi dito ao longo do presente ensaio?
2. Compare o salário dessa professora com o que ganham profissionais com curso superior na sua cidade. Como diferem as jornadas de trabalho de ambos?

O "FEIJÃO COM ARROZ" DO ENSINO

Quando examinamos o funcionamento das escolas de melhor desempenho no mundo, não encontramos fórmulas mirabolantes. Pelo contrário, praticam um "feijão com arroz" sério, benfeito, mas relativamente simples. O funcionamento da sala de aula recebe muitas atenções e os professores são apoiados com materiais e métodos abundantes, explícitos e de qualidade.

O relatório de Mr. Saturnino[3]

Um extraterrestre que visitasse o Brasil e lesse o que se escreve sobre educação ficaria impressionadíssimo com a sofisticação das teorias propostas. Parando o seu disco voador na Europa ficaria desapontado com o discurso simplório dos educadores de lá. Contudo, ao examinar as avaliações aqui e lá, ficaria espantado de ver que lá os alunos aprendem, aqui não.

O planeta Saturno envia ao Brasil um disco voador. Para evitar as dificuldades de pronúncia, chamemos de Mr. Saturnino o chefe da missão exploratória do "MEC" de lá. Eis seus termos de referência: entender a educação brasileira. Para isso, compra todas as revistas e periódicos sobre o assunto. Metodicamente, põe-se a analisar o que dizem.

Mr. Saturnino fica impressionadíssimo. Lê centenas de artigos exibindo teorias complexas e abstratas. Há duelos doutrinários, travados em linguagem rebuscada e adjetivação exaltada. Fala-se de Vygotsky, Piaget, Paulo Freire, Foucault, Habermas, Deleuze, e muitos outros. Denuncia-se a "sociedade disciplinar", em coro com Foucault e Morin. Disparam-se estocadas nos "conteudistas" (Mr. Saturnino não entendeu o termo, mas concluiu que seriam pessoas abomináveis) e nos incautos que defendem um tal método fônico. Exalta-se o "espírito crítico", a "transversalidade dos conhecimentos" e a "formação do homem integral". Que país avançado é esse Brasil!

E como deve ser boa a sua educação, já que tão doutos *scholars* sequer julgam necessário deter-se nos seus resultados. De fato, não há registros de dificuldades dignas de nota – pelo menos, as revistas não as mencionam.

Embevecido, despacha para Saturno um relatório, sugerindo que lá se adotem as teorias discutidas tão calorosamente no Brasil.

Mas fazia parte dos termos de referência de sua missão visitar também os países mais ricos. Imagina ele que lá encontraria teorias ainda mais sofisticadas. Ordena ao seu piloto que faça um plano de voo para visitar a Coreia e Cingapura, famosas pela excelência de suas escolas. Mas, enquan-

---

[3] O presente ensaio é uma sátira dos gurus da nossa educação. Todas as frases entre aspas foram transcritas, *ipsi literis*, de um documento real, preparado para justificar a criação de uma escola.

to a tripulação checa mapas e rotas, alguém lembra que são países com uma pedagogia muito peculiar. Os educadores acreditam que basta sentar e estudar até aprender. O segredo do sucesso seria o caráter obsessivo dos estudantes. Uma aberração da personalidade daquelas culturas de ascendência Han.

Mr. Saturnino pede então planos de voo para a Finlândia, país que teria a melhor educação no mundo e também para a França e Inglaterra, países com ensinos de enorme fama. Já temendo ser engolfado por outras tantas teorias, organiza visitas às escolas desses países, para ver como conduzem suas salas de aula.

A perplexidade toma conta de sua equipe. As escolas adotam livros-texto e estes são usados metodicamente nas aulas, orientando o passo a passo da aprendizagem. Não é curioso que os educadores não se rebelem contra a tirania e autoritarismo dos manuais? Pelo pouco que entendeu de como seriam os tais "conteudistas", concluiu que na Europa os professores o são, cometendo uma horrenda heresia.

Havia lido que "a linguagem serve para articular a experiência do grupo que a usa, formando um modo de expressão que varia, dependendo da constituição desse grupo, de sua história e da própria evolução da linguagem". Na Europa, o texto escrito tem um único significado, predeterminado pelo Ministério da Educação e que deve ser buscado pelo aluno e mostrado nas provas. Que falta de sensibilidade cultural!

Havia também aprendido no Brasil que

> [...] o aluno é um ser concreto, produto de uma realidade social e econômica, política e cultural. Essa realidade é o ponto de partida para o processo de apropriação do saber sistematizado, na busca da superação de uma visão desarticulada de mundo, em direção a uma consciência crítica. Nesse processo, o aluno desempenha o papel de construtor e reconstrutor do próprio conhecimento.

Mas a Europa adota currículos oficiais e detalhados. O que acontece na sala de aula está prescrito detalhadamente nos regulamentos ministeriais.

Depois de ler tanto sobre o construtivismo, ficou chocado de constatar que, na Inglaterra, é o governo central quem decide as formas de "construir socialmente o conhecimento". Pior, os regulamentos indicam o que ensinar, como ensinar e como distribuir o tempo da aula entre diferentes atividades. Mais confusa ainda ficou a sua cabeça ao verificar que, com a introdução de tão abjeto detalhamento para as aulas, o ensino na Inglaterra havia dado um salto considerável.

Nota outra heresia. Nos países visitados, o método fônico é o único aceito pelas autoridades. Na França, o método global foi até proibido pelo ministro. Mr. Saturnino fica abismado de ver que, na Cidade da Luz, pairam as trevas sobre os melhores métodos de alfabetização, além de vigorar um estado policialesco e castrador, disposto a determinar como se deve manejar a sala de aula.

Ressoam em sua cabeça as advertências de Foucault, mostrando que a escola (tal como prisões e quartéis) é uma "instituição de sequestro". Mr. Saturnino fica abismado ao ver na França uma disciplina férrea na sala de aula: ninguém conversa. E os recalcitrantes se arriscam a uma reguada na mão, aplicada com competência pela professora – e sob o beneplácito da lei. Tudo errado, pensou, não leram a imperecível obra de Foucault, seu compatriota, na qual denuncia uma escola onde há a necessidade de

> criar mecanismos de vigilância e as consequentes punições para aqueles que, por um motivo ou outro, não se adaptassem a um modelo pré-estabelecido de perfeição humana.

Como é possível tal ignorância, se os longínquos brasileiros citam Foucault a cada momento?

E a interdisciplinaridade, conquista teórica irreversível de pensadores de vanguarda? Vejam só, adota-se uma grade curricular, onde cada professor ensina a sua disciplina, com mínimas visitas à ciência do vizinho. Pobres europeus, não descobriram que é preciso "romper com a segmentação e o fracionamento" da realidade e, assim, "compreendê-la como expressão e base do projeto político e pedagógico da escola, culturalmente determinado".

No Brasil, havia aprendido que a avaliação

> será enriquecedora, desde que seja parte de um processo de construção de saberes e conhecimentos, sobre intencionalidades e conteúdos, metodologias e fins propostos com consequentes tomadas de decisão.

A bem da verdade, não estava seguro de haver entendido, mas ficou impressionado com a erudição demonstrada. Foi um choque ver na Europa "ditados", "para casa", provas e redações (estas últimas, com estrutura fixa e definida no currículo nacional). Competem todos febrilmente pelas notas e até pelas medalhas. Um brasileiro havia se queixado de que "parte de nossa sociedade ainda utiliza régua e compasso para medir os indivíduos, em função de suas conquistas". Mas, na Europa, é a mesma régua e compasso para todos (e às vezes, a régua sozinha, para golpear a munheca do infrator). Uma lástima.

Ainda mais decepcionante foi ver como funciona a burocracia escolar da Europa. Os diretores são escolhidos pelo Ministério da Educação, sem qualquer consulta às bases. Uma vez no cargo, ousam mandar, sem consultar alunos ou professores. No Brasil, Mr. Saturnino havia prestado atenção às denúncias contra o autoritarismo. Mas parece que os europeus não descobriram tais abusos do poder.

Outra surpresa foi descobrir que há inspetores nacionais que, sem mais nem menos, visitam as escolas. Arrogantemente, vão se sentar nas salas de aula, de prancheta em punho, anotando os erros e acertos dos professores. E pobre do mestre que barbeirar seriamente. Suas promoções tornam-se mais problemáticas. Sobre tal assunto, lembra-se de haver lido que no Brasil isso seria inaceitável, uma verdadeira agressão à escola e à dignidade do professor.

Finalmente, registrou que os pobres alunos são obrigados a assistir a aulas por até seis horas todos os dias. E são massacrados com intermináveis deveres de casa.

Interessado no comportamento bizarro dos professores europeus, perguntou-lhes o que achavam de Vygotsky e de Piaget. O primeiro, não conheciam. Mas conheciam Piaget: era um excelente relógio suíço, embora muito caro. Mr. Saturnino estava completamente perdido. Como era possível que os professores não houvessem se dedicado com afinco a ler as obras completas desses dois luminares? Como seria possível dar boas aulas sem tal conhecimento?

Mr. Saturnino termina as visitas profundamente desapontado com as escolas europeias. Fazem tudo errado. Tudo que os grandes teóricos europeus mandam fazer, elas fazem o contrário. Está decidido, no seu relatório vai botar os europeus nos seus medíocres lugares. Tanta riqueza material e tanto atraso pedagógico, diante de um Brasil pobre, mas sábio em assuntos de educação.

Temendo a sabatina que poderia vir de algum superior ranzinza, Mr. Saturnino resolve olhar um pouco os resultados das avaliações – que não são jamais mencionadas nas revistas brasileiras que leu. Há um tal Saeb, indicando que, no 5º ano, metade dos alunos lê mal e entende menos ainda. O Inaf indica que três quartos da população adulta é analfabeta funcional. Em uma prova internacional de 1991, o Brasil heroicamente conquista o penúltimo lugar, escapando do último, porque Moçambique estava em plena guerra civil. Mas em 2001, no Pisa, o Brasil não escapa e fica em último lugar.

Em contraste, a Finlândia sai em primeiro lugar no mesmo Pisa. Inglaterra e França obtêm posições invejáveis. Como é possível? Esses europeus fazem tudo errado e terminam com os melhores desempenhos!

Nesse momento, Mr. Saturnino não entende mais nada. Sua primeira dúvida é muito simples. Por que as mentes tão portentosas e ilustradas do Brasil nunca escrevem que a educação do país obtém resultados tão pífios? Em vez disso, as discussões são sempre sobre teorias abstratas e sobre planos grandiosos para transformar radicalmente o mundo. A segunda dúvida é pouco lisonjeira para os geniais autores que leu. Se suas teorias são tão boas, por que não permitiram ao país obter melhores resultados – ou, que mais não fosse, melhores do que seus vizinhos?

Coincidiu sua estada em Paris com o lançamento do *Beaujolais Nouveau*. Sentado em uma *cave*, bebericando uma amostra da nova safra, dá voltas à imaginação. Como seria possível que os melhores resultados estivessem em uma Europa tradicional e autoritária, ainda praticando uma educação que as melhores cabeças do globo afirmavam estar irremediavelmente errada. Em contraste, o Brasil, totalmente *au courant* de todas as teorias recentes, tinha uma educação para lá de lamentável.

Auxiliado pelo Beaujoulais, vem a inspiração! O Pisa e outros tais resultados eram medidas rasteiras de habilidades mecanicistas. Nada a ver com as consequências não mensuráveis de uma educação libertadora e integral. Os testes eram uma medida apenas da qualidade da produção de "robozinhos", dóceis e intelectualmente castrados. A verdadeira meta de uma educação deveria ser a criatividade e a construção do "homem integral". A Europa produz robôs enquanto a boa educação produz cidadãos conscientes e criativos. Pronto. Estava resolvido o dilema.

Satisfeito, paga a conta e sai vagando alegremente pelo Quartier Latin. Por puro acaso, passa pelo Liceu Louis, le Grand, um dos melhores da França. Casualmente, pega um folheto, explicando que, no século XVIII, foi necessário construir um calabouço com capacidade para 100 alunos, pois andavam muito rebeldes. Mais uma confirmação do autoritarismo das escolas.

Contudo, ao caminhar pelos bulevares, vai vendo os nomes de ruas, estátuas e monumentos. Neles se festejava a memória de escritores, escultores, pintores, atores, compositores, filósofos e cientistas franceses. Eram centenas, todos famosos pelo mundo afora. Ou seja, o horrendo sistema francês havia produzido uma extraordinária quantidade de gente criativa. Mr. Saturnino ficou pensando. Será que todos levaram reguadas da professora?

Nesse momento, ele só tem uma preocupação: descobrir uma maneira de interceptar seu relatório sobre o Brasil, antes que seja visto pela burocracia do seu MEC, lá em Saturno.

> **Para discutir**
>
> 1. Qual seria a diferença entre "autoridade" e "autoritarismo"? Será que teria a ver com as nossas dificuldades em aceitar uma disciplina mais rígida nas escolas?
> 2. Por que, apesar da popularidade de teorias modernas sobre o ensino, as avaliações mostram resultados tão pobres? As teorias estariam erradas? Seriam inapropriadas para o nosso nível de amadurecimento educativo?

Na Finlândia ou no Piauí, a teoria do feijão com arroz

No mundo inteiro, as boas escolas se parecem. São simples e diretas, oferecendo um feijão com arroz robusto e cuidadosamente gerenciado. Mais ainda, as fórmulas do sucesso são bem conhecidas.

A Finlândia tem o melhor sistema educativo do mundo. O Piauí possui a melhor escola secundária do Brasil. O que mais haverá de comum entre a Finlândia e essa escola no Piauí? É simples, ambas praticam a teoria do feijão com arroz educativo.

Ouvindo alguns oráculos da nossa educação, sentimos falta de um dicionário para entender certas palavras, bem como de máscaras de oxigênio para navegar nos ares rarefeitos das teorias recitadas. Para outros, sem doses fartas de tecnologia nada vai se resolver. Mas, esquadrinhando o mundo em busca dos sistemas educativos que deram certo, vamos descobrir que são simples, óbvios e robustos. Praticam o feijão com arroz da educação. Vejamos o que dizem as pesquisas peneirando os traços comuns das boas escolas e dos bons sistemas.

- Boas escolas têm clara percepção dos rumos em que navegam, isto é, possuem metas. Além disso, são poucas metas, que não mudam de uma hora para outra e são compartilhadas por todos. E não é só isso, as metas são quantificadas (p. ex., em dois anos, ganhar tantos pontos nos testes).
- O ambiente escolar é sempre saudável, os fluidos são bons e os professores estão satisfeitos. De fato, para os professores, a atmosfera da escola é pelo menos tão importante quanto o salário. Ademais, a sociedade valoriza e prestigia os professores.
- As autoridades dão às escolas muita autonomia para operar. Há forte liderança do diretor ("A escola tem a cara do diretor"). Ele manda. É um real gerente, estando livre para se mover. Mas deve atingir as metas estabelecidas e seu desempenho é avaliado com rigor. Quase não é preciso dizer: nem sua indicação é moeda de troca na política, nem ele é eleito pelos seus pares.
- Sejam públicas ou privadas, as escolas são administradas como as boas empresas. Há cobrança de resultados e prêmios para quem desempenha bem seu papel. Os melhores mestres são colocados nas turmas mais difíceis. Ao mesmo tempo, malandros e incompetentes ganham puxões de orelha.
- Provavelmente, os professores nunca ouviram falar nem nos autores nem nas teorias da moda pedagógica. Contudo, conhecem bem os assuntos que ensinam e aprenderam a ensinar. De fato, pedagogia para eles significa saber ensinar cada ponto da matéria.

- Há muita ênfase em aplicar as teorias em problemas da vida real – em vez de decorar fatos, fórmulas e definições. Os livros são de boa qualidade, detalhados e universalmente usados. Os professores não precisam "criar" sua aula (embora não esteja proibido), pois existe uma retaguarda de planejamento e explicitação de tudo o que acontece na aula (os livros e os guias dos professores oferecem bancos de perguntas, de exercícios e de aplicações práticas).
- Os currículos oficiais são claros e precisos, dizendo exatamente o que é para ser ensinado e aprendido. Segundo um funcionário do Ministério da Educação da Finlândia: "Nosso currículo prescreve, nossos professores ensinam e nossos alunos aprendem as mesmas competências e conhecimentos que são avaliados no Pisa".
- A sala de aula é convencional. Mas, obviamente, há bibliotecas e são abundantemente usadas.
- Existem avaliações frequentes, bastante dever de casa e muito *feedback* para o aluno. A jornada de trabalho é longa (pelo menos 5 horas), mas não há necessariamente tempo integral. Os alunos são seriamente cobrados e precisam estudar. A disciplina é "careta" (p. ex., não se pode conversar durante a aula).
- A família acompanha a vida escolar do aluno e o vigia de perto, para assegurar que ele fez o dever de casa. Além disso, conversa muito com ele e garante a existência de um ambiente físico e psicológico que favorece o estudo e o aprendizado. Televisão berrando ou sintonizada na novela pode ser a distração da família, mas desvia o aluno do seu maior projeto de vida, que é a educação.

Foi encomendada uma pesquisa com os alunos das 10 melhores escolas do Enem. Os resultados mostraram o mesmo feijão com arroz, observado nas melhores escolas de outros países. Colecionam os 10 melhores lugares instituições (confessionais ou não) de tradição rígida, com longas jornadas escolares e muito exigentes. Ainda bem que não são necessárias fórmulas mirabolantes para oferecer uma boa educação.

Para discutir

1. Tome como referência alguma escola que você conheça mais de perto e considere as regras citadas acima. Quais delas parecem ser seguidas por essa escola?
2. Das regras que não estão sendo seguidas, qual você elegeria para implementar, se fosse diretor dessa escola? Por quê?

A hora da sala de aula

Houve uma revolução no funcionamento das nossas escolas. Quase tudo melhorou. Agora, chegou a hora da educação. É preciso entrar na sala de aula e eliminar procedimentos sabidamente ineficazes, bem como a imensa perda de tempo, resultante de práticas equivocadas.

Quando construímos uma casa, os alicerces vêm antes da pintura. Na educação, também existe uma sequência natural. No começo, havia que se construir prédios e contratar professores. Nisso estivemos até recentemente. A prioridade era aumentar matrículas, o resto faltava e ia ficando para trás. Vem então a fase de administrar, consertar e suprir tudo que é necessário para funcionar como escola.

Em grande medida, terminamos esses ciclos. Mas nos esperava uma notícia ruim: ainda é pouco. Prover os insumos não produz uma boa educação. Começamos tarde, pois nas décadas de 1970 e 1980 ainda tínhamos muitos alunos fora da escola. Criamos espaço para eles, mas à custa de massacrar a qualidade.

Na década de 1990, ainda era preciso expandir, mas foi um período também de consertar a máquina que operava e coordenava os sistemas escolares: livros e merenda a tempo e a hora, tirar a política dos orçamentos, uns trocados para os diretores lidarem com os gastos do cotidiano e a modernização de currículos. O Fundo de Manutenção e Desenvolvimento do Ensino Fundamental e de Valorização do Magistério (Fundef) deu uma injeção na veia das escolas mais pobres. E os instrumentos de navegação foram criados: as estatísticas e as avaliações.

Para o que fizemos, os resultados foram bons. Prosseguimos com a expansão da matrícula, caiu a deserção, caiu a reprovação e aumentaram as graduações em todos os níveis. Crescemos bastante, e, para a surpresa de muitos, não houve uma queda adicional na qualidade. Ou seja, os consertos externos compensaram as dificuldades de lidar com alunos de nível social cada vez mais baixo. As provas do Saeb ao longo da década atestam essa constância dos níveis de qualidade, pois ficaram praticamente constantes.

O lado bom foi melhorar a gestão do sistema e expandir, sem deterioração nos resultados acadêmicos. O lado ruim é que a qualidade, embora mantida constante, é deplorável. No Chile, houve algo parecido. Consertou-se a economia da escola, eliminaram-se ineficiências, foi remexida a estrutura do sistema. Mas a qualidade não aumentou. Para melhorá-la, foi necessário criar programas especialmente voltados para apoiar as escolas mais pobres.

Nessa transição das últimas décadas, vivemos o mesmo problema. Expandimos e investimos na gestão dos sistemas educativos. Com isso, demos um salto que se atrasava por mais de meio século. Mas, na qualidade, a única proeza foi não deixar piorar. Só há uma conclusão: a prioridade agora é chegar mais perto da sala de aula, pois é ali que se produz a educação.

Pesquisas do Banco Mundial mostram que a jornada escolar é curta e uma baixa proporção do tempo é gasta em tarefas propriamente escolares. Há intervalos sem professor em sala de aula e professores que cuidam de um ou outro aluno e deixam os demais sem ter o que fazer. Erro grave é o excessivo tempo que o professor gasta escrevendo no quadro, os alunos copiando e respondendo a perguntas desinteressantes – 25 a 47% do tempo. Os professores passam dever de casa em um volume muito pequeno. Em alguns estados, os alunos levam tempo demais cortando e colando, em vez de exercitar a leitura em livros apropriados para a idade. De resto, boa parte das leituras não é feita nos livros comprados para tal. Nas escolas do Nordeste, a maioria das crianças do 5º ano não consegue ler nem fazer cálculos simples. Também o teste do Pisa mostra que ensinamos a ler errado. Ensinamos o aluno a dar asas à imaginação, mas sem entender o que está escrito. Ou seja, as visitas às salas de aula confirmam o que os testes mostram: estamos mal.

Reformamos fora da sala de aula, mas isso não foi o bastante. Agora é a hora de entrar e consertar a sala de aula, de pensar na pedagogia, de aprender como ensinar. Mas como chegar até a sala de aula? Em muitas escolas (sobretudo nas municipais), as equipes técnicas são frágeis. E o que fazer quando a educação não é prioridade no município? Seguramente, há que melhorar a formação dos professores e suas carreiras. Mas como? E o papel das ONGs? Aí estão os grandes desafios para o início do novo milênio. Temos muito a aprender. A boa notícia é que há um novo aliado: a sociedade brasileira começa a descobrir a importância da educação e aprende a demandar mais qualidade.

Para discutir

1. Considere uma escola que você conheça. Qual é a duração da jornada escolar? Quanto tempo é desviado para recreio e atrasos? Quanto tempo o professor efetivamente ensina a matéria e os alunos se exercitam naquilo que está sendo ensinado?
2. Se você fosse diretor dessa escola, quais seriam as primeiras mudanças que introduziria? Que dificuldades haveria para implementá-las?

Mona áspera

Em seu interessante relatório, a empresa de consultoria McKinsey enfatizou a importância de ter excelentes professores. Mas deu menos atenção ao muito que se pode fazer para melhorar o desempenho dos professores que existem e estão nas salas de aula.

A Mona Lisa resplandece no Museu do Louvre. Sua xará, Mona Mourshed, assina pesquisas na famosa empresa de consultoria McKinsey. Com seu sorriso enigmático, a primeira Mona é suave, é lisa. Já a segunda é áspera, pelo impacto dos seus estudos. Seu ensaio sobre educação ("Como os sistemas escolares de melhor desempenho chegaram lá") é um admirável resumo dos resultados de centenas de trabalhos que se acumulam nos últimos anos. Embora seja voltado para países desenvolvidos, suas apresentações no Brasil tiveram grande repercussão.

Vejam que situação curiosa. Lendo o ensaio, não discordo de nada. Mas temo que tenha causado mais mal do que bem nas terras tupiniquins. Como assim? Um remédio potente precisa ser receitado com muito cuidado e para o paciente certo.

A poção de Mona não serve para o Brasil. Isso porque o tema do primeiro capítulo polariza toda a mensagem: "A qualidade de um sistema de educação não pode exceder a qualidade de seus professores". Nas discussões das quais tive notícia, o debate não foi além desse capítulo.

Considerando que a educação da maioria dos estados americanos não está à altura da sua extraordinária riqueza, Mona lembra que seus futuros professores provêm do terço mais fraco dos graduados de suas *high schools*. Em contraste, Coreia e Finlândia recrutam os melhores graduados e têm ótimos resultados. Para quem já tentou quase tudo, falta atrair excelentes professores.

Quando esse resultado aterrissa no Brasil, registramos que a maioria dos nossos professores é também recrutada entre os mais fracos do ensino médio – além de receber péssima formação. Porém, não há dinheiro para pagar salários muito mais elevados. Mesmo que o fizéssemos, seriam 30 anos para renovar o quadro, já que eles são estáveis. Tal diagnóstico é uma bomba atômica de pessimismo. Estamos condenados, pois o ensaio começa com o epitáfio: bom ensino só com excelentes professores.

Mas vejam o segundo capítulo: "A única maneira de melhorar os resultados é melhorar a instrução". Até certo ponto, contradiz o primeiro! Ou seja, com os mesmos professores é possível obter muito mais. De fato, o ensaio traz conselhos para tornar mais produtivos os professores existentes. O problema é que essa mensagem ficou obliterada pelo impacto derrotista do início.

Lemos no segundo capítulo: "O papel da escola é assegurar que quando o professor entra na sala de aula tenha todos os materiais disponíveis, junto com o conhecimento e a vontade de melhorar o ensino". É preciso ajudar o professor a empregar as práticas apropriadas, motivá-lo e permitir que conheça suas deficiências. Igualmente proveitoso é selecionar para a direção da escola os professores mais entusiasmados, criativos e com capacidade de liderar. É necessário ter programas explícitos e livros excelentes. A formação dos novatos se completa dentro da sala de aula, sob a supervisão de mestres experientes que sabem manejar a classe e usar os materiais de ensino.

De fato, é possível fazer bastante em pouco tempo. Em alguns municípios de Minas Gerais, entre 2007 e 2008, os testes de alfabetização (no 2° ano) mostraram uma queda substancial na proporção de alunos com desempenho baixo ou intermediário (ou seja, que não aprenderam a ler). Há casos espetaculares. Em Ouro Branco, por exemplo, uma escola baixou de 42 para 10%. Em Maravilhas, de 43 para 1%, e em Itabirito, de 23 para 0%. Isso aconteceu em municípios participantes do sistema de gestão da Fundação Pitágoras – sem trocar professores! Colocando todos a remar na mesma direção, definindo e dando foco às prioridades, todos colaboram para identificar os problemas, resolvê-los e valorizar os sucessos. Gestão é isso.

Essa é a leitura correta do ensaio de Mona. É preciso pular para o segundo capítulo para encontrar as mensagens que interessam ao Brasil. Não adianta sonhar com professores finlandeses e ser engolfado pelo pessimismo.

Na educação, apesar dos resmungos de alguns, muito pode ser feito sem que sejam necessários recursos extravagantes. De fato, como mostra o artigo, gastar muito não assegura boa educação. Se houver a "grande reforma da educação brasileira", será o somatório dos ínfimos gestos que corrigem erros do passado e introduzem práticas eficazes. Será fruto da insistência obsessiva em melhorar o "feijão com arroz" da sala de aula, ano após ano. Na tradução zen, "todo dia melhorar um pouco, todo dia fazer um pouquinho melhor".

Para discutir

1. Quais as possíveis medidas para atrair melhores candidatos a professor, sem incorrer em gastos inviáveis?
2. Mesmo que houvesse recursos para contratar professores muito melhores, por muitos anos, a maioria continuaria na rede. O que fazer para melhorar o seu desempenho?

Ensinar se aprende

Os professores precisam aprender bem os conteúdos que vão ensinar. Além disso, precisam aprender como se ensina cada tópico das matérias que lecionam. Lamentavelmente, não é isso que acontece nas faculdades de educação, onde passam demasiado tempo ouvindo preleções sobre teorias rarefeitas e longe do mundo real.

O Pisa nos mostrou que o ensino é fraco, mesmo nas nossas escolas de elite, onde todos os professores têm diplomas, não há problemas econômicos e há condições materiais para um ensino bem-sucedido. Se isso é assim, alguma coisa de muito errada está acontecendo dentro das salas de aula.

Seria leviano tentar mostrar em um par de parágrafos o que está errado na escola e na sala de aula. Mas vale a pena esboçar algumas ideias muito gerais.

Nossos professores aprendem mal que mal o conteúdo a ser ensinado. Aprendem teorias maravilhosas sobre o processo de ensino. Só que não aprendem a dar aula. Nas faculdades de educação, a pedagogia é traduzida como uma barragem de formulações abstratas, geralmente, quase impenetráveis. Quase sempre, vêm recheadas de ideologia. Mas isso tudo não aterrissa na terceira seção do Capítulo 5 da matemática do 6º ano (o que quer que seja).

Por exemplo: como se ensina "regra de três"? Perguntei a um auditório povoado por 800 professoras quem havia aprendido na faculdade de educação como ensinar essa técnica. Aliás, as pesquisas mostram que é praticamente a única ferramenta matemática que a maioria das pessoas usa na sua vida pessoal e profissional. Pedi que levantassem a mão. Resultado: nem sequer uma só mão levantada. Nenhuma havia aprendido a ensinar regra de três!

Mas todas citam amplamente Piaget. O exemplo é ilustrativo, pois Piaget jamais escreveu sobre educação! Seus estudos versaram sobre o desenvolvimento das artes de pensar. Embora suas teorias tenham avançado o nosso conhecimento do assunto, o grande mestre genebrino não se interessou por nada mais aplicado.

Acontece que o professor precisa justamente saber quais são as melhores maneiras de ensinar cada conceito ou teoria que está nos currículos. A sala de aula é isso. Tocou a campainha, fecha-se a porta. E agora, o que fazer? Piaget não ajuda nada.

Uma das teorias mais infelizes veiculadas pelos gurus de plantão é uma derivação equivocada do construtivismo (objeto do ensaio "Construtivismo e destrutivismo", apresentado adiante). Afirma que é errado ter livros detalhados, já que cada um "constrói o conhecimento" do seu jeito. Em consequência, o professor deve criar a sua aula.

Entrevistei um grupo de professoras de periferia. Admitiram que durante uns cinco anos, enquanto aprendem a ensinar, alunos são suas cobaias. Como não aprenderam a ensinar na faculdade, têm de aprender por tentativa e erro com os pobres alunos. É como se a escola de medicina deixasse os alunos inventarem métodos de fazer apendicectomias em seus pacientes. É razoável supor, em um par de anos, que estes deixariam de morrer, na medida em que desenvolvessem, por conta própria, métodos apropriados. Em vez disso, as escolas de medicina ensinam os melhores métodos conhecidos. E, para sanar dúvidas, está tudo no livro, basta abrir o *Manual do cirurgião* na página tal.

Lamentavelmente, a vida do professor e do diretor é dificultada pela falta de orientação acerca do que deveria fazer. O Estado jamais diz exatamente o que deve ser ensinado, impedindo assim que possa cobrar de forma mais precisa o aprendizado dos alunos.

> **Para discutir**
>
> 1. Entreviste uma professora e pergunte sobre o que aprendeu na faculdade de educação. O que ela acha da aplicabilidade do que foi ensinado? Sua opinião coincide com a dela?
> 2. Você já viu a teoria construtivista sendo realmente aplicada na sala de aula? Especifique o caso concreto. Na sua percepção, deu certo?

Satanás apostilado

Educadores rabugentos não se cansam de acusar os "apostiladores" (sistemas ou redes de ensino) que oferecem às escolas livros e preparação dos seus professores. No entanto, as escolas operando sob a bandeira dessas redes mostram resultados superiores nos testes oficiais.

Segundo conhecido educador,

> [...] apostiladores [...] embaralham-se numa sucessão de ecos sem fim e sem propósito [...] envoltos pela aura clássica da memorização/reprodução [...] de modo que não reste tempo hábil para o vago e moroso trabalho do pensamento [...].

Quem seriam esses mercadores sinistros, que oferecem à juventude um ensino no qual se decora em vez de pensar? Na realidade, são apenas escolas bem-sucedidas que, a partir de certo momento, passaram a ofertar a outras instituições um conjunto de serviços educacionais desenvolvidos para si próprias. Tornaram-se operadoras de grandes redes de escolas associadas (em uma das quais o autor trabalha). Mais de 1,7 milhão de alunos estão em instituições privadas ligadas a uma dessas redes (Anglo, COC, Objetivo, Pitágoras, Positivo, Uno e outras).

O nome, ou xingamento, vem da sua origem como cursinhos. De fato, dada a inexistência de livros preparando para o vestibular, os melhores cursinhos começaram a fazer apostilas. Quando passaram para o ensino fundamental, mantiveram sua tradição de preparar materiais didáticos. E, atendendo às preferências dos alunos, produzem materiais com espiral no costado (apesar de serem mais caras do que uma encadernação tradicional).

Por que as escolas desejariam pertencer às redes dos "apostiladores" tão duramente acusados? Uma hipótese persuasiva é que as redes operariam como uma secretaria de Educação, cuja missão é apoiar escolas. Preenchem um vácuo. Vejamos:

Estruturação do ensino. Pelas pesquisas, quanto mais planejado o ensino, mais os alunos aprendem. Passo a passo, os livros das redes oferecem teoria, aplicação, exercícios e provas. Essa ajuda permite ao professor sair da decoreba e botar a cabeça dos estudantes para funcionar. E, quanto mais o livro facilita a vida do professor, mais ele pode se dedicar àquelas dimensões artesanais e afetivas, tão críticas para o aprendizado.

Integração curricular. Como oferecem coleções completas, um livro fala com o outro, integrando diferentes partes do currículo.

Formação de professores. O que mais atrai às escolas associadas é a preparação de seus professores. Eles aprendem os conteúdos, a melhor forma de ensinar e o uso eficiente dos livros. Considerando a fragilidade dos cursos de formação de professores, é um apoio expressivo para o ensino.

Janela para o mundo. A rede rompe o isolamento e revitaliza as escolas, oferecendo-lhes uma chance única de tomar contato com novas ideias e conhecer as melhores práticas escolares, por meio de congressos e eventos.

Avaliação do ensino. Algumas redes avaliam o desempenho de professores e alunos das escolas associadas e colaboram nos projetos para melhorar o ensino.

Serão tais serviços relevantes para a qualidade da educação? Ou as redes são meros arautos da "compartimentalização dos informes conteudistas"? Se acreditamos em ciência, a resposta está na evidência tangível. Pelos dados de uma das redes, 60% das escolas associadas encontram-se entre as três melhores de suas cidades na prova do Enem. Essa rede exibe médias superiores às do restante da rede privada – já amplamente superiores às públicas. Tais resultados demonstram ser infundada a queixa de que as "apostilas" não dão uma verdadeira educação, já que o Enem mede raciocínio, e não decoreba. A escola da Embraer usa as satânicas apostilas e só aceita alunos da rede pública. Como é possível ser hoje a melhor escola do Estado de São Paulo?

Se as redes atendessem mais às escolas públicas, os benefícios deveriam ser ainda maiores, pois grande parte das instituições de ensino e dos professores vive desgarrada e sem apoio técnico das secretarias. A ideia é atraente. Mas há um empecilho. As redes são financiadas pela venda de suas coleções de livros. Como os alunos de escolas públicas recebem do MEC seus livros, poucos municípios ou escolas se dispõem a arcar com o custo cobrado pelas redes para adquirir as coleções. Ainda assim, está crescendo o número de municípios associados a alguma das grandes redes.

No caso do governo de São Paulo, os municípios podem receber os recursos financeiros, em vez de livros. Há alguns anos, uma rede vendia seus livros e serviços a 46 dos 635 municípios do Estado de São Paulo. Observando o índice de qualidade da educação do MEC (o Ideb), entre os 10 municípios paulistas com notas mais altas, cinco eram apoiados por essa rede (e mais um por outra rede). Ou seja, os municípios que entraram nas redes aumentaram drasticamente sua chance de estar entre os melhores. Portanto, faz tempo que se acumulam claros indícios de que os "apostiladores" criaram uma solução brasileira de grandes méritos e originalidade. É uma inovação única no mundo e já se cogita a sua exportação.

Um argumento recorrente contra os "apostiladores" seria a presença de conteúdos promovendo uma "ideologia capitalista", já que são instituições privadas, em geral, com fim de lucro. A hipótese é persuasiva. Mas como toda hipótese científica, precisa ser testada no mundo real. Examinei três dezenas de livros de uma rede bastante grande e cheguei a uma conclusão algo surpreendente: de fato, discretamente, há mensagens ideológicas e há interpretações algo enviesadas. Mas só que são de esquerda! Por que os capitalistas do ensino estariam veiculando tais ideologias opostas às suas crenças? A hipótese mais plausível é que aparecem quase sempre nos livros de história. Como se sabe, a vasta maioria dos professores e autores dessa área têm persuasões de esquerda. É possível que, em vez de censurar os livros, as redes preferem deixar passar, pois ficam mais parecidos com os outros.

Agora que centenas de municípios contrataram sistemas de ensino privados, torna-se possível comparar de forma sistemática os resultados das escolas "apostiladas". Uma pesquisa em curso, liderada pelo professor José Francisco Soares, mostra o que muitos suspeitávamos. Em média, os alunos delas têm meio ano de vantagem sobre os outros que não têm tais contratos. Ou seja, aprendem bem mais rápido.

Para discutir

1. Examine criticamente os argumentos contra os "apostiladores". Quais são plausíveis e quais não resistem a uma análise mais rigorosa?
2. Tente comparar os livros de redes com outros aprovados pelo MEC. Há diferenças perceptíveis? Quais seriam?

A CIÊNCIA E A ARTE DA SALA DE AULA

Para dar uma boa aula, não é necessário mergulhar em teorias rarefeitas. Pelo contrário, há técnicas simples e ao alcance de todos. Materiais detalhados e de boa qualidade melhoram o aprendizado. Há ideias e projetos que podem ser replicados. É preciso contextualizar o que quer que se ensine. Contar histórias é um método maravilhoso de ensinar. Contudo, há que se evitar um subjetivismo e relativismo prematuro, bem como o excesso de conteúdos.

Construtivismo e destrutivismo

O construtivismo é uma orientação teórica que ganhou adeptos no Brasil. Porém, costuma ser ungida em uma seita fundamentalista que rejeita outras crenças e não quer se submeter à regra fundamental da ciência: o teste empírico. Ou seja, reivindica validade, sem que seja testada pela pesquisa rigorosa. Portanto, na mão de muitos, embora possa ter seus atrativos, transformou-se em uma cruzada religiosa claramente nefasta ao ensino.

Minha missão é árdua: quero desvencilhar o construtivismo dos seus discípulos mais exaltados, culpados de transformar uma ideia interessante em seita fundamentalista. O construtivismo busca explicar como as pessoas aprendem. Prega que o processo educativo não é uma sequência de pílulas que os alunos engolem e decoram.

É necessário que eles construam em suas mentes os arcabouços mentais que permitem entender o assunto em pauta. Essa visão leva à preocupação legítima de criar os contextos, metáforas, histórias e situações que facilitem aos alunos "construir" seu conhecimento. Infelizmente, o construtivismo borbulha com interpretações variadas, algumas espúrias e grosseiras. Vejo quatro tipos de equívoco.

O primeiro engano é pensar que teria o monopólio da verdade – aliás, qual das versões do construtivismo? As hipóteses de Piaget e Vygotsky coexistem com o pensamento criativo de muitos outros educadores e psicólogos. Dividir o mundo entre os iluminados e os infiéis jamais é uma boa ideia.

O segundo erro é achar que todo o aprendizado requer os andaimes mentais descritos pelo construtivismo. Sem maiores elaborações intelectuais, aprendemos ortografia, tabuadas e o significado de palavras. Não há que se fazer muitas teorias para aprender que "lição" é com cedilha.

O terceiro é aceitar uma teoria científica como verdadeira por conta da palavra de algum guru. Em toda ciência respeitável, as teorias são apenas um ponto de partida, uma explicação possível para algum fenômeno do mundo real. Só passam a ser aceitas quando, ao cabo de observações rigorosas, encontram correspondência com os fatos.

Einstein disse que a luz fazia curva. Bela e ambiciosa hipótese! Mas só virou teoria aceita quando um eclipse em Sobral, no Ceará, permitiu observar a curvatura de um facho luminoso. O construtivismo não escapa dessa sina. Ou passa no teste empírico ou vai para o cemitério da ciência – de resto, lotado de teorias lindas.

Não obstante, muitos construtivistas acham que a teoria se basta em si. De fato, não a defendem com números. Obviamente, nem tudo se mede com números. Mas, como na educação temos boas medidas do que os alunos aprenderam, não há desculpas para poupar essa teoria da tortura do teste empírico, imposto às demais. Por isso, temos o direito de duvidar do construtivismo, quando fica só na teoria.

Mas o que é pior: outros testaram as ideias construtivistas, não encontrando uma correspondência robusta com os fatos. Por exemplo, orientações construtivistas de alfabetizar não obtiveram bons resultados em pesquisas metodologicamente à prova de bala. O Literacy Panel, citado no Capítulo 2, revisou milhares de pesquisas e não encontrou alguma que mostrasse vantagem para o método global.

Outro exemplo. Os construtivistas são adeptos ferrenhos do "método da descoberta". A ideia parece brilhante. Em vez de explicar uma teoria ou princípio, é preciso dar ao estudante um experimento prático. Ao longo do seu esforço para realizá-lo, ele vai progressivamente "criando" ou descobrindo a teoria subjacente. Não há por que desqualificar o método. Contudo, pesquisas empíricas avaliando a sua eficácia revelaram problemas inquietantes na sua implementação. De fato, se o aluno não "descobre" a teoria, terá perdido tempo, se frustrado e continua sem saber.

O que revelou melhores resultados foi uma adaptação do método, na qual, é preciso que o professor acompanhe o aluno e vá dando "dicas" para redirecioná-lo, caso ele se desvie do caminho certo. Mas tais revisionismos não fazem parte do catecismo dos seus proponentes fundamentalistas.

O quarto erro, de graves consequências, é supor que, como cada um aprende do seu jeito, os materiais de ensino precisam se moldar infinitamente segundo cada aluno e o seu mundinho. Portanto, o professor deve criar seus materiais, sendo rejeitados os livros e manuais padronizados e que explicam, passo a passo, o que aluno deve fazer.

Desde a Revolução Industrial, sabemos que cada tarefa deve ser distribuída a quem a pode fazer melhor. Assim é feito um automóvel e tudo o mais que sai das fábricas. Na educação, também é assim. Os materiais detalhados são amplamente superiores às improvisações de professores sem tempo e sem preparo.

De fato, centenas de pesquisas rigorosas mostram as vantagens dos materiais estruturados ou planificados no detalhe. Seus supostos males são pura invencionice de seitas locais. Quem nega essas conclusões precisa mostrar erros metodológicos nas pesquisas. Ou admitir que não acredita em ciência.

Aliás, nada há no construtivismo que se oponha a materiais detalhados. Entre os construtivistas americanos, muitos acreditam ser impossível aplicar o método sem manuais passo a passo.

Em suma, o construtivismo é uma hipótese teórica atraente e que pode ser útil na sala de aula. Mas, nos seus desdobramentos espúrios, vira uma cruzada religiosa, claramente nefasta ao ensino.

Para discutir

1. Entreviste um professor que se diga construtivista e pergunte a ele como traduz isso em suas atividades de sala de aula. Peça exemplos concretos de como ensina isso ou aquilo. Tire suas conclusões.
2. Indague, desse professor ou de outro, que orientações recebe da coordenação pedagógica da sua escola, com relação ao construtivismo. Há liberdade de opções pedagógicas? A escola impõe algum método? Como essa orientação se traduz no cotidiano da aula? Interprete.

Pianistas e professores: Nelson Freire ou Mozart?

Há a mágica criada pelo grande pianista e há a mágica, igualmente notável, do professor inspirado. No entanto, aplaude-se o pianista que toca todas as notas da partitura, mas acusa-se o professor, se não for também o "autor" de suas aulas.

Nelson Freire acaba de tocar uma sonata de Mozart. Aplausos de pé, efusivos. E ninguém menospreza seu talento, pelo fato de que não só tocou rigorosamente todas as notas de uma partitura comprada na loja, mas seguiu o andamento anotado por Mozart. O público festeja o momento mágico criado pela sua interpretação.

Mas espera-se muito mais de um professor. Sua "interpretação" na aula é pouco. Seguir a partitura é "escravizar-se ao autoritarismo de um livro". Ele tem de "criar" a aula, inventando maneiras de levar o aluno a construir seu mundo intelectual. O pobre professor tem de ser Nelson Freire e também Mozart.

Por que o professor não pode ter partitura? Por que as ideias construtivistas que deram certo não podem ser apresentadas nos livros, para que sejam testadas e usadas? Pesquisas mostram que, usando "partitura" (isto é, bons materiais), o aluno aprende mais.

Desde os primeiros dias, um pianista aprende a tocar piano tocando piano e não vendo um professor ao quadro-negro, demonstrando em quantas partes se divide o piano. E aprende o tempo todo sob a tutela de um pianista praticante. Amador ou profissional, o pianista continua tocando para algum mentor mais ilustre, até o fim de sua carreira musical. Kissin, o celebrado pianista russo, leva com ele a sua professora, nas turnês que faz pelo mundo afora. É educação permanente.

Em contraste, o professor consome seu tempo com teorias pedagógicas que não consegue aplicar. E quase não tem oportunidades de praticar na presença de um mestre que comente, corrija e retoque seu desempenho em sala de aula.

O estágio tende a ser uma peça de ficção. O curso de pedagogia é quase sempre noturno e os seus alunos trabalham durante o dia. Ora, nos anos iniciais, as aulas são diurnas. Como seria possível um real estágio, se na hora em que há aulas eles estão trabalhando?

O professor não aprende a arte de dar aula. É largado por sua conta, tendo de inventar a própria partitura. O professor é um deserdado na sala de aula, ninguém o ajuda, ninguém sabe como é seu desempenho.

O estudo do pianista inclui duas fases. Primeiro, ele aprende a partitura. Toca pesado e devagar, para fixar na memória as notas. É a etapa "conteudista" de seu aprendizado. Mas a formação de professores desdenha essa etapa, embora seja difícil entender como é possível ensinar sem dominar bem os conteúdos.

Sabida a partitura, o pianista estuda a interpretação que vai dar a ela. Para isso, ouve gravações dos melhores intérpretes e discute o assunto com colegas e toca para o seu mestre. Já o professor, entupido com teorias, raramente pratica diante de mestres mais experimentados. Essa parte foi sub-repticiamente subtraída de sua formação.

O pianista se sabe um ator. O professor foi ensinado a ignorar sua função nobre e a menosprezar o palco da sala de aula.

A performance do pianista é julgada pela plateia e pelos críticos. Não interessa o diploma, pois tudo o que está sendo avaliado acontece na sala de concertos. Já o professor se sente ameaçado quando alguém decide indagar dos alunos como ele funciona em sala de aula. Perde-se o *feedback* e a melhoria de desempenho resultantes. Nem pensar em dar aula na presença de um inspetor, como na França.

Esse é o grande equívoco, o professor produz na sala de aula, mas é julgado pelo que nada tem a ver com a dita. Os diplomas não são concedidos a quem é inspirado na sala de aula, mas a quem passa em provas de conhecimentos. Só se julga o que não interessa. Só nos cursinhos o desempenho em sala de aula é o fator crítico para a contratação de um professor.

Os pianistas começam a aprender com o melhor pianista que encontram e continuam, por toda a vida, tocando para bons intérpretes. Os professores aprendem com quem jamais se celebrizou pela interpretação (isto é, pela sala de aula), embora tenha muitos diplomas para mostrar. Quando penso nos critérios usados para selecionar quem vai ser o professor do professor, lembro que nunca ouvi falar de uma busca pelas grandes estrelas em sala de aula. Onde estão os mestres que seduzem e hipnotizam?

A interpretação não é uma arte menor. É lá que se incendeiam as mentes, se inspiram os alunos e se desencadeiam os processos que levam ao aprendizado. Há a mágica criada pelo grande pianista e há a mágica, igualmente notável, do professor inspirado.

Fico pensando, ao ver como se preparam nossos pianistas e como se preparam nossos professores: por que as faculdades de educação não aprendem com os pianistas?

Para discutir

1. Quais as características mais marcantes dos melhores professores que você já teve? Comente.
2. Pergunte a um professor se ele estaria disposto a permitir que um colega mais experiente assistisse a algumas aulas suas. Analise criticamente os seus argumentos, qualquer que seja a resposta.

O Professor Nota 10

Há inegável criatividade no que apresentam os mestres vitoriosos no concurso para o Professor Nota 10. Mas há um problema. Muitos deles criam por conta própria soluções que já foram tentadas e deram certo. Essas soluções deveriam ser conhecidas de todos, para que possam usá-las em suas aulas. A criatividade deveria se concentrar naquilo que ainda não foi tentado.

Fui membro do júri que escolheu o Professor Nota 10, uma iniciativa da Fundação Victor Civita. De 3.180 projetos, foram pré-selecionados 10 finalistas, cabendo aos jurados a tarefa ingrata de premiar apenas um deles. Eram 10 projetos lindos, experimentos criativos que galvanizam os alunos e levam a um aprendizado superior. Mostram que o isolamento geográfico e as precárias condições de trabalho de muitos mestres não obliteraram sua criatividade, pois vêm de todos os cantos do país.

Ao examinar os projetos, podemos categorizá-los em três grupos. Há os que se aproveitam de uma oportunidade oferecida pelo local ou pelas circunstâncias. Um deles, em Ubatuba, vale-se de uma criação de mexilhões para iniciar os alunos em assuntos de biologia marinha, meio ambiente e outros conceitos de ciência. Uma professora notou que o caminho trilhado para ir à escola sofrera uma profunda erosão. Isso deu lugar a um projeto de estudo sobre a erosão, com instrumentos de medida de porosidade construídos pelos alunos, demonstrando que a capa vegetal protege o solo. Outro projeto aproveita-se da montagem de uma emissora de rádio na escola para criar um programa de literatura. Ainda, o uso de ervas medicinais pela família dos alunos é explorado como tema para estudos sobre saúde e botânica.

Há uma segunda categoria, em que os professores inventam o mote do projeto. No trabalho vencedor – de Roberta Azevedo –, cantigas populares foram escolhidas como objeto para a aprendizagem da leitura. Dessa forma, as músicas cantadas pelos alunos eram, em seguida, usadas para decifrar a escrita. Em outro projeto, as crianças são levadas a ler histórias para idosos em um asilo, criando, além de competências em leitura, um relacionamento humano rico para ambos os lados. Tais projetos, não dependendo de circunstâncias externas, podem ser imitados por qualquer professor.

Mas existe uma terceira categoria de projetos de interpretação delicada. Trata-se de ideias criativas, altamente eficazes e cujo uso pode melhorar o nível de aprendizado dos alunos. Só que se referem a práticas que deveriam ser aprendidas pelos mestres durante sua formação, para aplicação rotineira em sala de aula. Ou seja, o professor reinventou o que já foi inventado e deveria ser parte do repertório de técnicas de todos os mestres.

Tais profissionais não são menos criativos. São apenas vítimas de uma escola que lhes sonegou tais conhecimentos. Uma professora de inglês leva seus alunos a escrever bilhetes para correspondentes nos Estados Unidos. Que lá nas lonjuras de Rondônia ela tenha tido essa ideia é mais do que meritório. Outra leva seus estudantes a fazer mapas da sala de aula para que as crianças aprendam a transitar entre o espaço real e o espaço representado em uma folha de papel. Há um projeto na mesma linha, ensinando o aluno a se orientar e a fazer seus próprios mapas do bairro. Existem trabalhos ilustrando com exemplos o conceito de volume.

São projetos eficazes, mas constituem uma reedição de ideias já existentes. Aí está o cerne do problema. Por que os mestres não aprendem isso na escola? Por que não é ensinado rotineiramente nos cursos de formação de professores um tal repertório de sugestões que motivam, que fazem a ponte entre a teoria e a prática? Para cada um dos profissionais premiados há milhares de outros que não puderam criar algo semelhante, e nada lhes foi dado para que pudessem usar com seus alunos.

Vivemos sob a ditadura de teorias pedagógicas que mandam o professor criar e produzir seus próprios materiais, ser autor da partitura que utiliza em suas aulas. Ou seja, ele tem de ser um gênio criativo, como os mestres premiados naquela bela noitada. Mas os alunos dos demais professores deixam de se beneficiar do conhecimento acumulado. Nota 10 para os professores premiados, nota zero para a formação recebida pelos professores em geral. Felizmente, as ideias selecionadas, por meio da revista *Nova Escola*, estão sendo transmitidas aos futuros profissionais, para que possam ter mais ferramentas didáticas a seu dispor.

> **Para discutir**
>
> 1. Tente identificar projetos e ideias interessantes inventadas por professores de suas relações. Se for o caso, pergunte a eles. Analise seus méritos e limitações. Poderiam ser aplicados por outros professores? São fáceis de serem replicados?
> 2. Pergunte a professores como aprenderam as melhores ideias que usam em suas salas de aula. Que conclusões podem ser tiradas das respostas dadas?

As duas matemáticas

O ensino da matemática tem problemas crônicos. Em sua origem, era um conjunto de técnicas para resolver problemas quantitativos do mundo real. Com o tempo, a matemática ganha um alto grau de abstração e uma estrutura lógica severa. Mas, para a maioria dos alunos, é mais fácil entender uma matemática mais concreta e aplicada do que os elegantes teoremas que tanto seduzem os professores.

Ao longo de muitos séculos, convivemos com duas matemáticas. São parentes próximas, mas suficientemente díspares para criar grandes dilemas no seu aprendizado.

A primeira matemática é fruto do esforço de contar e desenvolver técnicas para lidar com coisas que podem ser medidas. Conta-se a caça abatida. Estimam-se pesos e distâncias. Atribuem-se números diferentes a superfícies diferentes.

O desenvolvimento histórico dessa matemática requereu esforços crescentes de abstração. A invenção do zero foi um grande salto: um número para medir uma quantidade ausente. Mais tarde, aparecem números negativos, outra charada: o que significam três javalis negativos? Aos poucos, o trato com as propriedades dos números adquiriu vida própria. A matemática se separou das coisas que contava. Somamos 5+7, sem considerar se são laranjas ou inimigos abatidos.

Ao cabo de sucessivas mensurações, verifica-se que o quadrado da hipotenusa é igual à soma do quadrado dos catetos. Mas o achado se distancia da observação e vira o teorema de Pitágoras, demonstrado por via simbólica e lógica. A matemática prospera, formaliza-se e prescinde da observação do mundo real para o seu avanço. De fato, virou apenas um capítulo especializado da lógica – que tampouco precisa descrever um mundo real.

Desencarnada do concreto, a matemática ganha asas e voa pelos espaços do intelecto humano. Para os iniciados, suas formulações são de uma beleza indescritível. Um teorema elegante é uma obra de arte e a resolução de uma equação um deleite. E isso tudo com a vantagem produzir resultados úteis no mundo real.

Mas as lindas rosas matemáticas têm espinhos medonhos. O fato de que a matemática não precisa do mundo real para desabrochar e crescer não significa que a maioria das pessoas possa aprendê-la longe dele. De fato, pesquisas mostram que são poucos os que conseguem aprender e tirar proveito de uma matemática despida das coisas e entes que medem. Por exemplo, nos Estados Unidos, menos da metade dos alunos do ensino médio entende essa segunda matemática, elegantíssima, mas puramente abstrata. Todavia, podem chegar a ela aprendendo antes a primeira matemática que é a arte e a técnica de lidar com coisas que podem ser contadas e medidas. É a mesma matemática, mas a que os alunos entendem é aquela vestida de mundo real.

Acontece que a maioria das escolas ensina a segunda matemática e não a primeira. Um levantamento recente do Instituto Nacional de Matemática Pura e Aplicada (IMPA)[4] mostra que nenhum livro de ensino médio brasileiro contextualiza a matemática. Ou seja, ensinam a matemática abstrata – incompreensível para a maioria – e deixam de ensinar a matemática de resolver problemas quantitativos do mundo real – que é compreensível e mais útil para quase todos. Ainda que o objetivo possa ser chegar à segunda matemática, o caminho é pela via da primeira.

Os cursos de matemática são – quase sempre – uma sequência de piruetas lógicas, cuja elegância e beleza são inexpugnáveis para a maioria. E, como poucos entendem e penetram na sua lógica recôndita, poucos conseguem fazer a ponte para os seus usos no cotidiano. Se os livros não fazem a ponte, como poderiam os alunos fazê-la? De fato, pesquisas brasileiras mostram que os alunos não conseguem usar os algoritmos aprendidos na aula de matemática para resolver problemas concretos. Decora-se a fórmula sem saber usá-la ou sequer para que serve.

As olimpíadas matemáticas são iniciativas nobres e meritórias para incentivar o domínio e o legítimo prazer dos malabarismos matemáticos, entre aqueles que são capazes de operar no mundo abstrato. Mas como as perguntas propostas para o ensino médio não incluem o mundo real, nada dizem

---

[4] LIMA, E. L. *Exame de textos:* análise dos livros de matemática para o ensino médio. Rio de Janeiro: IMPA/Vital/ABM, 2001.

ou contribuem para a maioria dos alunos – que precisam aprender a usar números para lidar com problemas reais de suas vidas.

O ensino de matemática tende a focalizar os formalismos matemáticos e os refinamentos crescentes das soluções. Contudo, o aprendizado útil para os não matemáticos é transformar um problema real em uma solução onde se aplicará algum algoritmo matemático. Começa tudo com o desafio de decifrar as palavras e domar os conceitos. Aí já encalham muitos. Em seguida, vem o desafio de fazer o casamento do problema encontrado com algum algoritmo matemático. Os cursos de matemática lidam com o que vem depois que é o tratamento mecânico da fórmula a ser usada.

A matemática nasceu no mundo real, para resolver problemas concretos. E é somente assim que a maioria dos alunos consegue aprendê-la. A matemática ensinada nos livros e nas aulas convencionais não é inteligível para a maioria. Daí a inevitável tragédia, documentada pelos péssimos resultados nos testes de matemática aplicados aos alunos brasileiros.

Para discutir

1. Examine um livro de matemática do ensino fundamental. A matemática é contextualizada? Os exemplos seriam interessantes para os alunos? Há projetos aplicando as ferramentas matemáticas aprendidas?
2. Repita o mesmo exercício para o nível médio.
3. Tome dois livros de ciências ou matemática do ensino fundamental. Leia e tente entender algum dos capítulos que estão ensinando. Conseguiu? Interprete.
4. Repita o exercício com livros do ensino médio.

Educar é contar histórias

Bons professores eletrizam seus alunos com narrativas fascinantes ou curiosas, embutindo nelas as lições que querem ensinar. A lição mais velha e mais preciosa da pedagogia é que contando histórias se educa. Jesus, Esopo, Monteiro Lobato e Walt Disney sabiam disso, por essa razão, foram grandes educadores.

De que servem todos os conhecimentos do mundo, se não somos capazes de transmiti-los aos nossos alunos? A ciência e a arte de ensinar são ingredientes críticos no ensino, constituindo-se em processos chamados de pedagogia ou didática. Mas esses nomes ficaram poluídos por ideologias e ruídos semânticos.

Perguntemos quem foram os grandes educadores da história. A maioria dos nomes decantados pelos nossos gurus faz apenas "pedagogia de astronauta". Do espaço sideral, apontam seus telescópios para a sala de aula. Pouco enxergam, pouco ensinam que sirva aqui na terra.

Tenho meus candidatos. Chamam-se Jesus Cristo e Walt Disney. Eles pareciam saber que educar é contar histórias. Esse é o verdadeiro ensino contextualizado, que galvaniza o imaginário dos discípulos fazendo-os viver o enredo e prestar atenção às palavras da narrativa. No bojo do enredo, suavemente, enleiam-se as mensagens.

Jesus e seus discípulos mudaram as crenças de meio mundo. Narraram parábolas que culminavam com uma mensagem moral ou de fé. Walt Disney foi o maior contador de histórias do século XX. Inovou em todos os azimutes. Inventou o desenho animado, deu vida às histórias em quadrinhos, fez filmes de aventura e criou os parques temáticos, com seus autômatos e simulações digitais. Em tudo enfiava uma mensagem. Não precisamos concordar com elas (e, aliás, tendemos a não concordar). Mas precisamos aprender as suas técnicas de narrativa.

Há alguns anos, professores americanos de inglês se reuniram para carpir as suas mágoas: apesar dos esplêndidos livros disponíveis, os alunos se recusavam a ler. Poucas semanas depois, foi lançado um dos volumes de *Harry Potter*, vendendo 9 milhões de exemplares, 24 horas após o lançamento! Se os alunos leem J. K. Rowling e não gostam de outros, é porque estes segundos são chatos. Em um gesto de realismo, muitos professores passaram a usar *Harry Potter* para ensinar até física.

De fato, educar é contar histórias. Bons professores estão sempre eletrizando seus alunos com narrativas interessantes ou curiosas, carregando nas costas as lições que querem ensinar. É preciso ignorar as teorias intergalácticas dos "pedagogos astronautas" e aprender com Jesus, Esopo, Disney, Monteiro Lobato e J. K. Rowling. Eles é que sabem.

Poucos estudantes absorvem as abstrações, quando apresentadas a sangue-frio: "Seja X a largura de um retângulo...". De fato, é muito mais difícil aprender matemática sem contextualização em exemplos concretos. Mas o professor pode entrar na sala de aula e propor a seus alunos: "Vamos construir um novo quadro-negro. De quantos metros quadrados de compensado precisaremos? E de quantos metros lineares de moldura?". Aí está a narrativa para ensinar áreas e perímetros.

Abundante pesquisa mostra que a maioria dos alunos só aprende quando o assunto é contextualizado. Quando falamos em analogias e metáforas, estamos explorando o mesmo filão. Histórias e casos reais ou imaginários podem ser usados na aula. Para quem vê uma equação pela primeira vez, compará-la a uma gangorra pode ser a melhor porta de entrada. Encontrando pela primeira vez a eletricidade, podemos falar de um cano com água. A pressão da coluna de água lembra a voltagem. O diâmetro do cano tem semelhança com a amperagem, pois em um cano "grosso" flui mais água. Aprendidos esses conceitos básicos, tais analogias podem ser abandonadas.

É preciso garimpar as boas narrativas que permitam empacotar habilmente a mensagem. Um dos maiores absurdos da doutrina pedagógica vigente é mandar o professor "construir sua própria aula", em vez de selecionar as ideias que deram certo alhures.

É irrealista e injusto querer que o professor seja um autor como Monteiro Lobato ou J. K. Rowling. É preciso oferecer a ele as melhores ferramentas – até que apareçam outras mais eficazes. Melhor ainda é fornecer isso tudo já articulado e sequenciado. Plágio? Lembremo-nos do que disse Picasso: "O bom artista copia, o grande artista rouba ideias". Se um dos maiores pintores do século XX achava isso, por que os professores não podem copiar? Preparar aulas é buscar as boas narrativas, exemplos e exercícios interessantes. Ao longo do uso, os professores mais criativos vão reinterpretando e ajustando, até que sua versão pode ficar melhor do que o original. Era isso que acontecia com os quadros de Picasso.

Nisso tudo, só interessa uma coisa. Se "colando" dos melhores materiais disponíveis ele conseguir fazer brilhar os olhinhos de seus alunos, já merecerá todos os aplausos.

> **Para discutir**
>
> 1. Dê uma olhada em algum livro de J. K. Rowling sobre Harry Potter. Por que teve tanto sucesso?
> 2. Tente encontrar uma narrativa que possa interessar os alunos por algum tema do currículo escolar. Explique.

Mogli, o menino-lobo

Agora sabemos com certeza: pensamos com palavras. Por isso, quem não sabe usar as palavras não pode pensar bem. O limite da nossa competência em usar as palavras é também o limite do nosso pensamento.

No velho conto de Rudyard Kipling, *Mogli, o menino-lobo*, o autor descreve uma criança que, adotada por uma loba, cresce sem jamais haver usado uma só palavra humana, até ser encontrada e se integrar à sociedade. O conto é atraente, mas cientificamente absurdo. Porém, houve outros casos, supostamente reais, de crianças criadas por animais. E também casos reais (até recentes) de crianças que cresceram isoladas e sem oportunidades de aprender a falar.

Há tempo, meninos-lobo e outros jovens criados sem interação humana despertaram o interesse da psicologia cognitiva e da linguística. A razão é que seriam experimentos naturais que permitiriam responder a uma pergunta crucial: esses jovens, sem conhecer palavras, poderiam pensar como os demais humanos?

A questão em pauta era decidir se pensamos porque temos palavras ou se seria possível pensar sem elas. Como os meninos-lobo não conheciam palavras, se podiam pensar, teria de ser sem elas. Nos diferentes casos de crianças criadas em isolamento, ficou clara a enorme dificuldade de ajustamento que elas encontraram ao ser reabsorvidas pela sociedade. Muitas jamais se ajustaram, fosse pelo trauma do isolamento, fosse pela impossibilidade de pensar humanamente sem palavras. Mas o fato é que não desenvolveram um raciocínio (abstrato) classicamente humano.

O interesse pelos meninos-lobo feneceu. Mas se aprendeu muito desde então. Hoje não se acredita que o pensamento sem palavras seja possível – pelo menos, o pensamento simbólico que é a marca dos seres humanos. Ou seja, Mogli não seria capaz de pensar.

"Vivemos em um mundo de palavras [...] ", disse o celebrado antropólogo Richard Leakey:

> Nossos pensamentos, o mundo de nossa imaginação, nossas comunicações e nossa rica cultura são tecidos nos teares da linguagem [...] A linguagem é o nosso meio [...] É a linguagem que separa os humanos do resto da natureza.

Para o neuropaleontólogo Harry Jerison, precisamos de um cérebro grande (três vezes maior do que o de outros primatas) para lidar com as exigências da linguagem.

Portanto, se pensamos com palavras e com as conexões entre elas, a nossa capacidade de usar palavras tem muito a ver com a nossa capacidade de pensar. Dito de outra forma, pensar bem é o resultado de saber lidar com palavras e com a sintaxe que conecta uma com a outra. O psicólogo Howard Gardner, com sua tese sobre as múltiplas inteligências, talvez diga que Garrincha tinha uma "inteligência futebolística" que não transitava por palavras. Mas grande parte do nosso mundo moderno requer a inteligência que se estrutura por intermédio das palavras. Quem não aprendeu bem a usar palavras não sabe pensar. No limite, quem sabe poucas palavras ou as usa mal tem um pensamento encolhido.

Talvez veredicto mais brutal sobre o assunto tenha sido oferecido pelo filósofo Ludwig Wittgenstein: "Os limites da minha linguagem são também os limites do meu pensamento.". Simplificando um pouco, o bem pensar quase se confunde com a competência de bem usar as palavras. Nesse particular não temos dúvidas: a educação tem muitíssimo a ver com o desenvolvimento da nossa capacidade de usar a linguagem. Portanto, o bom ensino tem como alvo número um a competência linguística.

Pelos testes do Saeb, no 5º ano, 50% dos brasileiros são funcionalmente analfabetos. Segundo o Pisa, a capacidade linguística do aluno brasileiro corresponde à de um europeu com quatro anos a menos de escolaridade. Sendo assim, o nosso processo educativo deve se preocupar centralmente com as falhas na capacidade de compreensão e expressão verbal dos alunos.

Ao se estudar a Inconfidência Mineira, a teoria da evolução das espécies ou os afluentes do Amazonas, o aprendizado mais importante se dá no manejo da língua. É ler com fluência e entender o que está escrito. É expressar-se por escrito com precisão e elegância. É transitar na relação rigorosa entre palavras e significados.

No conto, Mogli se ajustou à vida civilizada. Infelizmente para nós, Kipling estava cientificamente errado. Nossa juventude estará mal preparada para a sociedade civilizada se insistirmos em uma educação que produz uma competência linguística pouco melhor do que a de meninos-lobo.

> **Para discutir**
>
> 1. Você consegue identificar algum curso ou programa do mundo real em que os alunos não precisam ler?
> 2. Escreva um manual de instruções (no máximo 10 linhas) de como acender um fósforo. Agora, peça a uma pessoa pouco educada para fazer o mesmo (ainda que seja oralmente). Compare os dois manuais. A que conclusões você chegou?

Relativismo e subjetivismo na escola

Nos anos iniciais da escola, a prioridade deveria ser entender textos selecionados pela sua clareza. Trazer prematuramente a ambiguidade e as subjetividades, como quer uma corrente educacional dominante, cria uma balbúrdia intelectual na cabeça das crianças. Quem sabe, isso não explica a péssima colocação do Brasil nos testes internacionais?

Por que nossos alunos não entendem um texto escrito? Submeto aqui a hipótese de que reina nos impérios pedagógicos e nos autores da moda uma atmosfera que desvaloriza a tarefa de compreender o que está escrito no papel.

O fiasco da nossa educação fundamental começa a ser percebido. Há cada vez mais brasileiros sabendo que tiramos os últimos lugares no Pisa, uma prova internacional de compreensão de leitura e de outras competências vitais em uma sociedade moderna. Sabem também dos resultados do Saeb, confirmando plenamente esse diagnóstico moribundo do ensino. Agora, cabe fazer a necropsia do fracasso, dissecando cuidadosamente o defunto: por que os alunos não aprendem?

Tão retumbante fracasso tem múltiplas causas. Contudo, o presente ensaio assesta suas baterias em uma causa fatal, mas pouco considerada. Vejamos uma constatação surpreendente e assustadora: o Pisa mostrou que os alunos das famílias brasileiras mais ricas entendem menos um texto escrito do que os filhos de operários da Europa e de outros países com educação séria. Portanto, não é a pobreza dos alunos ou das escolas que explica o vexame.

Veja-se a seguinte citação de B. Charlot, um educador francês de grande prestígio no Brasil:

> Os saberes científicos podem ser medidos em falsos e verdadeiros, mas não os conteúdos de filosofia, pedagogia e história [...] (*Fora das ciências naturais*) o mundo do verdadeiro e do falso é do fanatismo, e não da cidadania.

Tomemos essa prescrição a apliquemos no nosso cotidiano. Segundo ela, não podemos questionar os neonazistas que afirmam que o Holocausto jamais existiu. Afinal, eles honestamente acreditam no que dizem. Segue também que a pesquisa histórica cuidadosa é inútil para decidir se essa afirmativa é falsa ou verdadeira. Pela mesma razão, temos de aceitar a teoria criacionista (que nega o evolucionismo de Darwin), pois do contrário, estaríamos sendo fanáticos. Obviamente, o entendimento desse professor anda totalmente na contramão de tudo que se diz e se faz em países sérios, inclusive na França, sua terra natal.

Edgard Morin é um intelectual respeitado. Suas ideias sobre complexidade são bastante interessantes. Ele afirma que "[...] em lugar da especialização, de fragmentação de saberes, devemos introduzir o conceito de complexidade.". Morin se opõe ao "[...] princípio consolidado da ciência, o determinismo – segundo o qual os fenômenos dependem diretamente daqueles que os precedem e condicionam os que lhes seguem.". Nada contra lidar com suas ideias como temas de discussão em programas de doutoramento. Contudo, tais visões não poderiam ser aplicadas aos anos iniciais de estudos, sob o risco de confundir os alunos.

Igualmente problemática para o ensino inicial é a afirmação de Delia Lerner de que "[...] não faz falta saber ler e escrever no sentido convencional [...] Quem interpreta o faz em relação ao que sabe [...] Interpretações não dependem exclusivamente do texto em si.".

São assuntos que coroariam um processo de amadurecimento intelectual. Mas, para os jovens que iniciam seus estudos, são fórmulas certeiras para uma grande balbúrdia mental, em uma idade que pede a consolidação de ideias claras e a compreensão rigorosa e analítica do texto escrito. Embaçamos o ensino ao solicitar aos alunos que "reinterpretem" o pensamento dos grandes cientistas e filósofos, segundo Mortimer Adler, "pedindo sua opinião a respeito de tudo".

Continua correto o conselho de Descartes de dividir o problema em tantas partes quantas sejam necessárias para a sua compreensão. De fato, a física de Newton é determinista. Nas melhores escolas, é com ela que se afia a capacidade de análise dos alunos – inclusive na terra dos autores citados. As ciências sociais adotam outro determinismo, expresso em distribuições de probabilidades. A filosofia requer ainda mais exatidão no uso da linguagem. Elegância e rigor precisam ser conquistados na língua portuguesa, e as primeiras lições devem ser exercícios de interpretação correta do que está escrito. Ao se enamorarem das ideias turvas acima citadas, nossos professores desviam as atenções que deveriam colimar o uso judicioso das palavras e embrenham seus alunos na indisciplina do relativismo, do subjetivismo e da falsa "criatividade".

O grande desafio dos anos iniciais de uma educação é entender as relações entre sons, letras e significados, aprendendo a ler, para que se possa passar a ler para aprender. Lembremo-nos da obsessão de George Steiner, sempre em busca do sentido exato que os autores quiseram dar às palavras. Sem isso, o que vem depois é ruído, é o que respondem nossos alunos às questões cuidadosamente formuladas nas provas do Pisa e do Saeb. Esses miasmas intelectuais não oferecem os alicerces para um distanciamento crítico e produtivo do texto original – tarefa que só pode vir mais adiante.

Para discutir

1. Você acha que não há falso e verdadeiro na história? E na pedagogia? Isso significa que cada um tem sua verdade e pronto? Alguém pode dizer que Aleijadinho não existiu e fica por isso mesmo? Discuta, sem paixões.
2. Afirma-se que "não faz falta saber ler e escrever no sentido convencional". Como fica uma secretária que aceite e pratique esse princípio? Como será possível passar em um vestibular ou em qualquer concurso aderindo a tal crença? Discuta.

Academia de ginástica (mental)

Aprender a pensar é uma das competências mais centrais no desenvolvimento humano. Embora haja muitos caminhos para adquiri-la, o estudo da ciência e a prática do método científico estão entre as melhores estratégias para desenvolver a arte do bem pensar.

As primeiras ondas encantaram os turistas. Ficaram então esperando as próximas. Contudo, foram salvos por uma inglesinha bem jovem, em cujo livro de ciências estava explicado o que era um *tsunami* e que perigos trazia. Que corressem todos, o pior estava por vir! Em contraste, alguns pobres coitados de Goiânia receberam doses letais de radiação, ao desmontarem o núcleo de material radioativo de um aparelho de radioterapia com Césio 47, vendido como sucata. Os turistas foram salvos pelo conhecimento científico da jovem inglesa. Os sucateiros foram vítimas da sua ignorância científica. Não é fortuita a nacionalidade de cada um.

H. Habermeier mostrou que, dentro de níveis comparáveis de qualidade da educação, os países com melhor desempenho em ciências obtinham resultados econômicos mais expressivos. Ou seja, há argumentos poderosos sugerindo o efeito de uma boa base científica no desempenho econômico. Estamos cercados de aparelhos com extraordinária densidade de ciência e tecnologia. Decifrar e manipular a natureza é crítico para a nossa produtividade. Temos liderança no etanol porque conseguimos enfiar em reles pé de cana melhoramentos genéticos de altíssima complexidade.

Esses argumentos vêm sendo repetidos *ad nauseam*. Apesar disso, é lastimável o desempenho brasileiro em ciências. Nas provas do Pisa, o Brasil está entre os últimos lugares, abaixo da média da América Latina, um continente de pífio desempenho educativo.[5] Quero trazer mais dois argumentos possantes.

O primeiro tem a ver com a ideia de que aprender a pensar é uma das tarefas mais nobres e mais árduas da escola. Mas, ao contrário do que almas ingênuas poderiam imaginar, não se aprende a pensar em cursos do tipo "Como pensar". Aprende-se pensando sobre assuntos que se prestam para tais exercícios. E, entre eles, as ciências oferecem um campo excepcional. Exercitamos os músculos nas academias. E exercitamos os músculos do intelecto lidando com as ciências e outros assuntos de lógica exigente. Que fantástica academia para exercícios mentais são as teorias científicas! O rigor das definições, a precisão das leis e as abstrações disciplinadas oferecem um terreno ideal para ginásticas simbólicas. Portanto, mesmo que os conhecimentos não servissem para melhor operar em um mundo complexo, a ginástica mental que permitem é uma das fases mais nobres do processo educativo.

Vejamos o segundo argumento. Se pensamos na contribuição da Europa nos últimos cinco séculos, muitas ideias nos vêm à cabeça. Mas talvez uma das mais decisivas tenha sido o desenvolvimento do método científico, salto que teve Bacon e Descartes como ícones. Por trás dos gigantescos avanços científicos está o método. Com ele, a ciência avança, seja com passinhos, seja com saltos. Não há marcha à ré, pois até o erro educa.

O método impõe a disciplina de formular as perguntas de maneira rigorosa e sem ambiguidades. Em seguida, propõe e fiscaliza um plano de ação para verificar se as hipóteses para responder às perguntas, de fato, descrevem o mundo real. Sem essa disciplina para escoimar de imprecisões e equívocos na busca científica das respostas, não poderíamos ter confiança nos resultados. A vulgarização do poder da ciência se traduz nas afirmativas publicitárias de que "a ciência mostrou...".

---

[5] Vejam o livro recente *O ensino de ciências no Brasil*, do Instituto Sangari.

Sem o desenvolvimento do método científico, não teríamos os avanços tecnológicos que tanto beneficiam a humanidade. Mas o meu argumento aqui vai em outra direção. O método tornou-se uma espécie de roteiro seguro para pensar bem sobre todos os assuntos, não apenas para fazer pesquisas. Quem aprendeu a pensar como cientista e a usar o método cientí-fico tem um raciocínio mais enxuto e rigoroso. As perguntas são mais bem formuladas e já facilitam a busca sistemática das respostas. Não importa o assunto (mas, obviamente, uma boa base científica apenas dá a embocadura para entrar com segurança no assunto, não substitui o conhecimento específico).

Só falta dizer que há uma enorme diferença entre aprender a pensar como um cientista e decorar fórmulas, teoremas e leis. Infelizmente, nosso ensino pende para a segunda versão. E os maus resultados no Pisa jogam isso na nossa cara.

Para discutir

1. Assista na televisão a um programa da série *Caçadores de Mitos*. Usando a linguagem do método científico, formule então a hipótese, a maneira de testar e as conclusões obtidas pelo experimento.
2. Usando a mesma lógica, formule uma hipótese sobre o mundo real e os testes que deveriam ser feitos para verificar se será comprovada.

Naufrágio curricular

É preciso ensinar menos para que os alunos aprendam mais. Não é com uma inundação de conteúdos que vamos formar bons estudantes. As intenções são boas, mas os resultados péssimos.

O rei Gustavo Adolfo da Suécia, para defender-se de seus inimigos, decidiu criar o mais poderoso navio de guerra de quantos havia. Importou os melhores construtores navais, e os cofres públicos foram sangrados para produzir um barco invencível. Mas o rei o queria ainda mais invencível e mandou instalar mais um deque superior, com mais peças de artilharia. O navio, com o nome de *Vasa*, enfunou as velas em 1628 e, sob um vento suave, singrou a baía de Estocolmo. Mas, subitamente, apenas deixando o porto, vira e afunda. Era instável, pelo excesso de canhões e pela falta de lastro.

Nossos doutos educadores e autores de livros didáticos criam currículos invencíveis. Tudo que pode ser importante é nele anexado. E, como há cada vez mais coisas importantes, o currículo vai ficando mais pesado e mais invencível. Como o *Vasa*, os alunos afundam sob o peso de tantos conhecimentos e de tantas informações preciosas. E, nas profundezas ignotas dos oceanos intelectuais, naufraga sua educação.

Os japoneses, contados entre os campeões mundiais em educação, fazem seus currículos para que todos os alunos normais entendam tudo. O MEC até que enxugou os nossos, mas, no trajeto até a sala de aula, o terreno é minado. Para autores e professores, é um desdouro que até mesmo os alunos geniais possam entender tudo que se ensina. Ainda não foi enterrado o último professor que se vangloria de só dar 10 a quem sabe mais do que ele.

O preço de um currículo entulhado de informações – que isoladamente podem ser úteis e até interessantes – é que não sobra tempo para ser educado. É preciso pisar no acelerador para conseguir ouvir falar de tudo. Como não há tempo para aprender, decora-se. Entre reis de França, afluentes do Amazonas e derivados de carbono, acumulam-se inutilidades memorizadas. E têm a mesma sina as leis, as teorias e os princípios científicos, que ajudariam a entender o mundo, se fossem entendidos.

Richard Feynman, prêmio Nobel de física, veio ao Brasil em 1950 para dar um curso para professores. Ficou estarrecido e anotou em seu livro de memórias: "Os estudantes tinham decorado tudo, mas não sabiam o significado de nada. [...] Nada tinha sido traduzido para palavras com significado. [...] Eles podiam passar nos exames e 'aprender' todas aquelas coisas, e não saber nada.".[6] Após meio século, continuamos na mesma, sabendo as fórmulas e incapazes de usá-las.

Não consta do seu livro, mas foi narrado por uma testemunha ocular. No primeiro dia de aula, ocasião solene, com amplas autoridades presentes, Feynman entra no auditório de "camisa de malandro" e com um bumbo. Começa a aula dando uma forte batida no instrumento. Em seguida pergunta: vocês, sentados aí atrás, quanto tempo levou o som do bumbo para chegar aos seus ouvidos? Com essa pergunta, estava dizendo a todos de que assuntos trata a física e o que é lidar com ela.

David Perkins (no livro *Smart Schools*[7]) nos diz claramente que, se não aplicarmos o aprendido, ele não servirá para nada. Aprendemos ao pensar *com* e pensar *sobre* o que estamos estudando. Aprender é uma consequência de refletir a respeito do que está sendo apresentado na aula. A visão convencional é que adquirimos um conhecimento e depois aprendemos a usá-lo. Trágico engano. Aprendemos somente pelo ato de pensar no que estamos aprendendo. E o conhecimento só é realmente adquirido quando podemos pensar usando o que foi aprendido. Mas o nosso *Vasa* curricular não deixa tempo para que isso aconteça. Resta aos alunos a lembrança de haver ouvido falar de muitos fatos e muitas teorias. O preço da sobrecarga de informações é a falta de profundidade, é a incapacidade de usar o que parecia ter sido aprendido, mas que era um conhecimento inerte, inútil e que não pode ser mobilizado para entender o mundo e resolver problemas.

---

[6] FEYNMAN, R. *Surely you're joking, Mr. Feymann*. New York: Norton, 1985.

[7] PERKINS, D. *Smart schools*. New York: Free Press, 1995.

É preciso coragem para dizer não à avalanche curricular. E, muitas vezes, um professor individualmente não pode fazê-lo, pois há provas e maratonas curriculares a serem cumpridas a ferro e fogo. Mas é aqui que se define o futuro de um país. Queremos continuar com uma população que ouviu falar de todas as teorias mas não sabe usar nenhuma? Que recite os ossos do pé e centenas de nomes da taxonomia de Lineu? Ou queremos que entendam um manual de instrução? Tudo está na internet. Mas decidir o que buscar e usar bem o que encontrou é para aqueles que aprenderam a articular seu raciocínio. Nossos alunos continuarão tendo o mesmo destino do *Vasa*, com currículos invencíveis e tendo sua educação afundada pelo excesso de peso?

Para discutir

1. Tente lembrar-se das suas aulas de física. O professor agiu mais como Feynman ou simplesmente colocou a matéria no quadro negro e os alunos decoraram? Você se lembra de exemplos?
2. Do que você aprendeu no colégio, o que foi que mais serventia prática teve? Que tipo de conhecimento foi esse?

Livros para gênios?

O Brasil tem livros para gênios. Pena que faltem alunos à altura. Um livro de matemática e ciências para alunos da Educação de Jovens e de Adultos (EJA) de ensino médio revelou-se mais árido e difícil do que livros dos mesmos assuntos usados por estudantes de engenharia americanos.

Examinei recentemente um livro de matemática e física, enquadrado em diretrizes oficiais e voltado para alunos do ensino médio (EJA) de modestíssimas ambições. Li para ver se entendia. Não entendi quase nada. Ou me perdia nas fórmulas ou não via ali algo que se conectasse com o meu mundo.

Será que minha vida teria sido mais interessante ou produtiva se houvesse aprendido os princípios supremamente importantes da lei de Pouillet, de Kirchhoff ou o teorema de Binet, ou o de D'Alembert, ou a extensão do teorema do resto, ou o plano de Argand-Gauss, ou a divisão de números complexos na forma trigonométrica, ou o dispositivo de Briot-Ruffini ou as relações de Girard em uma equação do terceiro grau?

De metade a dois terços das páginas dos capítulos de física são dedicados a fórmulas matemáticas. Sobra pouco espaço para explicar o que significam no mundo real ou, ainda, para que servem. Comparei com um texto americano de física para o 1º ano de engenharia: tem a mesma matemática, mas explica muito mais o que querem dizer os conceitos. No caso da parte de matemática, nossos livros jamais sugerem que possa servir para alguma coisa. Em meu curso de doutorado, o conceito tão central de probabilidade merecia inúmeras páginas do livro. Imagino que alunos do médio requeressem explicação ainda mais pausada. Mas terão de entender o mesmo conceito em cinco linhas e mais uma fórmula matemática. As fórmulas da hipérbole, parábola e elipse são apresentadas em sete páginas. No livro americano de 1º ano de engenharia, o mesmo material é mastigado em 28 páginas.

A lei de Ohm, peça fundamental da eletricidade, ocupa um quarto de página. Os solenoides (sobre os quais o autor se esquece de dizer que todos os chamam de bobinas), os capacitores e transformadores não têm melhor sina. Pergunte-se a qualquer técnico do mundo real o que é um "curto-circuito" e ouviremos descrições de "pipocos" e fagulhas. O livro diz apenas que "um circuito estará em curto-circuito se interligado por um fio ideal". Fiquei imaginando como seria o tal "fio ideal". A eletrônica se perde em fórmulas e em uma abundância de teorias e conceitos que jamais se usam na prática e também não ajudam a entender a miríade de equipamentos eletrônicos que nos cercam. De fato, o livro não menciona os semicondutores e transistores que revolucionaram a eletrônica e desembocaram na informática.

Estamos diante de um precipício que separa duas visões do ensino. Há aqueles que pensam pouco importar para que servem as teorias, o importante é o exercício mental de aprender a manipular conceitos abstratos (como os da matemática). Mas qual o sentido de percorrer superficialmente e deitar erudição sobre centenas de teorias, o mesmo que se fazia nos lamentáveis livros em que estudei? E se o aluno jamais entender o furor algébrico e apenas decorar as fórmulas? Era de esperar progresso, quase meio século depois.

Hoje vimos que esse não é o caminho. De fato, os novos parâmetros curriculares "[...] propõem um currículo baseado no domínio de competências básicas e não no acúmulo de informações [...]" (MEC). São cruciais os conselhos para que o livro "contextualize" o que ensina. Isto é, que "tenha vínculos com os diversos contextos da vida do aluno", que conecte o que está sendo ensinado a problemas, fatos e circunstâncias próximos de sua vida. Sabemos com segurança, o importante é entender em profundidade algumas poucas ideias e não chafurdar em um pantanal de fórmulas e teoremas. Pena que poucas dessas orientações se materializaram nos novos livros.

Como vimos, um livro de ciências para alunos modestos de ensino médio no Brasil é mais árido e difícil do que livros usados por estudantes de engenharia americanos. Sobrevive a miragem de que haja alunos capazes de entender e aproveitar o que está nesse livro.

> **Para discutir**
> 1. Examine um ou dois livros de ciências do ensino médio. O que você acha do grau de dificuldade do que está lá? Quanto tempo seria necessário para dominar todas as ideias e teorias apresentadas?
> 2. Pergunte a um aluno que usa esses livros o que eles entenderam de um capítulo qualquer escolhido por você. Que conclusões são cabíveis a partir da sua resposta?

AS ESCOLAS DA ROÇA

A educação para as áreas rurais é um assunto meio esquecido. Não surpreende que os resultados sejam ainda piores do que nas áreas urbanas. Mas isso não precisa ser assim, pois há excelentes maneiras de oferecer bom ensino nas áreas rurais. Com os métodos corretos, a malfadada escola multisseriada pode ser tão boa ou melhor do que as convencionais.

Ônibus é educação?

Há uma percepção clara no Brasil: escolas em que o professor ensina simultaneamente várias séries (multisseriadas) não podem produzir um bom ensino. Portanto, é necessário comprar ônibus para levar a uma escola maior os alunos daquelas regiões rurais onde não há densidade demográfica para ter um professor para cada série. Infelizmente, o ônibus tende a dobrar os custos por aluno. Mas há um equívoco na premissa inicial. É possível usar técnicas apropriadas e conseguir resultados excelentes nas escolas rurais.

Um prefeito do Vale do Jequitinhonha fez questão de me mostrar seus dois ônibus escolares, recém-importados dos Estados Unidos. Com eles, eliminava as escolas rurais de classes multisseriadas. Ou seja, escolas com apenas uma sala de aula reunindo alunos de várias séries no mesmo espaço. Pior, obrigando a única professora a lidar ao mesmo tempo com alunos de diferentes níveis de conhecimento. Faz mais de um século que as escolas começaram a separar os alunos de acordo com o ano em que ingressaram. Isso permitiu ensinar a cada grupo o que corresponde ao seu nível de avanço. É assim a escola que conhecemos. O que hoje parece uma invenção trivial trouxe uma pequena revolução.

A Unesco e o Banco Mundial passaram em revista as pesquisas sobre o desempenho das escolas multisseriadas na África, na Ásia e em outras regiões pobres. Quase sempre os resultados obtidos nessas escolas são amplamente inferiores aos das seriadas. Portanto, devemos louvar o prefeito, por haver comprado seus ônibus.

Será? Em conversa com Thorsten Husen, considerado o decano dos educadores europeus, perguntei-lhe o que achava das escolas multisseriadas. Ele me ofereceu dois comentários. O primeiro é que havia estudado em uma, na zona rural da Suécia. O segundo é que não se sentia absolutamente prejudicado por haver frequentado tal escola. O ensino era, pelo menos, tão bom quanto o das outras.

Ainda hoje, sem exceções, todos os países europeus adotam essas escolas. Seu número é significativo. Os Estados Unidos e o Canadá também. Há muitas escolas assim, e elas voltaram a se expandir nas últimas duas décadas. No mundo, cerca de 30% das escolas têm três salas ou menos. No Canadá, 16% dos alunos estudam em classes multisseriadas. Ainda mais relevante, nos países mais ricos, as avaliações revelam resultados obtidos nessas escolas em nada inferiores aos das outras, como já havia indicado Husen. Podem até ser melhores. E são respeitadas. Não sofrem preconceitos, como aqui. Aliás, entre nós, são preconceitos quase sempre justificados, pois apresentam pior desempenho.

Perpetuou-se nos países mais pobres a ideia de que a escola multisseriada é um ícone do atraso educativo. Só se justifica quando não há densidade demográfica para preencher várias salas nem recursos para os ônibus. Mas não serão os ônibus um grande equívoco? O prefeito terá gasto um dinheiro que não precisava? Milhares de outros prefeitos oneram as despesas da educação rural com transporte. Os ônibus, frequentemente, dobram os custos por aluno. Curiosa situação: os europeus, ricos e gastadores com o ensino, adotam escolas com apenas uma sala, misturando todas as séries. Nós, pobretões, desdenhamos essas escolas e corremos a comprar os ônibus que permitem recolher a meninada toda e juntá-la em uma unidade maior, com a seriação convencional.

O enigma é de simples solução. Faz mais de 100 anos que estamos lidando com escolas em que, para cada série, há uma sala. Com a experiência acumulada, aprendemos a lidar com elas. Em contraste, rigorosamente nada conhecemos das técnicas de manejo de escolas multisseriadas. Não é surpresa que a improvisação inevitável dê maus resultados. Os professores não têm ideia do que fazer. Os países bem-sucedidos com essas escolas desenvolveram soluções eficientes que permitem manejar as turmas com pleno sucesso. E essas técnicas são tradicionalmente ensinadas nos cursos de formação de professores.

Para discutir

1. Como é o cotidiano de uma escola rural multisseriada no Brasil? Se você não tem acesso direto, tente descobrir na internet. Explique por que nelas os alunos aprendem menos do que nas outras.
2. Se fosse criado um serviço de ônibus, que vantagens e que desvantagens haveria?

As escolas de Dona Vicky

A Colômbia é o único país da América Latina em que as escolas rurais mostram melhores resultados do que as urbanas. Precisamos aprender com os colombianos a criar algo parecido com a sua Escuela Nueva.

Vicky Colbert passou pelo Brasil e não conseguiu me encontrar. Pois não é que na semana seguinte descobri que estávamos no mesmo hotel em Doha (Catar)? Eu era parte da plateia de um monumental evento sobre ensino e inovação. Ela estava lá para receber um prêmio. Aliás, faz dois anos, nos encontramos na Clinton Global Initiative, onde ela ia receber outro prêmio. São muitos! Para o Banco Mundial, suas escolas são uma das três maiores inovações no ensino, pois países em desenvolvimento podem reproduzi-las em grandes escala.

D. Vicky, uma socióloga colombiana, é a mentora das Escuelas Nuevas no seu país. O interior da Colômbia é, pelo menos, tão atrasado e pobre como o nosso. Portanto, não espanta que a qualidade da educação fosse pior do que a urbana. De fato, é assim em todos os países. Mas na Colômbia mudou. Após a implantação da Escuela Nueva na zona rural, caíram a repetência e a reprovação. Aumentaram também os escores nos testes. Os resultados passaram a ser melhores do que os das urbanas (e, junto com Cuba, os mais elevados na América Latina).

Note-se que grande parte das escolas rurais é unidocente, isto é, são escolas muito pequenas, nas quais um professor ensina simultaneamente em várias séries iniciais. Soma-se o atraso e isolamento rural ao desafio extra de lidar com todas as séries em uma mesma sala e um único professor. Praticamente sem aumentar os custos, D. Vicky conseguiu que seus *caipiras* obtivessem mais pontuação nos testes do que os citadinos.

A inovação se alastrou. Hoje está em 35 países e matricula 5 milhões de alunos. No Norte e Nordeste do Brasil, há 4 mil escolas que adotaram o método, mas têm pouca divulgação e sabemos pouco dos resultados.

O que fez D. Vicky para obter tão retumbante sucesso? Onde está a diferença, diante de tantas ideias redentoras que circulam por aí?

Na verdade, o principal segredo é por em prática uma solução integrada. São várias medidas e inovações que se juntam para fazer a diferença. De fato, não se reforma a educação com uma única providência miraculosa. É o conjunto que gera massa crítica. O mérito de Vicky e sua equipe foi refinar essas providências e montar a máquina administrativa que fez tudo funcionar.

Os materiais escolares foram especialmente desenhados para o programa e baseiam-se nos princípios da educação ativa. Os professores são cuidadosamente preparados para usá-los com competência, além de receber acompanhamento permanente do projeto. Há encontros frequentes, a fim de discutir práticas de ensino. A ampla participação da comunidade requer estratégias apropriadas, para que se aproximem da escola, apoiem suas propostas e se incorporem aos projetos práticos dos alunos. Sem fórmulas mágicas, é um feijão com arroz bem temperado.

Porém, há diferenças. Uma delas é a ênfase na cooperação entre os estudantes e, também, a integração com a comunidade. Outra diferença são as salas de aula e atividades ao ar livre, em que se combinam os assuntos escolares com aplicações práticas. A ênfase na leitura e compreensão é um foco central do aprendizado. Talvez mais surpreendente, livros e guias são autoinstrucionais, ou seja, cada estudante estuda por conta própria, caminha ao seu próprio ritmo e toma algumas decisões. Nas atividades de leitura, os alunos avaliam o desempenho uns dos outros. Em grande medida, tais soluções reduzem as clássicas aulas expositivas, liberando o professor para atender aos alunos mais necessitados de apoio individualizado.

Agora que as escolas rurais têm uma fórmula consolidada, D. Vicky está adaptando o modelo para as urbanas. Ainda não deu tempo para avaliar os resultados, mas, segundo ela, parecem promissores.

Uma segunda iniciativa é a estimular a participação das empresas. Ao longo do tempo, observou-se que as mudanças políticas trazem instabilidade e perdas às escolas (não é só na Escuela Nueva!). O novo prefeito tem ideias diferentes. Daí a procura de parceiros nas empresas privadas que queiram ajudar as escolas públicas, pois podem amortecer a volatilidade trazida pela politicagem. Como as empresas colombianas e brasileiras têm grande protagonismo na educação pública, Vicky se aproxima do nosso país, para prosseguir nos seus experimentos. Segundo disse, busca sócios caboclos. Alguém se habilita?

Para discutir

1. Na Escuela Nueva, uns alunos ajudam os outros. Que mudanças isso traz ao ensino?
2. Pesquise na internet as versões brasileiras da Escuela Nueva. Mantêm a metodologia? Introduziram modificações no funcionamento? Estão dando certo? (Sugestão: como foram financiadas pelo Banco Mundial, uma primeira pista é por meio do seu *website* brasileiro.)

4
Ensino médio: órfão de ideias, herdeiro de equívocos

O ensino médio era nanico e só começou a crescer na década de 1990. Essa expansão pôs a descoberto os problemas e indefinições que antes eram menos sérias ou não chamavam a atenção. Entre preparar para cidadania, para o mercado e para o ensino superior, o médio se vê afogado com excesso de tarefas e não faz nenhum bem. Ainda pior, é o único no mundo que nem oferece alternativas diferentes para diferentes perfis de alunos nem permite escolhas dentro do curso.

Um aluno fez uma bela descrição do ensino médio. Segundo ele, quando cursava o fundamental, estudava coisas interessantes. Caminhando pelas ruas ou pelos campos, via no mundo real o que havia aprendido na escola. Ao galgar o médio, olhando na rua, não via nada do que havia aprendido. Era tudo abstrato e distante do mundo real. Estava frustrado.

Por tudo que sabemos, o médio é o nível mais engasgado. Está no meio do caminho. Não sabe o que fazer com a diversidade crescente de alunos – que também não sabem o que querem. Tem demasiadas missões: precisa arredondar a formação inicial do aluno, oferecer uma competência mínima nas ciências e nas humanidades e consolidar os valores de cidadania e identidade cultural.

O ensino médio é um ponto de encontro das muitas contradições do ensino. Tem papéis demais. Sem muito medo de errar, pode-se dizer que é um nível em crise permanente. Entra ano, sai ano, em algum lugar do mundo, há protestos ou propostas de reformar ou revirar tudo de cabeça para baixo. Infelizmente, o Brasil nem sequer tem tais propostas.

O dilema mais grave do ensino médio é entre preparar para o trabalho ou preparar para o superior, objetivos que competem seriamente pelo tempo do aluno. Preparar para o trabalho pode exigir a formação profissional. É o império da prática, do conhecimento voltado para a aplicação concreta. Contudo, a metade dos alunos vai diretamente para o mercado de trabalho. O que ensinar a eles no médio? Conhecimentos práticos? Mas não há nada mais prático do que uma boa teoria, pois é a ferramenta para pensar corretamente. O outro papel do médio é preparar para o ensino superior. No fundo, significa ceder à pressão para aprender o que quer que seja pedido nos vestibulares. É universal a existência desses conflitos de objetivos. Mas cada país tem a sua fórmula própria para enfrentá-los, refletindo a sua história e cultura.

O grande divisor de águas é o que fazer com o lado profissional do ensino *versus* o lado acadêmico. Mas não é só isso, pois alguns países oferecem vertentes mais fáceis e aplicadas (o que não quer dizer profissionalizantes) e vertentes mais acadêmicas, exigentes e teóricas.

Para simplificar, há dois grandes modelos. Um deles tem origem europeia, onde há uma multiplicação de alternativas após o fundamental. Há trajetos puramente acadêmicos. Há os que mesclam o acadêmico com uma iniciação profissional. Há opções puramente profissionais, até mesmo sem acesso ao superior. Ou seja, ao longo do caminho aparecem diversas bifurcações, atendendo às aptidões e preferências dos alunos para assuntos práticos ou para as abstrações de uma trajetória acadêmica.

O outro modelo nasceu nos Estados Unidos, com suas *comprehensive high schools*. Embora seja a única opção para todos, dentro delas há uma oferta diversificada, com disciplinas preparando para o superior e outras de formação profissional. Além disso, a mesma disciplina pode ser oferecida com níveis diferentes de exigências. Cada aluno pode escolher seu cardápio de cursos, de acordo com suas preferências e aptidões. Uns aprendem a soldar. Na sala ao lado, outros estudam os diálogos de Platão ou até sânscrito.

A Europa lida com a diversidade especializando as escolas. Os Estados Unidos criam uma escola única, mas uma vez lá dentro, há muitos trajetos possíveis.

Diante desses dois modelos (com todas as suas variantes), o Brasil optou por um terceiro. Na teoria, alguns chegam a achar que é muito flexível. Mas, na prática, acabamos com um sistema único. Não se pode optar entre escolas diferentes nem há um leque de opções dentro da mesma escola.

Terminamos com uma escola única que não consegue oferecer aos alunos academicamente menos ambiciosos uma educação sólida, no nível em que possam beneficiar-se dela. Soterramos com um entulho de conteúdos os que frequentam escolas em que o verdadeiro currículo é o vestibular da universidade pública mais próxima. O preço de ensinar demais é que os alunos aprendem de menos.

Nunca demos a atenção devida ao técnico, que não passa de um monte de matérias profissionalizantes que se somam ao currículo já sobrecarregado do médio (22 disciplinas no técnico de eletrônica da UFMG, além do currículo acadêmico!). Repetimos o que deveríamos saber que costuma não dar certo alhures. Diante da alternativa bem-sucedida de deixar o técnico para depois de formado, os ideólogos da área protestaram, citando Gramsci, um autor falecido antes de o ensino técnico tomar corpo. Não será para duvidar, quando a solução tupiniquim é diferente de todas as outras?

Papéis clássicos do médio

O médio está em uma encruzilhada. Pior, está encurralado. Abaixo, há o fundamental que é o mínimo de educação para uma sociedade moderna e tem uma agenda simples de ensinar os rudimentos da educação. O superior é profissionalizante e recruta quem, pelo menos na teoria, sabe o que quer.

O médio precisa arredondar a formação inicial do aluno – embora não se saiba muito bem como se faz isso. Precisa ensinar a ler e escrever corretamente, de preferência, em mais de uma língua. Precisa dar ao aluno uma cultura mínima nas ciências e nas humanidades. Precisa fixar os bons valores. De fato, é nesse nível que se burila o espírito de cidadania e a identidade cultural.

No Brasil, a proporção de graduados do médio indo para o superior de quatro anos está acima de 50%, emparelhada com pouquíssimos outros países. Isso porque o nosso médio sempre foi muito pequeno, em grande parte, por receber alunos de um fundamental em que apenas um pouco mais da metade da coorte consegue se formar – marca atingida muito recentemente. E também porque as alternativas mais curtas – técnico e tecnólogo – têm matrícula diminuta.

Portanto, o dilema mais grave do médio é entre preparar a metade que vai para o trabalho ou preparar a outra metade que vai para o superior. São tarefas bem díspares. Quando nada, competem seriamente pelo tempo do aluno. Mas são ainda maiores as distâncias entre os valores e atitudes que são funcionais em cada uma dessas opções.

Preparar para o trabalho pode levar a duas vertentes totalmente distintas. A mais óbvia é a formação profissional. Isso requer mergulhar de corpo e alma em outro mundo, distante do mundo da escola. Não apenas diferente, mas com práticas e valores incompatíveis. Pelo menos em tese, o objetivo seria ensinar a fazer alguma coisa, preparando para tarefas bem definidas do mundo real. É o império da prática, do conhecimento voltado para a aplicação concreta. Para que funcione bem, a preparação requer proximidade com as empresas e negócios. Se for "de fingidinho", não é crível, não mobiliza o aluno.

E há também a enorme vertente dos que vão diretamente para o mercado de trabalho, apenas com o que aprenderam no médio. No Brasil, é quase a metade dos que se formam. O que ensinar a eles? Em tese, é correto dizer que devemos ensinar coisas práticas. Porém, isso não é bem diferente de ensinar uma profissão. De fato, um século de história mostrou que ensinar uma profissão requer a criação de um ambiente total, onde as atividades profissionais e os valores possam vicejar.

Para entender o que significa a escola ensinar "coisas práticas", é preciso voltar atrás no raciocínio. Aceitemos que o papel da escola seja ensinar boas teorias. Mas, para que funcione, é preciso que o aprendizado não seja apenas no quadro-negro, no caderno, mas seja profundo e que, de fato, o aluno domine com intimidade o que está sendo aprendido. Assim concebido, nada mais útil do que aprender teorias.

Como já dissemos, falando de David Perkins,[1] só aprendemos quando aplicamos. Portanto, para aprender a teoria, precisamos da prática, da sua aplicação ao mundo real.

O dilema do nosso médio é que, para entrar no superior, o aluno é bombardeado com tal pletora de conhecimentos e informações que não há tempo para aprender nada com a profundidade necessária. Ou seja, o ensino acadêmico para o mundo do vestibular é diferente do ensino, também acadêmico, para o mundo real. É preciso notar que o enciclopedismo do vestibular é uma distorção tupiniquim, não uma necessidade intrínseca. Isso fica bem demonstrado pelo que se ensina e aprende no ensino médio de países de excelente educação.

Vale ilustrar com um exemplo real. A filha de um amigo fez o último ano do médio na Nova Zelândia, um dos países de melhor desempenho no Pisa. Como já tinha uma boa base, por haver estudado em uma excelente escola de Washington, saiu-se bastante bem no seu curso. Voltando para Brasília, descobriu que estava totalmente despreparada para passar no vestibular da Universidade de Brasília (UnB). Que vestibular é esse, inatingível para um aluno bom de um dos países que tem a melhor educação do mundo?

Some-se a essa inundação curricular as diferenças de aptidão de cada aluno para as disciplinas mais acadêmicas e abstratas. A biografia de alguns grandes expoentes das ciências naturais mostra a sua inaptência para as humanidades. Igualmente, muitos artistas, autores e humanistas famosos teriam tido suas carreiras interrompidas se lhes fossem exigidos conhecimentos nas matemáticas e físicas. Será que só no Brasil os alunos precisam ser bons de matemática e literatura?

Continuando, examinemos mais detidamente o papel do médio de preparar para o ensino superior. É seu papel clássico, voltado para a sequência natural da escadaria acadêmica. Mas não podemos ignorar que é o mundo da escola olhando para o seu próprio umbigo. No médio, é o conhecimento sem meta clara de utilização. Na melhor das hipóteses, tal trajeto é impulsionado pela beleza das ideias. Mas a melhor das hipóteses é frágil diante da pressão para aprender o que quer que seja pedido nos exames para ingresso no superior. Sem falsos pudores, a maioria das escolas voltadas para admissão nas universidades de prestígio só mira o seu ensino no que se exige lá. Isso é verdade nos Jardins Paulistas, na Rive Gauche, nas *public schools* inglesas (que

---
[1] PERKINS, D. *Smart schools*. New York: Free Press, 1995.

não são públicas!), em Tóquio ou Seul. E não podem deixar de fazê-lo, pois perderiam sua clientela se os alunos não passassem.

Portanto, ao médio pede-se que forme cidadãos cultos e conscientes, pede-se que prepare os graduados para exercer ofícios e para trabalhar sem qualquer formação adicional. E, finalmente, pede-se que prepare para o ingresso no ensino superior. A existência inelutável desses quatro objetivos conflitantes é universal. Não há país sério onde esse não seja o principal conflito do médio. O que mudam são as fórmulas encontradas para conviver com essas divergências insolúveis de objetivos. Cada país tem a sua, refletindo a sua história e cultura. E, na maioria dos casos, mesmo dentro do próprio país, a fórmula jamais agrada a todos.

Ainda assim, não há ensino isolado, com soluções próprias e descoladas da história da educação em outras terras. Os Estados Unidos, por séculos, pediram emprestadas soluções de diferentes países da Europa. A universidade europeia, no último meio século, tem buscado soluções americanas. Temos de aprender com os erros e acertos dos outros. Nem copiar cegamente nem ter a ilusão de que podemos criar soluções que ignoram as lições da história.

O Brasil, a pátria do modelo único

Diante desses dois modelos (com todas as suas variantes), o Brasil optou por um terceiro. Temos um sistema único. Nem as opções entre escolas nem as opções dentro da escola. Tal opção é inédita no mundo.

Na teoria, todos frequentam a mesma escola e, dentro delas, não há diferenciação. As disciplinas cursadas são as mesmas. Pela regra, não pode haver classes "adiantadas" ou "atrasadas" (embora algumas escolas o façam, disfarçadamente). Quase não há disciplinas opcionais. Todos estudam sob o mesmo currículo oficial do MEC. Ao final, todos recebem um diploma obrigatoriamente aceito como pré-condição para o acesso a qualquer curso superior. Na teoria, é o sistema mais democrático de todos, pois não separa pobre de ricos. Traz enorme conforto ideológico, pois a todos é oferecido o mesmo modelo de escola.

Mas e na prática? Quem sabe será o mais injusto? Dá para desconfiar, quando a solução tupiniquim é diferente de todas as outras.

Por que as nossas soluções são equivocadas

No presente ensaio, dedicaremos pouco espaço para os problemas convencionais de operação de uma escola, tais como professores despreparados, falta de disciplina e de vontade de impô-la, administração amadorística das escolas públicas e privadas, pobreza generalizada e falta de *accountability* nas escolas públicas. Isso tudo existe e é grave. Mas já é bem conhecido. Aliás, muito do que foi dito nos capítulos anteriores se aplica igualmente à escola fundamental e à média. A ênfase aqui será na discussão dos modelos e opções. A hipótese subjacente é que a melhor escola será impotente para lutar contra um modelo equivocado.

Os problemas com o nosso ensino médio começam com a invencível heterogeneidade e fraqueza do ensino fundamental. Chegam ao médio alunos de excelente nível e outros meramente alfabetizados. E como a matrícula no médio triplicou nos últimos 10 anos, é inevitável que ele reproduza boa parte da heterogeneidade do fundamental. De fato, o Saeb permite registrar que os ganhos de conhecimento ao longo do médio são muito pequenos, quando comparados ao que se aprende entre o 5º e o 9º anos.

Como bem sabemos, as piores deficiências estão no ensino de língua portuguesa, das matemáticas e das ciências naturais. Os alunos chegam com péssima base e há um déficit crônico de professores capazes de ensinar corretamente tais disciplinas. Só esse problema já seria mais do que suficiente para dar pesadelos em quem se preocupe com a qualidade da educação no médio.

Como só há um modelo de escola, todos devem seguir o mesmo currículo. Na prática, acontece outra coisa. Temos parâmetros curriculares muito flexíveis e amplos. Sendo amplos demais, não são bons guias para a maioria das escolas. As públicas ficam perdidas, diante das ideias pouco explícitas dos Parâmetros Curriculares Nacionais (PCNs). E seriam as mais necessitadas de uma boa orientação sobre o que ensinar. Na prática, ninguém sabe o que deve ser ensinado e as autoridades não sabem o que foi ensinado – ao contrário da Inglaterra onde o assunto de cada aula é determinado centralmente. A esse respeito, é interessante notar que Minas Gerais e São Paulo, por sua conta, estão formulando currículos e níveis de aprendizado mais específicos para cada ano e disciplina.

As escolas privadas poderiam melhor decifrar os parâmetros. Mas nelas reina supremo o verdadeiro currículo: o vestibular da universidade pública mais próxima. Isso vale até mesmo naquelas onde pouquíssimos alunos poderiam almejar aprovação em uma carreira competitiva. Na prática, a vasta maioria irá para carreiras cujo ingresso é mais fácil – ou mesmo trivial, embora as escolas se esforcem para cumprir currículos enciclopédicos.

Por tudo que sabemos de teoria cognitiva, o preço de ensinar demais é os alunos aprenderem de menos. Não deve ser por outra razão que todos os países educacionalmente bem-sucedidos têm graus de exigência distintos para os diferentes perfis de alunos cursando o médio – ou cursando níveis equivalentes de escolaridade, isto é, cursos profissionais ou acadêmicos com menores exigências. Pagamos caro pelo ineditismo da nossa decisão de criar um modelo de escola única.

Os vestibulares das federais (e das estaduais paulistas e paranaenses) são preparados de tal forma a reduzir a margem de erro na escolha dos melhores. Até aí tudo bem. O problema é que também devem reduzir o erro na hora de escolher, entre o 1% de maior desempenho, aqueles poucos que irão ingressar em medicina. Por isso, são exames difíceis e detalhados. Entram em minudências e cobrem uma enormidade de temas. Obviamente, não é o conhecimento das respostas a tais perguntas que determina o sucesso ou fracasso da vasta maioria dos alunos aprovados no vestibular e que vão para cursos menos competitivos. A seleção se dá pelo seu domínio de conhecimentos muito mais fáceis. Já que os vestibulares são apenas classificatórios, passa na maioria das carreiras quem sabe responder mais perguntas simples.

Infelizmente, a presença de perguntas difíceis não é sem danos para o aluno médio. A extensão descomunal do que se pede nos vestibulares migra para o que acontece nas salas de aula do médio e dos cursinhos. As escolas privadas incorrem na ira dos pais se estes souberem que não está ensinando tudo que pode cair no vestibular. Na prática, o inchaço curricular impede que haja qualquer profundidade no tratamento do que é ensinado. Portanto, o aprendizado é superficial e de pouca consequência. Não há tempo para aplicar o que foi aprendido, portanto, não chega mesmo a ser aprendido. É o ensino escravizado ao vestibular, a pletora de perguntas lidando com filigranas de teorias periféricas. A consequência é a superficialidade do aprendizado das noções mais centrais das ciências e das humanidades.

Como dito, nas privadas, prevalece o excesso de ambição do vestibular. E nas escolas públicas, em teoria, todos têm o mesmo currículo, como se fosse possível que todos aprendessem o mesmo. Como isso é impossível, aprende-se muito pouco, pois se perde o foco no aluno concreto e real.

E agora, como escapar dos enganos do passado?

Nosso médio herda todos os problemas de qualidade do fundamental e soma a eles um outro problema, derivado do fato de ser modelo inédito no mundo. Tanto quanto pude verificar, o Brasil tem um sistema diferente de todos os outros. Não há caminhos alternativos, nem entre escolas com perfis diferentes (modelo europeu) nem a possibilidade de trilhar trajetórias divergentes dentro da mesma escola (modelo americano). Não sabemos avaliar o prejuízo resultante de tentar ensinar um mesmo currículo para alunos com aptidões e preparo muito diferentes.

Oferecemos uma escola única que não consegue oferecer aos alunos academicamente menos aptos uma educação sólida e no nível em que possam beneficiar-se dela. Soterramos com um entulho curricular os que frequentam escolas em que a maioria só está interessada em passar no vestibular.

Há amplo campo de discussão sobre as múltiplas saídas para o nosso ensino médio. Mas não estou convencido de que tal debate tenha hoje maiores consequências. Isso porque a sociedade brasileira e, em particular, a comunidade dos pais e educadores não digeriram o tamanho do problema o bastante para discutir seriamente as opções. Portanto, nesse momento, o prioritário é entender a natureza e a gravidade da questão. Sem isso, não há como passar para as soluções cabíveis.

Não obstante, algumas grandes linhas podem ser sugeridas, justamente por lidarem com erros flagrantes, cuja correção seria necessária, qualquer que seja a direção das reformas a serem empreendidas no futuro.

1. *É imperativo repensar maneiras de escapar do currículo único.* Não caberia aqui fazer propostas concretas, mas é difícil imaginar qualquer modelo pior do que o presente. O currículo simplificado do EJA atrai alguns educadores que se perguntam por que não adotá-lo como o mínimo para todas as escolas médias, deixando que algumas adotem um cardápio mais ambicioso, se o nível dos seus alunos permitir.

2. *Os currículos e ementas precisam ser claramente detalhados e explicitados.* As escolas necessitam saber com clareza o mínimo que os alunos precisam aprender em cada disciplina e em cada ano. Sem isso, como cobrar delas algum resultado? Não é possível cobrar o domínio dos PCNs, pois são abertos e vagos.

3. *É irrealista propor conteúdos que a maioria dos alunos, realisticamente, não tem condições de aprender.* O que os educadores gostariam que os alunos aprendessem não é um princípio para construir currículos, em lugar algum do mundo. Não basta desejar ou sonhar que os alunos pudessem aprender isso ou aquilo. Se a realidade objetiva mostrou que não conseguem aprender, que razões haveria para insistir nos sonhos? Sem realismo nas expectativas, não pode haver cobrança. Quando a escola for melhor, somente então metas mais ambiciosas podem ser fixadas.

4. *O papel do setor público na preparação de professores e na sua seleção para o magistério tem de ser reformulado,* dado o fato singular de que isso afeta tudo mais. O caso mais grave é a evasão nas licenciaturas das universidades públicas em ciências naturais e matemáticas. Algo está profundamente errado se chegam a 95% em algumas universidades públicas! Como resultado da ínfima graduação nas públicas, os futuros professores frequentam cursos privados. Como são alunos muito pobres, as mensalidades que podem arcar são modestas. Assim sendo, recebem educação de segunda. Daí a fraca qualidade dos mestres que estão nas salas de aula, oriundos predominantemente de cursos fracos. Cabe ao Estado criar incentivos financeiros. Por exemplo, premiar com bolsas ou isenção de mensalidades os alunos que se matriculem nos cursos de licenciatura com notas mais elevadas no Enade. Na mesma linha, conceder auxílios financeiros para os alunos com maiores notas no Enem e que queiram tornar-se professores.

5. *O acesso ao magistério deveria ser facilitado, para detentores de diplomas em áreas próximas às carreiras consideradas.* Como mostram pesquisas do Instituto Nacional de Estudos e Pesquisas Adicionais Anísio Teixeira (Inep), alunos cujos professores são engenheiros aprendem mais física e ma-

temática do que alunos de professores formados nessas matérias. O mesmo com advogados ensinando língua portuguesa. Se isso é verdade, é absurdo que devam gastar 500 horas em cursos de reciclagem docente, para que sejam autorizados legalmente a ensinar. Um curso de 50 horas seria uma exigência muito mais realista, além da possibilidade de realizá-lo depois de já estar dando aula. Perguntamos: qual o risco ou prejuízo de contratar tais docentes nas escolas públicas (as melhores particulares já o fazem), se seus alunos já aprendem mais sem nenhuma reciclagem? As dificuldades impostas não passam das barreiras criadas pelo corporativismo dos professores diplomados. Mas as escolas se justificam pelos alunos e não pela oportunidade de proteger mercados de professores dessa ou daquela disciplina.

6. *Os vestibulares das universidades públicas devem ser modificados*. A alternativa em processo de implementação é usar como prova vestibular uma variante do Enem (embora, em uma segunda fase, certos cursos pudessem adotar critérios adicionais). Com isso, seriam privilegiadas as perguntas em que o domínio de minudências curriculares não seja necessário. Devem prevalecer nesses testes a capacidade de análise e síntese bem como o domínio de competências gerais de uso da língua e princípios de ciência. Mas, para que possa ser um exame que não introduza novas distorções no médio, precisa ser reforçado nos conteúdos curriculares. Há um equilíbrio delicado. Não pode ficar tão distante do currículo, como o atual Enem. Mas não pode pecar pelo excesso de conteúdos, como o vestibular. Outro escolho é o desafio legal para a adoção de provas como Enem, dada a autonomia das universidades públicas – cujos exames vestibulares são muito lucrativos. Os destemperos administrativos na primeira aplicação do novo Enem trazem ameaças para uma iniciativa muito boa. Não há como prever o futuro.

7. *Progressivamente, deveria ser instituído um exame de conclusão do médio*. Essa é uma fórmula universal na Europa e crescentemente abraçada nos Estados Unidos. Não há problemas de natureza técnica para a preparação e implementação de tal exame, considerando a experiência brasileira nessa área. O Enem ou alguma variante dele é uma possibilidade. Embora tenha sido concebido originalmente com essa intenção, não é considerado por alguns técnicos da área como ideal, por não se referir explicitamente aos conteúdos do médio. O Saeb ou a Prova Brasil seriam provas mais apropriadas do ponto de vista de sua filosofia, que leva a questões mais próximas dos currículos oficiais. Seu maior problema, no caso, é não serem provas individuais, mas sim formuladas para capturar o nível de aprendizado de um grupo de alunos. Contudo, já foram criadas e aplicadas versões individuais, aparentemente, sem problemas. A questão politicamente delicada é a fixação de um mínimo, abaixo do qual o aluno não recebe o diploma. Internacionalmente, esse não é um problema novo. Mas nem por isso deixa de ser delicado, como ilustram as peripécias para criar tal exame em estados americanos.

Uma situação paradoxal é o EJA, pois boa parte dos seus graduados deve fazer uma prova centralizada, para fazer jus ao diploma. Não deixa de ser irônico que somente em uma modalidade de ensino desprestigiada se use o exame que deveria existir no ensino regular. Mas não é de todo de se estranhar, pois é mais fácil fazer reformas em um ensino onde a capacidade de protesto e de mobilização política é menor.

8. *O MEC deveria seriamente repensar suas políticas para o ensino técnico.* Deveria decidir que papel terá na expansão da rede de escolas técnicas e tecnológicas. No quadro presente, os seus cursos prometem voltar a ser inócuos, por preparar pessoas que não irão exercer a profissão aprendida. E os cenários de expansão da rede técnica federal são muito limitados, pelo excessivo custo-aluno das suas escolas. Repetir-se-á o que aconteceu com o superior. O futuro da expansão, mais uma vez, acabará ficando nas mãos do setor privado. Diante desse cenário, há uma enorme escassez de professores preparados para tais assuntos e não se pode imaginar que o setor privado seja capaz de treinar seus próprios mestres. Não deixa de ser paradoxal que a Capes acumule meio século preparando professores para o ensino superior e nada exista para os professores do ensino técnico ou tecnológico. Tampouco existem livros, manuais técnicos ou estudos de mercado que ajudem na preparação dos programas dos cursos.

As medidas sugeridas acima são emergenciais e genéricas. Podem ser propostas, quaisquer que sejam os modelos pensados para o futuro. Não afetam a filosofia ou ideologia do médio, onde estão os grandes impasses. É apenas por essas razões que foram explicitadas acima.

Contudo, mais cedo ou mais tarde, é preciso ter coragem para resolver o impasse de um sistema único. Na teoria, oferece a mesma escola para todos. Na prática, não oferece a ninguém um ensino que preste. Ademais, discrimina contra os mais pobres. Só o Brasil tem tal sistema. Só o Brasil paga o preço dessa utopia impossível.

Para discutir

1. Pense no seu tempo de estudante do ensino médio. Os comentários acima correspondem às suas percepções do que foi essa experiência para você? Ainda pensando na sua experiência, como você modificaria o ensino médio?
2. Diante da matéria ensinada pela escola, você se achava capaz de aprender tudo? Ou pelo menos boa parte?
3. O que você acha de um exame pelo qual todos deveriam passar para obter o diploma de médio, como é na Europa? Que consequências traria para o nosso ensino?

5
Vestibular: traumatismos e enganos

Por definir o futuro de boa parte da juventude, o vestibular é traumático, sendo visto como culpado de crimes abjetos. Em torno dele se criam mitos e fantasias. Os ensaios adiante tentam ver por meio do opaco véu de preconceitos e mal-entendidos.

As crendices no vestibular

Perpetuam-se equívocos no vestibular. Ano após ano, repetem-se as mesmas tolices. Uns querem acabar com ele, outros acreditam na sorte. É acusado de permitir a analfabetos entrar nos cursos superiores. De tudo que se diz, só uma afirmativa é verdadeira: o vestibular introduz distorções no ensino médio.

Abaixo está uma coleção de afirmativas sobre os vestibulares e seus pecados. Quase todas não passam de rematadas tolices. O vestibular é um dos maiores focos de crendices e antipatias, por ser um ícone da meritocracia, tão avessa aos gostos tupiniquins. Vejamos outras.

"Vou acabar com o vestibular!"

Quantos ministros da Educação prometeram isso ao tomar posse? Tolice. Pode mudar de nome, mas, se há mais candidatos do que vagas, é preciso uma prova para garantir que os melhores sejam escolhidos. No caso dos cursos concorridos, quanto menos candidatos entram, mais cobiçadas ficam as vagas.

Em contraste, já há muitos cursos superiores com menos candidatos do que vagas. Aliás, nada errado com isso. Só que neles o vestibular é mera liturgia (exceto por permitir às faculdades conhecer melhor seus alunos).

"Coitadinho, tem de estudar tanto!"

Em todos os países sérios, o ingresso nas melhores universidades é brutalmente competitivo, bem mais do que no Brasil. Pesquisas no último ano do ensino médio, em escolas privadas, mostraram pouco mais de uma hora de estudo diário depois da aula. Isso considerando que a jornada escolar já é muito mais curta do que alhures.

"O vestibular é uma loteria!"

Podem-se acertar algumas questões por acaso. Aliás, é inevitável que se acertem. Aliás, o acerto por sorte é igual para todos. Mas, sem saber, não se acertam muitas. Portanto, passa quem sabe mais respostas certas. Só passa por sorte quem está concorrendo com outros candidatos que tampouco sabem as respostas certas, e isso só acontece nos cursos menos cobiçados. Apenas nesses casos vale a tese de que passa o ignorante sortudo.

"É absurdo decidir tudo em uma só prova!"

Pesquisas mostram que as notas refletem o que sabe o aluno. Elas quase não variam em virtude da inspiração do momento ou da mosca que distraiu sua atenção. Além disso, as provas predizem bem o desempenho na faculdade. Nosso sistema não é diferente dos exames de fim de secundário na Europa. Lá, provas parecidas aos nossos vestibulares determinam quem entra em qual universidade (e, o que é mais cruel, quem nem sequer terá diploma de secundário).

"É pura decoreba!"

Já foi verdade. Hoje, nas melhores universidades, o exame mede muito mais raciocínio do que memória. Aliás, uma pesquisa na USP mostrou que, se fosse trocado o vestibular pelo Enem, os aprovados seriam praticamente os mesmos.

"Cursinho é para adestrar, para aprender onde pôr as cruzinhas!"

Verdade, se o vestibular for de decoreba. Se for um vestibular inteligente, o que hoje predomina nas boas universidades, o cursinho terá de educar de verdade, pois sem aprender não se passará na prova.

"Não se pode testar conhecimentos marcando cruzinhas."

Sabe-se com total segurança que isso não é verdade. Provas de múltipla escolha benfeitas exigem raciocínios complexos e sofisticados para decidir onde pôr a cruzinha. E, na sorte, o aluno só compete com outros igualmente ignorantes. (Contudo, é péssima ideia usar provas de múltipla escolha durante o curso.)

"A prova deste ano foi muito difícil!"

Verdade ou mentira? É irrelevante. A prova é a mesma para todos. A dificuldade está no que sabem os outros candidatos. Se sabem muito, é mais difícil passar. É como em um jogo de futebol, a dificuldade não está nas regras ou na marca da bola, mas na competência do adversário.

"Se se trocar o vestibular pelo Enem, serão aprovados analfabetos!"

Qualquer que seja a prova, se há mais vagas do que candidatos no curso escolhido – mesmo nas melhores universidades –, o sistema classificatório aprova qualquer analfabeto (e eliminar tal sistema seria mexer em vespeiro). No presente, há muitos cursos de federal em que todos passam. Não é o Enem que vai mudar essa regra.

*"Os vestibulares das universidades públicas
criam distorções no ensino médio."*

Entre todas, essa é a única afirmativa verdadeira. O vestibular das universidades públicas funciona bem para selecionar os melhores, mas virou o real currículo para as escolas da cidade – o que está errado. Pior, em vez de focalizar o raciocínio e os pontos importantes da educação, como faz o Enem, leva à dispersão de esforços, fazendo os alunos se perderem em listas enciclopédicas de conhecimentos e detalhes. Isso é menos grave nas melhores escolas, em que os alunos já têm base mais sólida. Mas é uma distorção grotesca no caso de alunos que nem sequer pretendem entrar no superior. Recebem uma carga de conteúdos muito maior do que dão conta de aprender. E, bem sabemos, quando se ensina demais, aprende-se de menos.

> **Para discutir**
>
> 1. Discuta as vantagens e desvantagens da adoção do Enem como vestibular.
> 2. Você acha que deveria haver outro sistema para selecionar os alunos que vão para o ensino superior? Justifique sua resposta, qualquer que seja.
> 3. Discuta as vantagens e desvantagens de uma prova de saída do médio, requerendo uma nota mínima para obter o diploma (tal como na Europa).

E se os reitores fizessem seus vestibulares?

O vestibular das escolas públicas é um dos grandes culpados pela fragilidade de nosso ensino médio, pois a sobrecarga curricular é imposta a todos. As escolas médias de elite são prejudicadas, mas não tanto quanto as outras. As perguntas são tão difíceis que um bom reitor seria provavelmente reprovado nas provas. Esse excesso de matérias distorce o ensino médio, afetando até mesmo aquelas escolas cuja maioria de alunos não quer ir para o superior.

Imaginemos que na Constituição brasileira houvesse um artigo obrigando os reitores das universidades públicas a fazer o seu vestibular, antes que ele fosse aplicado aos candidatos às vagas em suas instituições. E também que suas notas fossem publicadas nos jornais. Será que os reitores receberiam notas boas?

E se as notas fossem ruins, como possivelmente seria o caso? Alguns explicariam que, depois de tanto tempo, não poderiam lembrar-se do que lhes foi lecionado no ensino médio. Porém, vejamos: para que serve ensinar o que até eminentes acadêmicos esquecerão? Os reitores tiveram desempenho acadêmico destacado, são pessoas educadas e capazes de usar sua educação. De outra forma, não chegariam ao cargo de reitor. Mas, se tiverem esquecido as matérias que pedem seus vestibulares, isso significa que em sua carreira não precisaram desses conhecimentos. Se é assim, por que as universidades não requerem no vestibular justamente os conhecimentos que os reitores usaram para chegar à posição de magnífico? Em vez disso, os vestibulares pedem o que os reitores já se esqueceram.

A hipótese fantasiosa dos parágrafos anteriores é apenas o prefácio para uma discussão séria. A matrícula nas grandes instituições federais é o sonho de centenas de milhares de brasileiros que lá veem um ensino gratuito que acreditam ser melhor do que alhures. Logo, o melhor ensino médio, quase sempre privado, tem como missão fatal preparar os alunos para esses vestibulares. Infelizmente, no restante do ensino se dá a pura mímica do que fazem as escolas de elite. Portanto, ao arrepio dos novos parâmetros curriculares o que define a sala de aula do ensino médio é o vestibular da universidade pública mais próxima.

A tendência das instituições públicas é lotear o vestibular para os professores das disciplinas correspondentes. Estes decidem o que entra, baseados no que gostariam que chegassem sabendo os alunos que irão para seus departamentos. Quando juntamos tudo, temos um banquete de assuntos e perguntas que, de tão lauto e pesado, vai dar indigestão nos candidatos. Talvez a necessidade da seleção de uns poucos que irão para os cursos mais competitivos requeira tantos fatos e minudências para triar os melhores entre outros muito bons.

Mas pensemos nas consequências menos auspiciosas do entulho curricular. Os candidatos de áreas menos competitivas, os candidatos reprovados e os alunos que nem sequer prestam vestibular serão vítimas do empenho dos fabricantes de vestibular em incluir um volume exagerado de informações, cuja intenção seria afinar mais a capacidade de discriminação da prova no topo da distribuição de candidatos. Ou seja, cria-se uma horrenda distorção no ensino médio para refinar a seleção de um grupelho de candidatos de elite – que vão para medicina ou engenharia.

Os alunos do ensino médio não são capazes de dominar tudo o que se pede e nem mesmo de decorar tudo o que está no currículo. Simplesmente é um vestibular para gênios. Mas, no esforço patético de preparar estudantes cobrindo todo o território curricular, deita-se água no feijão. A educação fica rala, perde profundidade. Ensina-se demais; por isso, aprende-se de menos. Curto e grosso, o vestibular das escolas públicas é um dos grandes culpados pela fragilidade de nosso ensino médio, pois a sobrecarga curricular é imposta às escolas de elite. Infelizmente, as outras a copiam.

A solução é simples. Como dito anteriormente, o Enem responde a boa parte das nossas reivindicações, pois é um instrumento que focaliza os temas centrais do currículo, exigindo raciocínio, e não decoreba. Porém, o Enem poderia tirar o leite das criancinhas dos fazedores de vestibular.

Com todas as reformas que estão no ar, quem sabe, seria uma boa ideia obrigar os reitores a prestar vestibular e, no dia seguinte, publicássemos no jornal suas notas? Provavelmente, os magníficos cuidariam de fazer incluir no vestibular apenas aqueles conhecimentos que, ao longo do tempo, serviram a sua carreira (p. ex., ler, escrever, pensar, etc.). Em contraste, gostariam de ver subtraído tudo aquilo que esqueceram com o passar dos anos, por total falta de serventia (p. ex., nomes de plantas, enzimas, datas históricas, etc.).

> **Para discutir**
>
> 1. Quais são as principais diferenças entre os vestibulares das federais e o Enem?
> 2. Quais são as principais diferenças entre os vestibulares das melhores universidades públicas e os de faculdades e universidades menos distinguidas?

(O)caso dos cursinhos

Os cursinhos pré-vestibulares definharam. Mas, como a fênix que renasce das cinzas, seus proprietários encontraram outros nichos de mercado. Como são exímios empresários, diante do mercado que se estreita, migram para setores promissores no ensino básico, inventam os chamados "sistemas de ensino" e avançam céleres na educação superior.

Nos idos de 1950, ensino superior era a universidade pública mais próxima – além de uma PUC ou outra. Competiam todos os alunos pelas poucas vagas. Na guerra pela aprovação, apareceram os cursinhos pré-vestibulares. Seus trunfos eram professores extraordinários demonstrando seu virtuosismo no quadro-negro e preparando apostilas para seus alunos. Fui aluno de um e lá aprendi mais do que em todo o curso médio. O vestibular unificado e as provas de múltipla escolha dos anos de 1960 permitiram a expansão dos cursinhos mais bem-sucedidos, pois, com uma prova única, o mesmo programa servia para todos, o mesmo se dando com as apostilas. Alguns viraram grandes sistemas, preparando milhares de alunos para passar nos cursos mais difíceis.

Mas os tempos mudaram. As melhores escolas adotaram o método dos cursinhos, nas séries finais do ensino médio. Ainda mais devastadores para eles, os vestibulares competitivos passaram a ser uma proporção cada vez menor das vagas oferecidas. Com tamanha expansão do ensino privado superior, passou a entrar quem quer (e pode pagar). De fato, há mais vagas do que alunos se formando no ensino médio. Quase meio milhão delas permanece sem preenchimento.

Será o ocaso dos cursinhos? Parece irreversível sua perda de espaço e de prestígio. Vários fecharam. Sobraram muitos, mas esses tendem a ter menor distinção – alguns são voltados para alunos mais pobres. Contudo, se definharam, e seus melhores empresários migraram para o ensino regular, no qual tiveram enorme êxito, criando muitas escolas sob suas bandeiras. Mais adiante, criaram as redes (objeto do ensaio intitulado "Satanás apostilado", apresentado no Capítulo 3).

Mais adiante, expandiu-se o ensino público médio e a clientela do ensino privado perdeu poder de compra. Inevitavelmente, o mercado para as escolas privadas encolheu. Buscando novos mercados, esses empresários migraram para o ensino superior. Lá encontraram terreno fértil para sua expansão acelerada. Nos dias que correm, entre as cinco maiores instituições educacionais privadas, quatro começaram como cursinhos. Na origem delas, estão cursinhos para engenharia, direito e medicina.

O cursinho opera em um mercado aberto. Não há reservas de mercado nem proteções legais. Os mais bem colocados em vestibulares de engenharia e medicina costumavam ser logo selecionados para virar professores dos cursinhos em que estudavam (não se exigem diplomas, só talento). A mensalidade precisava ser competitiva. Os *super-teachers* eram disputados entre os cursinhos e os materiais eram avaliados pelos alunos. A transparência de resultados é total: no dia seguinte, os jornais mostram quem passou onde.

É o caldo de cultura do empreendedorismo: oportunidades e liberdade. Quem sabe Darwin diga algo interessante sobre uma trajetória tão meteórica? Gato que cai do muro deixa espaço para outros mais equilibristas. Samurai de reflexos lentos é decapitado pela *katana* de seu adversário. Os gatos e os samurais sobreviventes são mais aptos. A sobrevivência dos cursinhos mais aptos foi um processo de seleção natural, competindo no mercado mais difícil de quantos há em educação.

Só para sobreviverem já era preciso competência superior. E, para se expandirem, tinham de ser melhores do que os melhores, com foco cirúrgico em resultados. Era necessária grande competência gerencial para operarem em um mercado tão brutalmente competitivo. Poucos conseguiram. Venceram os de DNA mais apropriado para as circunstâncias. Ao migrarem para a educação acadêmica, encontraram uma concorrência muito menos acirrada. Isso foi verdade tanto no ensino básico como no superior, para onde se moveram mais adiante. Ou seja, ao entrarem no ensino acadêmico, os DNAs sobreviventes já haviam sido postos à prova em condições mais árduas. Assim sendo, onde puseram o pé, tiveram sucesso, seja competindo com ensino mais barato, seja com mais qualidade. Houve até migração para parques gráficos e produção de computadores. Não é comum em outros países a migração do ensino informal para o formal. Como a jabuticaba, o DNA dos cursinhos sobreviventes parece ser algo idiossincrático do Brasil.

Para discutir

1. Identifique os maiores grupos educacionais do país. Qual a sua origem? Quantos começaram como cursinhos?
2. O que se pode dizer sobre os cursinhos pré-vestibulares da sua cidade? Crescem? Desaparecem? São diferentes dos que havia há 20 anos? Como são as aulas? Comente a evolução observada.

6
Os desencontros no ensino superior

Por muitas razões, o ensino superior é um grande campo de batalhas verbais. Mas não segue daí que haja muitas luzes e discernimento nas trocas de ideias – ou de impropérios. Uns querem salvar a universidade, outros mercadejar suas ideologias. Há de tudo, exceto discussões serenas sobre o que realmente acontece. Os ensaios abaixo exploram a variedade dos temas que polarizam as discussões, e mais outros que jazem esquecidos, mas não carecem de importância.

AS ENCRENCAS E A POLITICAGEM

Quem deve mandar na universidade, reitores ou funcionários? Educação é mercadoria? O governo deve impedir a abertura de novas faculdades? Precisamos internacionalizar ou devemos temer a ingerência estrangeira no nosso ensino superior? Eis uma coleção de temas espinhosos, em cuja discussão os contendores se engalfinham.

Para salvar a universidade

Desde a Idade Média, a universidade é a pátria da meritocracia. Não obstante, convivemos com uma avalanche de imposições sindicais que paralisam a sua competência científica. Trata-se de uma suposta "democratização" do ensino superior, mas que leva à derrocada da qualidade do ensino. Tal movimento vai simplesmente no sentido oposto ao objetivo procurado. É o mesmo que rimar democracia com mediocridade. O ensaio abaixo defende tal posição, mas traz uma surpresa no seu final.

Tenho a fraqueza de crer que, em matéria de pesquisa, a competência deve sobrelevar a política e o sindicalismo. E a competência se mede pela experiência e pela qualidade dos trabalhos, não pela militância sindical, por importante que seja o papel dos sindicatos na defesa dos funcionários. O conselho científico, um organismo fundamental para a vida e para o futuro da universidade, acabará composto não em função de critérios de competência, mas de critérios sindicais. A tendência atual consiste em introduzir muito mais política do que ciência nas universidades. Serão multiplicados os riscos de paralisia nas universidades, cujos conselhos serão permanentemente agitados pela política. O reitor da universidade se arrisca a ser, simplesmente, transformado em refém, por uns ou outros.

Em virtude da desproporção numérica entre o corpo de professores mais qualificados e o dos assistentes, a independência dos professores seria ameaçada. O livre exercício das responsabilidades desses professores seria alterado pela existência de um colégio eleitoral único.

Os professores assistentes são os mais numerosos. O voto deles será, portanto, determinante. Trata-se, por outro lado, dos segmentos de docentes mais sindicalizados. Ora, o escrutínio proporcional favorece os grupos estruturados em relação aos indivíduos. Elegeremos baseados não em critérios de competência, mas em critérios sindicais. Isso não é admissível quando está em jogo a pesquisa.

As instituições públicas funcionaram até agora com diretores nomeados, e, portanto, independentes das pressões sindicais e corporativistas. Serão, daqui em diante, eleitos, o que não aumentará a sua eficiência, mas correm um grande risco de diminuir a sua credibilidade. Para escolas que vivem em relação estreita com a indústria, qual será a situação em relação aos representantes do mundo da produção, de diretores "mal eleitos" ou escolhidos por razões sindicais fora dos critérios de competência e de qualidade?

O piloto do avião não é eleito pelo pessoal de bordo e pelos passageiros. Não se elegem os diretores das grandes empresas. Eis o que, objetar-se-ia, reduziria singularmente, ao mesmo tempo, a democracia e a autonomia das universidades – o que contradiz os propósitos aqui sustentados. Responderei que a democracia não deve ser sinônimo de mediocridade.

Uma universidade democrática é amplamente aberta às massas, proporcionando ao mesmo tempo cultura geral e formação profissional, e é aberta ao mundo exterior, praticando em todos os níveis uma seleção-orientação e cultivando a diversidade. Estas são as linhas básicas de um projeto de universidade moderna válido para todos os países.

O Ministério da Educação contraeducou o país, introduzindo constantemente a confusão entre seleção e barreira para o ingresso na universidade. Toda democracia produz inevitavelmente, com o objetivo de reduzir as desigualdades sociais, uma linguagem igualitária. No conjunto, isso é sadio e essencial para o progresso da democracia. Mas acaba se exacerbando. Corre-se então o risco de engendrar um nivelamento por baixo, dirigido contra todo o talento, contra tudo que "supera".

Ainda são largamente difundidas ideias retrógradas. É, por exemplo, inconveniente utilizar expressões como "aluno dotado", "bom aluno", e, também, palavras como talento, qualidade, êxito e competência. Tudo se passa como se os bons alunos não interessassem.

É preciso escolher depressa entre uma falsa democratização, um ensino sem valor para todos e o fracasso tecnológico e, de outro lado, uma verdadeira democratização, isto é, um ensino ambicioso para todos, com a possibilidade de vencer o desafio científico e tecnológico. Não há exemplo de país desenvolvido que possua uma universidade subdesenvolvida. A degradação da universidade conduz ao subdesenvolvimento.

Houve fenômenos análogos na Grécia antiga, durante a Revolução Francesa (penso na execução de Lavoisier) e, em uma escala jamais vista, quando da revolução cultural chinesa, que quase aniquilou toda a cultura e se degenerou em uma sangrenta guerra civil.

Na origem do problema da seleção encontra-se um erro de apreciação política: o que liga a democratização do acesso à universidade à ausência de seleção. Ora, uma democratização do ensino superior que leva à derrocada da qualidade do ensino vai simplesmente no sentido oposto ao objetivo procurado. É o mesmo que rimar democracia com mediocridade. A seleção, longe de ser uma barreira, é, ao contrário, a possibilidade oferecida aos jovens oriundos de todas as classes sociais para serem beneficiados com uma formação correspondente às suas aptidões.

A seleção não é negativa. Consiste também em ir procurar as pessoas. Um ensino secundário de qualidade para todos não exclui a preparação de alguns para estudos longos e difíceis.

A lei se assemelha um pouco ao tratado de Versalhes. Vaga demais no que possui de preciso e muito precisa no que tem de vago.

O que está dito acima se reveste de particular importância. E isso pela combinação de duas razões imperativas.

Nem o texto do ensaio e nem mesmo o título são de minha autoria. Não sou autor de uma só ideia e de uma só sentença apresentada acima. Foi tudo transcrito ipsi literis *de um livro do mesmo título. O que fiz foi pescar as frases e parágrafos do livro e ajeitá-las em uma ordem minimamente organizada. Para* não denunciar prematuramente a brincadeira, omiti palavras que indicariam a origem do texto. Não obstante, a colagem segue religiosamente o espírito das ideias originais contidas no livro e não foram pescadas fora de contexto.

O autor do livro *Para salvar a universidade*[1] é Laurent Schwartz, consagrado matemático francês. Foi laureado em 1950 com o prêmio Fields, o equivalente para a matemática do Nobel. Teve uma participação destacada nas reformas educativas francesas da década de 1970 e 1980, participando de comissões e defendendo em público suas ideias.

É fascinante verificar a semelhança entre a temática da época e o que hoje volta à baila no Brasil. É assustador ver como voltamos, mais de 30 anos depois, a ideias que pareciam enterradas de vez.

Recebi um comentário de um amigo que leu uma versão preliminar do presente texto. Pouco depois da publicação do livro de Schwartz, havia participado de uma visita à Europa, organizada pelo MEC e que incluía uma entrevista com o autor. Schwartz não se fez de rogado:

> [...] não conheço a educação superior da América Latina, mas se partirem para esse sistema de escolha de dirigentes por eleição, que acabaram de me relatar, posso afirmar-lhes que, em vez de melhorar a qualidade da educação do Brasil, estarão caminhando para o seu sepultamento [...]

A segunda razão, sugerindo a pertinência do texto, é que Schwartz era um socialista professo. Veja-se o que diz sobre si próprio:

> As críticas que devo fazer não me proporcionam nenhum prazer, ao contrário! Sou de esquerda e desejo o sucesso da experiência socialista atual. Quero ajudar o governo e é por isso que o critico [...] Não existe para a universidade um projeto "de direita" e um projeto, muito diferente "de esquerda" [...] A esquerda não é bastante ambiciosa para as crianças do povo que ela pretende representar.

Em outras palavras, deixo em mãos de um socialista as críticas a algumas propostas de reformar a universidade brasileira. Portanto, nem é uma crítica ideológica e nem sequer é de minha autoria.

Para discutir

1. Por que as críticas de Schwartz não "proporcionam nenhum prazer" a ele?
2. Segundo ele, o que sepultaria a universidade brasileira?
3. A universidade deve ser uma instituição meritocrática em todas as suas dimensões? Haveria situações em que é preciso abrir exceções? De quais tipos? As cotas violam o princípio da meritocracia?

---

[1] Schwartz, L. *Para salvar a universidade*. São Paulo: EDUSP, 1983.

A mercantilização do ensino

A universidade pública é muito cara. Por tal razão, não há recursos para expandi-la. Daí que o ensino privado está ocupando os espaços, pois não depende de orçamentos do governo e é bem mais barato. As tentativas burocráticas de coibir sua expansão impedem a concorrência, o fator mais poderoso para melhorar a qualidade em uma economia de mercado.

Nosso ensino superior público é muito caro. Na nossa universidade federal, o aluno custa 12 mil dólares. Esse valor está bem próximo da média dos países da OCDE, ou seja, o clubinho dos ricos. Cabem dois comentários. Em primeiro lugar, será que a qualidade é comparável à que oferecem aqueles países da Europa, cujo custo é semelhante? Em segundo lugar, esse é até um custo razoável para as 16 universidades de pesquisa que são responsáveis por 84% das publicações científicas. Mas e as outras 270 universidades públicas? É muito dinheiro para um ensino sem brilho, resultado de regras ruins, mais do que das pessoas que lá estão.

Com custos tão elevados, não espanta que seu crescimento tenha gorado. Não há como esticar mais os orçamentos públicos para o ensino superior a fim de pagar uma expansão tão cara. Diante do travamento na expansão do público, o ensino privado cresceu e hoje matricula 75% dos alunos. Como precisamos de mais gente cursando o nível superior, o ensino privado é parte da solução e não do problema – em que pese ter suas arestas e cicatrizes próprias.

É instrutivo especular sobre cenários alternativos. Suponhamos que fossem estatizadas todas as matrículas hoje no privado, estimadas em 4,9 milhões de alunos (em 2011). Consideremos o custo de 17.972 reais por aluno (estimado pelo MEC). Os gastos requeridos para absorver esses quase cinco milhões de alunos atingiriam 89 bilhões de reais. Tais despesas adicionais levariam os gastos com o ensino superior de 0,9% do PIB para quase 4%! Nenhum país gasta tanto com o seu superior.

As possíveis imprecisões nessas estimativas não seriam de ordem a mudar a conclusão geral. Por muito ódio que alguns tenham pelo setor privado, não há nenhum cenário possível de eliminá-lo ou mesmo de reduzir substancialmente a sua participação.

Nesse cenário, seríamos campeões mundiais incontestes de gastos públicos no superior, longe dos outros contendores. Hoje, o gasto público em educação equivale a 5% do PIB, se somado ao investimento privado sobe para 6,5%.

Já que o preenchimento dos espaços vazios pelo setor privado parece inevitável, é preciso entender mais esse animal tão vilipendiado. Como se poderia imaginar, há cursos sérios, e outros, nem tanto, exatamente como no público. Note-se que havia 30% de cursos D e E no Provão de 2001. Mas no público, a proporção era de 20%. Nada mau para o privado, que não custa praticamente nada aos cofres públicos. De fato, quem iria para o público se custasse o mesmo do privado?

Mas devemos considerar, o ensino gratuito das universidades públicas atrai bons alunos. Com efeito, por esta razão vai receber alunos razoáveis ou bons, qualquer que seja o ensino que oferece. Se as nossas estimativas mostram que 80% dos resultados no Provão ou no Enade decorrem do que sabiam os alunos antes de entrar no superior, o fato de as universidades públicas obterem resultados um pouco melhores não é necessariamente a qualidade do seu ensino, mas o fato de serem gratuitas.

Diante de uma situação com tantas nuanças, não procedem as acusações simplistas de "mercantilização do ensino", denunciada por alguns funcionários do MEC. Aliás, ninguém definiu com o rigor necessário o termo para dizer: esse curso é "mercantilista", esse outro, não. Sendo assim, tais invectivas são puro preconceito ou acusações vazias. Mercantilizar é ter mais lucros? Não há cifras confiáveis, mas sabemos que há ensino de excelência sendo oferecido por instituições altamente lucrativas. E há outras oferecendo um mau ensino e que estão à beira da falência, por acumularem prejuízos.

De fato, uma análise do Enade permite verificar que a média de notas das faculdades com objetivo de lucro é a mesma que a daquelas sem esse objetivo. Ou seja, o que quer que esteja dentro da caixa preta do funcionamento de um curso superior, os números demonstram, sem sombra de dúvidas, que lucro não é determinante da qualidade.

Aliás, isso não é novidade. Vejamos o mesmo tema em um setor que nada tem a ver com o ensino, portanto, não está contaminado pelos mesmos preconceitos. Lembremo-nos, a BMW dá lucro e não é pouco. Em contraste, o Lada dá prejuízo. Quem faz o melhor carro? Por que em educação o lucrativo seria pior? Há irresponsáveis no público e inescrupulosos no privado. Isso é assim com automóveis e faculdades. É preconceituoso acusar o privado e deixar o público correr livre, como se não fosse financiado com dinheiro do contribuinte.

Mas não há boas razões para a inação por parte do Estado, nem com o ensino público e nem com o privado – embora o perigo das iniciativas desastradas dos governos seja sempre grande.

Para o público, tanto quanto para o privado, precisamos de boa avaliação, com todas as informações do que oferece aos seus alunos. O Enade, apesar de alguns defeitos, é um indicador precioso. Quando combinado com outras variáveis, como presença de mestres e doutores, forma de contratação e outras, gera uma assombração, o CPC. Ao misturar causas com efeitos, comete uma lambança metodológica. Mas o Enade está aí e podemos utilizá-lo livremente.

Apesar da importância da avaliação para os males do ensino privado, há também um santo remédio que é a concorrência. Instrutivo notar que na área que mais se expandiu, a administração, as mensalidades caíram e não há qualquer evidência de degradação da qualidade. Infelizmente, alguns dos nossos governantes não entenderam o que já dizia Adam Smith, em seu livro de 1776, e insistem no ferrolho que assegura o monopólio dos poucos que já estão no mercado.

> **Para discutir**
>
> 1. Por que o ensino público é tão caro para os cofres da nação? Como compatibilizar essa afirmativa com as queixas constantes dos professores de que ganham pouco? Onde está o problema?
> 2. Os mercados para automóveis são parecidos com o mercado para educação? Quais as semelhanças e quais as diferenças?

Capitalismo de meia tigela

O MEC e os professores das instuições federais não querem saber de permitir a abertura de mais faculdades. O coro é engrossado por donos de faculdades já estabelecidas. Contudo, há um problema com esse ferrolho. Em um sistema de mercado, eficiência resulta da competição. Sem ela, estamos diante de um monopólio privado, ou seja, uma alternativa nada atraente.

Conversando com um ministro da Educação, eu cobrava dele algumas providências. Retruca ele que ia me mostrar o que é vida de ministro. Que me sentasse quieto, ali mesmo, pois ia receber um deputado que representava os donos de uma faculdade particular. Ouvi então as reivindicações para que o MEC não deixasse abrir outra escola em sua cidade, pois ia fazer concorrência.

Os jornais reproduziram recentemente as declarações de um dono de faculdade, queixando-se da "[...] abertura indiscriminada de cursos nos últimos anos, [...] provocando uma turbulência na área de ensino superior [...] Ocorreram invasões econômicas de cursos vindos de fora. E ainda virão outros [...]".

Há 250 anos, Adam Smith já sabia: capitalista gosta mesmo é de monopólio. Quanto menos concorrentes, melhor. Mas sabia também que o sistema de mercado produz eficiência, justamente, quando os capitalistas não conseguem manter seus monopólios. É a competição que corrói o lucro excessivo e desencadeia as forças da eficiência e da qualidade, baixando os preços do serviço oferecido.

Empresário choraminga, defendendo suas reservas de mercado. Quem sabe, cola? E no tapetão é sempre mais fácil. Burrice é o público ou o governo ser engambelado por tais argumentos, pois são a sentença de morte no regime de mercado.

Uma das razões para nosso relativo sucesso na economia é que o governo dá o alvará para abrir um restaurante de comida chinesa sem perguntar se já há outro na rua. Aliás, se não fosse assim, como poderiam existir as China Towns com um restaurante ao lado do outro? Abre quem quiser, quantos quiserem. O mesmo com a indústria automobilística, que foi salva das "carroças" pela nova concorrência. A eficiência é fruto do medo do competidor. Se a opção é ser engolido, deve ser melhor produzir melhor ou mais barato.

É bem verdade, o capitalismo selvagem é destrutivo e predatório. É preciso um marco regulatório para orientar as forças vitais, de tal forma que se dirijam a melhorar o produto, em vez de destruir o meio ambiente, iludir os consumidores. Por isso, os restaurantes têm exigências fitossanitárias e os automóveis, de segurança e poluição.

Na educação não é diferente. Há normas de credenciamento. Ainda há muitas imperfeições, mas está melhorando. Ao contrário do que se pensa, as regras ficaram mais rígidas, mais difíceis de serem burladas. Melhora a qualidade das comissões que examinam os novos pedidos. Aumentaram os novos cursos porque, nos últimos 10 anos, o MEC deixou de bloquear o andamento dos pedidos, como fazia antes. O Provão mostra que não houve deterioração nos critérios de credenciamento, pois os cursos que o fazem pela primeira vez tendem a sair acima da média.

Tal expansão desagrada aos que tinham seus confortáveis monopólios, sobretudo as universidades, desobrigadas por lei a consultar o MEC antes de abrir cursos. Mas essa é exatamente a lógica dos mercados e da concorrência.

Um dos grandes avanços foi o abandono da regra absurda de que um curso privado tinha de justificar ao MEC a existência de mercado. Como definir "saturação de mercado", considerando que se perdeu irreversivelmente a biunivocidade diploma-profissão – como, de resto, já havia ocorrido em todos os países avançados? A profissão de economista não emprega sequer 10% dos graduados. Mais da metade dos engenheiros faz outra coisa (administração!). O curso de direito é um programa que também forma advogados. E por aí afora. Com a confusão semântica gerada, travavam-se os processos no MEC, garantindo vida mansa para os cursos já estabelecidos. Nas novas regras, basta demonstrar a qualidade exigida. Mercado é risco de cada um.

E, agora, com um governo de esquerda, como ficamos? Voltam os critérios escorregadios de "demanda social"? Teremos a vitória dos anticapitalistas que não percebem ser o ferrolho nas aberturas de curso o maior favor que poderiam fazer aos nababos já estabelecidos? Ou vai prevalecer a lógica da economia de mercado, condenando as escolas já existentes a lutar pela sua sobrevivência, diante de novos concorrentes? Na verdade, estamos diante de um paradoxo. Algumas alas da esquerda, ainda "de mal" com a iniciativa privada, pregam a aplicação de freios na expansão do ensino superior privado. Imaginem a alegria dos empresários já estabelecidos ao verem seus inimigos seculares defendendo ferozmente a trava, que garante a permanência dos seus lucros excessivos.

> **Para discutir**
>
> 1. Explique por que, no sistema de mercado, é preciso permitir que novas faculdades sejam instaladas.
> 2. Como regular um sistema sem eliminar a competição sadia entre escolas? Quais os aspectos que podem ou devem ser regulados por lei?

Educação é mercadoria?

Os princípios que se consolidaram como guias para a boa gestão das empresas se revelam igualmente bons para as escolas. Ao contrário do que denunciam os mais afoitos, não há bons argumentos demonstrando que tais práticas conspurcam a seriedade ou qualidade do ensino. Se o exemplo ensina, podemos ver que as melhores escolas operam pautadas por tais regras.

Aluno não é "matéria-prima". Nem "cliente"! Escola não é empresa! O "produtivismo" é inaceitável. E por aí afora. Educadores fervorosos não se cansam de denunciar a mercantilização do ensino. As palavras são usadas como tacapes, na esperança de abater os infiéis. Existem tais assombrações?

Há escolas que se declaram empresas (e ninguém demonstrou se são melhores ou piores do que as demais). Porém, o presente ensaio não se dirige a elas. Em vez disso, considera a "empresa" como uma metáfora para entender o "processo produtivo" (mais uma heresia!) de qualquer escola. Tais conceitos se revelaram úteis na economia e podem ser aplicados na educação pública, mesmo sem considerá-la como atividade empresarial.

As empresas têm toda a liberdade de definir o seu "produto". Querem fabricar Rolls-Royces ou Ladas? Rolex ou relógios de camelô? As escolas também: ensino para poucos? Ou para muitos? Ensino de violino? Ou de solda? Mas uma vez definido o "produto", faz todo o sentido obter o máximo resultado com o mínimo de gastos. Isso vale na "fabricação" de hóstias, seminaristas, doutores ou macarrão. Igualmente, é preciso controlar a qualidade e avaliar os resultados. Para isso, há inspetores de qualidade na fábrica e a Prova Brasil na educação. Nas artes, consideram-se os prêmios obtidos. Se isso é "produtivismo", três vivas para ele.

Das empresas bem administradas afloram conselhos proveitosos para as escolas: clareza ao definir (poucas) metas e assegurar que sejam compartilhadas (por diretores, alunos e professores) e avaliação dos processos. E não nos esqueçamos da regra pétrea de que é preciso tomar providências quando os resultados não correspondem ao esperado. Nada disso fere a sacrossanta nobreza da educação nem a complexidade e a delicadeza dos seus processos. De fato, as melhores escolas seguem tal figurino.

Mas podemos ir mais longe, tomando como metáfora o mais poderoso motor da economia de mercado: o lucro ou sua nêmese, o prejuízo. É fenomenal o poder de prêmios para quem faz melhor e puxões de orelha para quem pisa na bola.

À primeira vista, trata-se de uma heresia a ser afastada das escolas públicas. Mas o lucro é apenas uma das manifestações de bons resultados. O objetivo da metáfora é sugerir o vínculo entre desempenho e recompensa. Em vez de lucro, o sucesso pode ser mais pontuação na Prova Brasil. Ou menos deserção. Ou mais alunos aprovados na Ordem dos Advogados do Brasil (OAB).

De fato, não é preciso que haja mercados para que existam incentivos. Dentro da empresa não há mercados. O montador do automóvel não compra as peças do almoxarife e depois vende o carro com lucro. Para que tudo não fique ao Deus dará, as empresas criam incentivos e penalidades para os funcionários, visando a motivar seu comportamento. Tal como o mercado externo traz energia para a sua ação, os prêmios internos empurram os funcionários para serem mais produtivos. Está nas livrarias o livro *1001 maneiras de premiar seus colaboradores*. Tais regras internas não são desconhecidas das escolas, pois vão das medalhas até as medidas drásticas de expulsão de alunos e professores.

Obviamente, errando nos prêmios provocamos impactos desastrados. Se apenas penalizamos a repetência, isso pode gerar a aprovação indiscriminada e uma degradação do ensino. É preciso recompensar também a qualidade (como faz o Ideb).

Não se trata de um mercado no sentido convencional, mas do que foi chamado (pelo economista Albert Hirschman) de "quase-mercado". Onde ele não existe, cria-se uma metáfora do mercado, com metas concretas, prêmios e penalidades para que os desvios sejam automaticamente corrigidos.

Até mesmo os incentivos financeiros podem estar presentes no ensino público. Como será retomado mais adiante, em menos de meio século o Brasil saiu de uma produção científica próxima de zero e tornou-se hoje o 13º maior "fabricante" de ciência. Sua pós-graduação passou a produzir anualmente quase 10 mil doutores e 40 mil mestres, uma das maiores colheitas do globo. O segredo? Prêmio ou puxão de orelha, acoplados a uma avaliação robusta para decidir quem ganha qual. Há bolsas da Capes e do CNPq, há amplo financiamento da Finep, da Fapesp e de outras agências. Quem brilha ganha mais. Quem tropeça perde. A pós-graduação (que não foi privatizada) opera em um "quase-mercado" criado com inteligência, e que tem apresentado bons exemplos para o restante da educação.

> **Para discutir**
>
> 1. Quais seriam os princípios administrativos usados nas empresas e que se revelam igualmente úteis nas escolas? Quais não se aplicam?
> 2. Quais os incentivos ou prêmios que pode haver para incentivar os bons resultados na educação? Quais as penalizações ou puxões de orelha para coibir os comportamentos prejudiciais à escola?

Tapetão medieval

Alguma coisa vai mal quando há regras proibindo os mais competentes de exercerem uma profissão somente porque seus diplomas não correspondem. As reservas de mercado protegem da concorrência um grupo de privilegiados, sem que haja boas razões para tal.

Imaginemos um bilionário tupiniquim cismando de fundar uma fantástica escola de administração. Para isso, tenta contratar os professores mais distinguidos do globo: Amitai Etzioni, Fritjof Capra, Humberto Maturana, Henry Mintzberg, Herbert Simon, Joseph Juran, Michael Porter, Peter Drucker, Peter Senge e Tom Peters.

Contudo, nenhum deles poder ser contratado, pois não têm diploma de administração de empresas, exigido pelo Conselho Federal de Administração. Pelas normativas 300 e 301, os professores formados em outras áreas não podem lecionar nos cursos de administração. Ou seja, não podem ensinar em nossas escolas os mais destacados pensadores, cujos livros são lidos por todos os alunos.

O tapetão das profissões tem origem nas corporações de ofício medievais. Mas elas tinham sua razão de ser. As corporações deram estrutura e proteção a uma classe nascente de artesãos altamente refinados (marceneiros, ferreiros, pedreiros e dezenas de outras ocupações). Organizados, seus membros ganharam *status* e a defesa de interesses antes desprotegidos e marginalizados na hierarquia social.

Graças às corporações de ofício, foram valorizados e desenvolvidos os ofícios clássicos. Nelas se compartilhavam as técnicas e as boas práticas que levaram à produção de obras imperecíveis. De fato, a maçonaria (da palavra francesa para pedreiro) foi, em sua origem, uma espécie de "academia de ciências" da construção civil, responsável pelos avanços tecnológicos que permitiram as catedrais góticas.

Foi também nas corporações de ofício que se criaram as regras sob as quais os mestres transmitiam para seus aprendizes tudo o que sabiam. Portanto, elas são a origem da formação profissional. Mais ainda, impunham exames rígidos para a concessão de uma carta de ofício – o que protegia também os clientes. A palavra "obra-prima" designava o trabalho de formatura, na qual o aprendiz mostrava o seu virtuosismo. Os membros dessas entidades tinham direito exclusivo ao exercício das profissões. A força da lei os protegia, concedendo-lhes rígida reserva de mercado – que apenas foi abalada com as turbulências da Revolução Industrial. Elas por elas, o balanço foi altamente positivo. Eram muitos os serviços e benefícios prestados à comunidade, em troca da proteção dos mercados.

Embora as corporações originais tenham desaparecido, foram reencarnadas nos conselhos profissionais, ordens e sindicatos herdeiros dessas tradições. Mas a equação é diferente. Todos visam a proteger o mercado de ocupações de nível superior, cujos diplomados estão no topo da distribuição de renda, de *status* e de poder. São os que menos precisam de proteção legal, pois ganham pelo menos cinco vezes mais do que um operário qualificado.

Infelizmente, as ordens e conselhos não têm desempenhado nenhum papel relevante no avanço técnico das profissões. E são tíbias as punições por travessuras ou conduta antiética. Tampouco têm qualquer papel significativo em controlar a qualidade dos profissionais (à exceção da OAB, com seu exame), o que era na Idade Média a sua função mais nobre. Não obstante, querem proteger o mercado de seus graduados pela força da lei. As corporações medievais tinham esse privilégio, mas davam muito em contrapartida. O novo corporativismo reivindica reservas de mercado sem prestar nenhum serviço relevante à sociedade.

Não há como negar: a reserva de mercado é ótima para quem é protegido da concorrência. Mas, para a sociedade, só há perdas. Nos dias de hoje, o monopólio do diploma justifica-se quando os clientes não sabem avaliar a competência de quem prestaria o serviço ou quando há riscos (como nas áreas médica, legal e de aviação, por exemplo). Ora, o dono de uma empresa ou escola de administração sabe quem sabe e quem não sabe. Não precisa da ajuda dos conselhos. Pelo contrário, atrapalha, pois o conselho não deixa contratar nem Drucker, que é advogado, nem Maturana, que é biólogo, mas são ambos tidos como expoentes da profissão.

Os interesses da sociedade não são os mesmos dos que os das ordens e dos sindicatos profissionais. Logo, é inexplicável a posição do Ministério da Educação, ao endossar o tapetão de grupos já privilegiados, em vez de defender o bem-estar coletivo.

> **Para discutir**
>
> 1. Quais as profissões manuais qualificadas em que hoje é possível justificar reservas de mercado? Justifique.
> 2. Mesma pergunta para as profissões de nível superior.

Diplomas, qualidade e monopólio

Por que há reservas de mercado para as profissões universitárias, dos ricos, e mercado aberto para as dos pobres? Na maioria dos casos, não haveria boas razões para exigir diplomas de curso superior para o exercício profissional.

Há quase dois séculos, foram fundadas escolas de direito e medicina no Brasil. É embaraçoso verificar que ainda não foram resolvidos os enguiços entre diplomas e carreiras. Falta-nos descobrir que a concorrência (sob um bom marco regulatório) promove o interesse da sociedade e que o monopólio só é bom para quem o detém. Não fora essa ignorância, como explicar a avalanche de leis que protegem monopólios espúrios para o exercício profissional?

Desde a criação dos primeiros cursos de direito, os graduados apenas ocasionalmente exercem a profissão. Em sua maioria, sempre ocuparam postos de destaque na política e no mundo dos negócios. Nos dias de hoje, nem 20% estão autorizados a advogar.

Mas continua havendo boas razões para estudar direito, pois esse é um curso no qual se exercita lógica rigorosa, se lê e se escreve bastante. Torna os graduados mais cultos e socialmente mais produtivos do que se não houvessem feito o curso. Se não aprendem o esperado, paciência, a culpa é mais da fragilidade do ensino básico do que das faculdades. Diante dessa polivalência e variedade de níveis de competência do curso de direito, os exames da OAB são uma solução brilhante. Aqueles que defenderão clientes nos tribunais devem demonstrar nessa prova um mínimo de conhecimento. Mas esses cursos são também úteis para quem não fez o exame da Ordem ou não foi bem-sucedido na prova. Lembremo-nos: abrir e fechar cursos de "formação geral" é assunto do MEC, não da OAB. Sua ação legítima é no exercício da profissão. A interferência das corporações de ofício não passa de uma prática monopolista e ilegal. Questionamos também se uma corporação profissional deve ter carta-branca para determinar a dificuldade das provas, pois essa é também uma forma de limitar a concorrência – mas trata-se aí de uma outra questão, até mais espinhosa.

A medicina é uma carreira estritamente profissional, não prepara para outras funções. O custo de estudá-la é quatro vezes maior do que o custo de estudar direito. E piores do que no direito são as consequências dramáticas dos erros. Portanto, garantir qualidade na formação de todos os médicos é do mais legítimo interesse social. É lamentável que as associações médicas demonstrem uma atitude tão tíbia diante de faculdades fracas. Pior, a lista de punições para erros médicos é embaraçosamente curta.

A melhor solução está aí para todos verem: as provas da OAB, os exames para exercer medicina nos Estados Unidos e, agora, iniciativas semelhantes em São Paulo. Ademais, os médicos, como os pilotos de avião, deveriam passar em provas periódicas, para mostrar sua atualização. Querer proibir a abertura de cursos não passa de uma tentativa de reduzir a oferta de médicos, sem melhorar a qualidade dos que aí estão. Ao desdenharem os exames e reivindicarem um ferrolho nas faculdades, as associações mostram à sociedade que prezam mais seus salários do que a saúde da população. O correto seria a liberdade de abrir cursos, um razoável controle sobre a sua fidelidade às exigências legais, seguida de uma prova individual rígida. Como acontece em outros países, só quem varasse esse ferrolho poderia exercer a medicina.

Resta mencionar os cursos de administração, outra formação clássica de cultura geral. Por que exigir diplomas para o exercício profissional? Nos Estados Unidos, onde nasceram tais cursos, não há nenhuma exigência de diploma. Além disso, as melhores universidades não oferecem administração no nível de bacharelado. Na Alemanha, há pouquíssima formação em administração de empresas. Não consta que esses países padeçam de incompetência crônica na gestão dos seus negócios. É mais uma profissão se locupletando dos monopólios conferidos por leis passadas sorrateiramente no Congresso. Menos mal que uma lei semelhante para bacharéis de astrologia não foi aprovada. O jornalismo é um caso único, pois o absurdo de haver um monopólio para os portadores de diplomas foi abolido por lei recente.

É no mínimo um passo atrás que o MEC venha cedendo às pressões dos médicos e advogados para exercer legalmente o seu pseudodireito de vetar a abertura de novos cursos. Erro do MEC? Não, da sociedade brasileira, que assiste passivamente a tais tentativas de cercear a concorrência. Os pobres com pouco estudo devem competir pelos empregos que o mercado oferece. Mas, para alguns marajás com curso universitário, o mercado é protegido por lei.

Para discutir

1. Discuta as vantagens e desvantagens de ter na medicina um exame equivalente ao da OAB.
2. Que consequências terá a eliminação da necessidade de diploma para o exercício do jornalismo? Quais as vantagens e desvantagens dessa liberalização?

Vagas no ensino e vagas na garagem

Afirma-se que o sistema privado tem quase meio milhão de vagas sobrando. O que significa tal excesso? Carteiras ociosas? Desperdícios de recursos? Ou não é nada disso e as vagas ociosas não passam de licença para crescer?

Se os moradores de um apartamento compram mais carros, faltarão vagas na garagem. Se venderem, sobram vagas. Entendemos muito bem a lógica das vagas em garagem. Nem podem ser expandidas e nem há o que fazer com elas se sobrarem. Mas tendemos a extrapolar o mesmo raciocínio para as vagas no ensino superior. Tolo engano, gerando mal-entendidos.

A rigor, vaga em faculdade particular é mais parecido com "vaga" em prateleira de supermercado. Se as camisas do time que perdeu o campeonato param de vender, as suas "vagas" desaparecem, pois entram as do time ganhador, ou de qualquer outro produto. Pelo mesmo raciocínio, não há vagas ociosas em colégios ou em cursinhos. A empresa se ajusta aos alunos que quer ou que têm. Elimina ou contrata professores, desaluga ou aluga salas.

Quando a imprensa noticia que há 400 mil vagas ociosas no ensino privado superior, alguma coisa está errada na nossa compreensão ou nas regras do jogo. Note-se, não há vagas sobrando nas 3.700 instituições de ensino superior dos Estados Unidos, embora as matrículas estejam estagnadas faz tempo.

Na verdade, o mito das vagas ociosas é fruto da camisa de força imposta pelo MEC ao processo de ajustamento. Em um mercado dinâmico, como é o caso do superior, algumas profissões têm sua demanda aumentada. As escolas mais alertas tentarão aumentar a sua oferta. Se houver um retrocesso na demanda, chegará um momento em que será preciso frear ou mesmo recuar. É o que fazem fabricantes de celulares ou espaguete.

Acontece que, no ensino superior, para quem não têm *status* de universidade, o processo de ajustamento é penoso, lento e burro, fruto das regras pouco iluminadas do MEC/Secretaria de Educação Superior (Sesu) e Conselho Nacional de Educação (CNE). Ninguém pede as vagas que precisa, pois no "balcão de turco" da Sesu, alguém pode reduzir intempestivamente as quotas. Então, pede-se mais, inclusive para enfrentar futuros crescimentos, sem ter o desprazer de voltar à Sesu. O processo é tão pouco iluminado que, não faz muito tempo, era necessário pedir ao MEC para reduzir as vagas! Mesmo com grande imaginação burocrática é difícil vislumbrar que mal fará à nação se alguma faculdade oferecer menos vagas do que foi autorizada.

Vem de tais tolices a estatística de "vagas" não preenchidas nos cursos de administração (e outros). Todos pediram mais do que precisavam e ninguém vai "devolver" esse ente fictício que é uma vaga. De fato, tais "vagas" não existem. Não há carteiras sobrando e professores ganhando para não dar aula, pela mesma razão que não há prateleiras vazias no supermercado. Na verdade, *vaga é licença para crescer*, nada mais.

Essa é uma situação diferente dos cursos públicos, onde as vagas são oferecidas sem que haja candidatos. Ao que parece, isso se faz para não chamar a atenção acerca da existência de professores contratados, ganhando e dando aula para turmas ínfimas. Tome-se o exemplo da UFC, onde 41% das turmas, na época da pesquisa, tinha até 10 alunos, 18% das turmas tinha até três alunos e 207 turmas tinha apenas um aluno. Esse era um caso de real excesso de vagas, pois há custo e ineficiência em se manter tais vagas. Não sabemos se tais desperdícios persistem.

O reverso da medalha das "vagas" em excesso no privado é o tempo enorme que leva uma faculdade para mudar de mercado, oferecendo cursos onde a demanda aumentou. É como se houvesse uma punição sendo aplicada aos candidatos que optaram por certas carreiras em expansão. O processo de crescimento é travado pelo MEC. Poderíamos imaginar que tal trava visaria a manter padrões de qualidade em áreas onde há grandes riscos de uma prática desastrada. Medicina seria um tal caso, se não fosse o fato corriqueiro que faculdades de péssima qualidade continuam funcionando, ano após ano. Direito parece que também é, mas isso é falso, pois quem protege a qualidade é o exame da OAB. Mas e fisioterapia, cuja demanda subiu vertiginosamente, pela moda dos *personal trainers*? Por que a oferta não se expande na medida do crescimento da demanda?

Ao contrário do que pode parecer à primeira vista, o excesso de vagas é nada mais do que um indicador do excesso de burrice do sistema de regulação do ensino superior privado.

Para discutir

1. O que deveria acontecer com cursos em universidades públicas em que as turmas são diminutas, implicando um custo extravagante por aluno?
2. Quais as profissões superiores hoje em ascensão (sugestão: examine as estatísticas do Sistema Nacional de Emprego – SINE)? Tome uma delas e tente entender porque houve expansão na sua demanda.

A reforma: xenofobia e inocuidade

O Brasil sofre de uma xenofobia crônica. Somos isolacionistas por vocação. Tememos a invasão de universidades estrangeiras. Ao mesmo tempo, os países emergentes mais bem-sucedidos fazem o oposto:

tentam atrair mais universidades para o seu território, inclusive oferecendo vantagens e subsídios. Quem estará certo?

Há hoje um bom número de países que estão dando certo. Puseram um pé no patamar de cima e lutam para tirar o outro da vala comum da pobreza. Pensemos no Chile, em Cingapura, na Malásia, na China, em Hong Kong, na Coreia e em outros do mesmo naipe. Ninguém duvida do seu brilhareco na economia.

Se estão indo tão bem, é pertinente indagar o que andam fazendo com sua educação superior. Mais ainda, em um tempo de globalização, como lidam com o desafio de arejar suas fronteiras intelectuais? Já que estamos propondo legislação sobre a entrada de instituições estrangeiras de ensino no país, o que podemos aprender com eles?

Essencialmente, estão dizendo: venham todos, como quiserem. Queremos os capitais, queremos o *know-how* e queremos a experiência gerencial. Até pagamos para que venham!

Seria de se esperar que o Brasil – um país continental com enorme tendência ao isolacionismo – devesse ter ainda mais sede de abertura, de internacionalização e de arejamento intelectual. É pouco convidar as universidades estrangeiras para se estabelecerem aqui, deveríamos implorar, suborná-las para que viessem.

Nossos currículos de ensino superior são, em sua maioria, obsoletos. Copiamos os currículos profissionalizantes da França, que lá já foram abandonados, há muitas décadas. Nossa sala de aula é centenária nos seus hábitos e procedimentos. Pouco ultrapassamos o estágio da aula magna e das provas de "decoreba". Nosso ensino científico se faz no quadro-negro e não nos laboratórios, nas provas abstratas e não nos projetos concretos. Nossa ciência está sempre ameaçada de ficar à margem do pensamento mundial.

Vendo a questão de um prisma puramente econômico, nossas taxas de poupança são insuficientes para o crescimento que almejamos. Portanto, capitais não especulativos são mais do que bem-vindos na educação, pois trazem *know-how* e aliviam os cofres tupiniquins.

Em um caso concreto, a associação do Grupo Pitágoras com a Apollo International facilitou muitas inovações, tanto na sala de aula quanto na gestão. Como as multinacionais – que nos trazem tecnologias industriais que ajudam na competitividade do país – instituições estrangeiras de países desenvolvidos ajudam a tirar o mofo do nosso ensino. A Faculdade Pitágoras adotou modelos didáticos nas suas salas de aula que inovam no ensino brasileiro. São mudanças que podem servir de modelo para outras instituições.

Ao propor reformas no ensino superior, pensaríamos que o MEC adotasse argumentos semelhantes aos apresentados acima e que sua proposta de reforma fosse um convite para a abertura intelectual da nossa sociedade. Que se abrisse uma janela para o mundo das ideias! Mas não foi nada disso que encontramos.

Veja-se o que diz o Artigo 13, §4 da proposta que o MEC enviou ao Congresso Nacional:

> Em qualquer caso, pelo menos 70% do capital total e do capital votante das entidades mantenedoras de instituição de ensino superior, quando constituídas sob a forma de sociedade com finalidades lucrativas, deverá pertencer, direta ou indiretamente, a brasileiros natos ou naturalizados há mais de 10 anos.

É um artigo tonitruante, de defesa da soberania nacional. Que não se permita aos estrangeiros mandar na nossa educação superior! Mas, na prática, suas consequências são outras.

A primeira é que faz ver a todo o mundo que temos um governo xenófobo. Enquanto todos convidam, o nosso espanta, arreganha os dentes. Uma instituição estrangeira com interesses em ter algum tipo de intercâmbio ou inserção no mundo universitário brasileiro fica logo sabendo que estará sob o manto da suspeição. Não poderia ser dona do negócio, não poderia mandar na sua escola, a não ser que vacinada contra os males do sistema de mercado, declarando que não visa ao lucro. Fica claro que não confiamos nos estrangeiros. Em outras palavras, mostra a todos que o governo não gosta nem de intromissão de gente de fora nem de liberdade de estabelecimento.

Mas, olhando com mais cuidado, não leva tempo para ver que o Artigo 14 é inócuo. Nem atinge prováveis investidores nem coíbe os reais abusos cometidos por instituições de outros países.

Tratemos um assunto de cada vez. Quem serão os potenciais investidores cujas iniciativas seriam inibidas pela nova lei? Segundo o texto, as instituições educativas com objetivo de lucro. Onde estariam tais instituições? Quantas são?

Façamos uma volta ao mundo. Há algumas instituições na Austrália que estão investindo em países asiáticos. Mas não teriam qualquer interesse em vir para o Brasil, que não conhecem e onde não se fala a mesma língua. Na Europa, praticamente não há instituições privadas de nível superior. E as poucas que há não declaram objetivo de lucro.

Restam os Estados Unidos. Lá, somente cerca de 2% das universidades têm fim de lucro. Portanto, contam-se nos dedos de uma mão as que poderiam querer vir para o Brasil. Em particular, há somente duas com o porte e o interesse em investir substancialmente fora do país. Uma delas é o grupo Apollo, sob cuja asa está a University of Phoenix. A segunda é a Laureate Education, antiga Sylvan Learning. As outras são muito menores, estão muito voltadas para os Estados Unidos ou não têm uma perspectiva internacional.

A Apollo já esteve no Brasil em parceria com o grupo Pitágoras. Mas já saiu. Talvez volte. Portanto, sobra a Laureate que se associou à Anhembi Morumbi. As demais não vão fazer muita diferença pela modéstia do seu porte.

Em outras palavras, a lei sepultaria a intenção da Apollo de voltar para o Brasil. Salvo alguma outra instituição de menor porte, não teria qualquer outra consequência que não mandar uma mensagem de jacobinismo e xenofobia para o mundo. Ao que parece, os autores da lei ignoraram o fato de que praticamente não há no mundo instituições educativas com fim de lucro.

É uma situação muito diferente daquela observada, por exemplo, na indústria farmacêutica, onde houve uma desnacionalização muito acentuada. As indústrias brasileiras cederam o mercado para as multinacionais, tornando-se minoritárias. Não custa muito admitir que foi uma perda para o país. Mas tal não poderia acontecer na educação, pois quase não há multinacionais dispostas a vir para o país. Isso porque praticamente não há multinacionais do ensino, em contraste com o porte gigantesco das farmacêuticas. Portanto, no cenário mais alarmista de invasão das multinacionais do ensino, conseguiriam talvez ocupar 1 ou 2% do mercado. Que mal poderiam fazer? Que desígnios diabólicos poderiam ter?

Ao mesmo tempo, a lei não afetaria as instituições que hoje estão investindo fora de seus países de origem, pois são virtualmente todas públicas ou privadas sem fins de lucro. Há várias universidades americanas abrindo *campi* em outros países, como é o caso de Stanford e Harvard (esta última com filiais da sua Business School em lugares como Buenos Aires e Hong Kong). E há universidades inglesas agressivamente recrutando alunos pelo mundo afora.

A maior parte das instituições estrangeiras com presença no Brasil oferece a grife, um que outro professor, e mais nada. Não têm uma existência jurídica no país. São apenas convênios de cooperação entre uma instituição local e uma estrangeira. Em geral, são os MBAs brasileiros que se associam a universidades estrangeiras, para usar o seu nome e seu prestígio. Nos casos benignos, são instituições brasileiras sérias que se associam com grifes de primeira linha nos Estados Unidos. Com isso, recebem assistência técnica, professores visitantes e possibilidades de intercâmbio, além do prestígio do diploma. Nada errado com isso.

Tais casos, apesar de estarem fora do alcance da lei, não seriam nada preocupantes. Mas a lei não coibiria muitos deslizes que ocorrem no Brasil, por conta de instituições estrangeiras de segunda linha (ou ainda piores). Por exemplo, há instituições brasileiras de menos prestígio que se associam a outras no exterior, para criar mestrados ou doutorados que contornam as regras da Capes quanto à duração, período presencial e exigências acadêmicas. No caso da Espanha, os abusos chegaram a tal nível que o governo daquele país tomou a iniciativa de proibir todos os convênios desse tipo com o Brasil.

Um problema cada vez mais frequente são os cursos a distância ou semipresenciais, em parcerias com universidades estrangeiras de menor reputação. Novamente, são tentativas de obter mestrados ou doutorados mais curtos ou mais fáceis do que no sistema puramente brasileiro. O Artigo 13 nada pode contra tais abusos, pois os estrangeiros sequer investem no país.

Há também os alunos que vão estudar no exterior em programas de fraca reputação. Ao chegar, querem a validação do diploma. Isso acontece com Argentina, Paraguai, Bolívia e Cuba. Igualmente, nada disso pode ser coibido com a nova lei. Em outras palavras, o cotidiano da presença estrangeira no ensino superior brasileiro permanece totalmente fora do alcance da presente proposta de lei.

Na verdade, quase não há instituições privadas de ensino superior no mundo industrializado. As que existem estão quase todas nos Estados Unidos e nem têm fim lucrativo e nem as suas regras internas permitem operar fora dos próprios estados de origem. No máximo, criam cursos de pós-graduação do tipo MBA. As com fim lucrativo são tão poucas que sabemos onde estão e o que pretendem fazer. Uma já está aqui. A outra parece que desistiu.

As que têm presença mais frequente não operam aqui com bandeira própria, portanto, não estão ao alcance da nova lei. Mas, se operassem, como não têm fim de lucro, estariam igualmente fora do alcance da lei, sejam elas de primeira linha ou operações de legitimidade duvidosa. Mesmo que aprovada, a lei late mas não morde. Seu latido, porém, manda uma mensagem claramente xenófoba.

Para discutir

1. Que controles poderia haver para evitar os abusos cometidos por instituições estrangeiras de pouca reputação, que oferecem cursos a brasileiros? Justifique a eficácia de tais medidas, bem como a ausência de outros danos colaterais.
2. O que sabemos de concreto sobre a presença no Brasil de instituições de nível superior com fins de lucro? Qual a confiabilidade de tais informações, se é que existem? Que conclusões seriam cabíveis?

Harvard foi parar no Irajá

Nossa legislação não permitiria que operasse no Brasil uma universidade como Harvard. Seria expulsa por contrariar as ideias e normas vigentes. Será que os princípios de funcionamento de Harvard são pervertidos e nós é que estamos certos? É sempre bom entender como funcionam as instituições que deram certo.

Deixemo-nos levar pelas asas da imaginação. Suponhamos que tenham ocorrido dois eventos de magna importância. Primeiro, a lei que reformaria a universidade brasileira foi aprovada na íntegra. Segundo, Harvard se mudou para o Irajá, no Rio de Janeiro, e faz tudo exatamente como sempre vinha fazendo em Cambridge (aliás, o seu ex-presidente, Larry Summers, comprou casa em Nilópolis e vai sair na Beija-Flor). Vejamos como funcionaria "Harvard, a Nova":

- Os seus institutos de pesquisa não são "integrados" (e tutelados) pelo governo federal. São independentes e donos de seu nariz.
- O *campus* está cheio de estrangeiros, ensinando e chefiando departamentos. No futuro, todos os alunos deverão passar pelo menos um semestre em outro país, perdendo a sua cultura e apreendendo línguas alienígenas.
- Os departamentos (ou suas fundações) vendem seus projetos livremente e se apropriam do dinheiro, não dando nenhuma satisfação à reitoria. Não existe caixa único. Seu ensino é mercantilizado, pois cobra vorazmente de todos a quem vende cursos, serviços e pesquisas. Nada é de graça (embora haja muitas bolsas para quem não pode pagar). Há uma busca furiosa por recursos, onde quer que possam estar.
- Entre pobres e ricos, entram somente os candidatos mais talentosos, impiedosamente selecionados.
- Não existe gestão democrática nem votação direta para cargo algum. Não há participação de sindicatos no processo decisório. Os habitantes locais não dão palpites, pois Harvard não tem "articulação com a sociedade local". Tampouco existe "gestão pluralista dos recursos da instituição", ou "comitês superiores de funcionários e alunos". Não há conselhos eleitos por instituições externas, para dar diretrizes e fiscalizar seu funcionamento, nem membros do Movimento dos Trabalhadores Sem Terra (MST) em seus conselhos.
- De fato, não há pessoas ou instituições de fora mandando, dando orientações ou escolhendo os seus dirigentes.

Diante de suas práticas autoritárias e antidemocráticas e do arrepio da raízes culturais da nossa sociedade, orientado pelo parecer dos seus doutos conselheiros, o MEC manda fechar Harvard. Seu comportamento contraria quase todos os princípios postulados pela nova legislação proposta ao Congresso Nacional. Portanto, a universidade não é digna de permanecer em solo verde e amarelo. É justa a sua expulsão. Logo após, Larry Summers recebe convites de 189 países, pedindo que sejam escolhidos como nova localização.

Mas voltemos ao mundo real. Harvard é considerada a melhor universidade do mundo. Quando universidades suecas saíram desse trilho e adotaram princípios na linha do que gostam de fazer as universidades públicas latino-americanas, criou-se uma grande balbúrdia e houve perda de qualidade. A coroa sueca foi obrigada a formar uma comissão internacional para descobrir por que havia despencado o seu desempenho. Em uma conferência na USP, o grande matemático francês Laurent Schwartz, citado anteriormente, narrou sua participação nesse grupo, cuja conclusão foi simples: o experimento não havia dado certo. Por indicação da comissão, a Suécia voltou atrás (veja-se o primeiro ensaio do presente capítulo). A lição foi aprendida, e nenhum país sério jamais se aventurou novamente por esses caminhos. Todos adotam regras meritocráticas semelhantes às de Harvard. De fato, quem quer virar universidade de primeira linha manda emissários às melhores para copiar algum modelo de gestão muito parecido com o daquela universidade.

Quando examinamos as universidades de primeira linha pelo mundo afora, verificamos que nelas manda quem é responsável por seu sucesso ou seu fracasso. Escolhem-se os dirigentes por critérios meritocráticos, entre candidatos buscados por seus dotes de liderança intelectual e administrativa. Mesmo nas públicas, em que o Estado é o responsável, as regras são parecidas. A meritocracia reina suprema. Os grupos de interesse não têm espaço para mandar. Nenhum dirigente faz campanha para ser escolhido, faz conchavo ou toma posse devendo favores. A política não entra – nem pela porta nem pela janela.

A se julgar pelo teor das propostas preparadas pelo MEC, na gestão do ministro Tarso Genro, não queremos universidades geridas como Harvard, nem como todas as grandes universidades do mundo, seja na Europa, seja alhures.

Para discutir

1. Quais as vantagens e as desvantagens criadas pelas fundações universitárias, associadas às universidades públicas brasileiras? Se deixassem de existir, o que aconteceria?
2. Discuta a presença de estrangeiros no ensino superior brasileiro. Há demais? Ou de menos? Qual o seu papel?
3. Como deveriam ser escolhidos os reitores das universidades públicas? Quais as vantagens e desvantagens do método que você propõe?

FUNCIONAMENTO

Não entendemos nosso ensino superior. Há equívocos por todos os lados. Alguns condenam o ensino privado sem conhecimento de causa. Acusam-se as universidades públicas, como se fossem entidades monolíticas. Outros pontificam sobre o que não sabem, falando de "indissociabilidade do ensino e pesquisa" ou de saturação de mercado. Fala-se de vagas sobrando. Criam-se reservas de mercado para esse ou aquele diploma. O besteirol parece infindável.

Cinco asneiras sobre o ensino superior

Eis uma coleção de equívocos que se perpetuam no imaginário popular. Espanta que tenham tamanha longevidade.

Por razões misteriosas, cultivam-se asneiras sobre o ensino superior. Até gente bem informada acredita em mitos e bobagens. Eis cinco delas:

1. *A indissociabilidade do ensino, pesquisa e extensão.*

É a asneira mais vetusta de quantas há no setor. O melhor ensino tanto pode ser oferecido em instituições que fazem pesquisa quanto em outras que não a têm. Nesta segunda categoria estão as *grandes écoles* francesas e os *liberal arts colleges* americanos. Neles se oferece o melhor ensino do país e se afirma em alto e bom tom que pesquisa não faz parte de sua agenda. No Provão de direito, menos de um terço dos cursos de nível A está em instituições com pós-graduação na área (isto é, na qual poderia haver pesquisa). Mas a tolice adquire foros mais nocivos quando o ensino superior se massifica. A pesquisa é essencial para o país, é uma especialização desejável para certas instituições. Contudo, não é uma necessidade para todas. Ademais, é uma impossibilidade para a maioria.

2. *O ensino privado é muito pior do que o público.*

Parecia verdade, mas o Provão e o Enade mostram um cenário muito mais ambíguo. A superioridade nas universidades públicas não atinge todas as áreas e somente se observa no topo da pirâmide, isto é nos 12% de cursos de nível A (no Provão). Nos cursos B, ainda há alguma superioridade das públicas, mas a diferença é pequena. Em contraste, privado e público se confundem nos cursos de nível C, em que estão 40% dos alunos. E, entre as piores, há um bom número de públicas. Resumindo, apenas para aqueles que almejam matricular-se nas 12% melhores a questão pública *versus* privada vai fazer uma diferença clara.

3. *Os mercados estão saturados, havendo mais formandos do que empregos.*

De fato, há muitas vezes mais graduados do que empregos com o mesmo nome do diploma (economia ⇒ economista). Catástrofe? Não. Em todos os países desenvolvidos existem centenas de ocupações exigindo curso superior sem que requeiram diplomas específicos. Portanto, as sobras de diplomados vão para essas posições (administrativas e de serviços). Por isso, o nível médio de rendimento dos universitários é bem mais alto do que o dos sem diploma, e as taxas de desemprego, bem mais baixas.

4. *O governo deveria fechar muitas escolas
privadas que não passam de caça-níqueis.*

Se há liberdade de comprar iates que ofendem os pobres e cigarros que dão câncer, pagar por um curso superior parece inofensivo. Se é cumprida a lei e o cliente sabe o que está comprando (com o Provão/ENADE não há mais farsas), por que impedi-lo? Obviamente, áreas como a medicina requerem sério controle de qualidade, para que os futuros profissionais não matem seus clientes. Mas, no geral, mesmo uma educação fraca ajuda no mercado de trabalho, na cidadania e na educação dos filhos. Importa menos um fugaz padrão de qualidade que se queira estabelecer (criando uma grande exclusão) e mais o que aprendem os alunos no decorrer dos quatro anos de estudo (o valor adicionado). Por tudo que sabemos, um curso mais modesto pode trazer luzes a um aluno fraco. A verdadeira preocupação deveria ser com o ensino público, cujo curador, o governo, deve assegurar que os resultados sejam compatíveis com os custos. Além disso, é papel do governo estabelecer condições mínimas para a operação de faculdades públicas e privadas (professores têm perfis adequados, as aulas acontecem, etc.).

5. *Em vez de ensinar, agora as faculdades
vão treinar para o Provão/Enade.*

Afora um ou outro desgarrado, todos estudamos para a prova. E, quase sempre, essas são improvisadas, tanto na preparação quanto na correção. Em contraste, o Provão e o seu sucessor, o Enade, são exames discutidos, preparados e corrigidos pelos melhores professores do país. Em princípio, estudar para o Provão é estudar o que os melhores mestres consideraram ser os conhecimentos mais centrais da carreira. Pode e há desacordos e desvios, mas sempre serão provas melhores do que aquelas preparadas pelos professores, sem maiores cuidados ou critérios técnicos. Mais ainda: uma prova bem-formulada requer conhecimentos de ordem superior, em que não é possível ser adestrado na resposta certa. Portanto, é ótimo que os alunos estudem para o Provão. Contudo, tem seu lado negativo, pois o Provão pode tolher inovações e flexibilidade. Tende a pasteurizar os currículos.

> **Para discutir**
>
> 1. Na faculdade em que você estudou (ou na de alguém a quem você possa perguntar), que proporção dos professores fazia pesquisa regularmente? Os professores que faziam pesquisa eram melhores ou piores na sala de aula?
> 2. Discuta as políticas públicas apropriadas para as piores faculdades privadas. Faça o mesmo para as públicas. Há diferenças nessas políticas? Por quê?

Geografia e mitologia da pesquisa

O Brasil importou o mito de que bom ensino, só com pesquisa junto – o que nenhum país sério jamais tentou universalizar. Mas há uma confusão semântica. A pesquisa que avança o conhecimento tende a ser cara e exigente, portanto, limitada. Mas a pesquisa que enriquece o ensino é aquela feita pelo próprio aluno, no nível de dificuldade que ele pode enfrentar.

Das religiões surgidas no mundo do ensino superior, uma das mais fundamentalistas é aquela que prega a indissociabilidade entre o ensino superior e a pesquisa. Seu profeta foi Humboldt (o irmão do naturalista), que, já há quase dois séculos, pregou a criação de uma universidade voltada para a pesquisa.

Mas, quando buscamos os namoros da pesquisa com o ensino pelo mundo afora, as lições da geografia são inexoráveis. Não existem fórmulas únicas nem vencedoras. E, na tradução dessa geografia para as terras tupiniquins, há mais mito do que realidade.

Na França, temos universidades que nem fazem o melhor ensino nem a melhor pesquisa. O ensino de elite está nas *grandes écoles*, nas quais não deveria haver pesquisa, pois, reza a tradição, atrapalha o ensino. E a pesquisa mais pesada se dá em instituições em que não existe ensino.

Das 3.700 instituições de ensino superior nos Estados Unidos, só 120 dispõem de programas consistentes de pesquisa visando à publicação. Das outras, pede-se apenas boa instrução e uma pesquisa ocasional, voluntariamente empreendida por professores interessados. Parte do ensino mais esmerado e elitizado se dá em pequenas instituições que nem sequer oferecem pós-graduação (os *liberal arts colleges*). O prestigioso Middlebury College, no seu documento de recredenciamento, nem mesmo menciona a palavra pesquisa. A maioria dos mil *community colleges*, oferecendo cursos de dois anos, não aceita Ph.D.s como professores, pois acredita que esses só pensam em pesquisa e não têm paciência para lidar com alunos academicamente mais fracos. Tampouco o tempo integral é oferecido a todos os professores naquele país. Nos *community colleges*, nem a metade dos docentes está em tempo integral.

Sem distinguir áreas nem tipos, o Brasil importou o mito de que bom ensino, só com pesquisa junto – o que nenhum país sério jamais tentou universalizar. Sofre a pesquisa nas universidades federais, com o dreno de recursos para manter quase todos os professores em tempo integral, supostamente para que façam pesquisa. Ainda assim, apenas cerca de 20, dentre as 2 mil instituições de nível superior, têm um volume significativo de publicações científicas. Pior, a legislação força a contratação de professores com um presumido perfil de pesquisador, ignorando a experiência profissional. Sofre o ensino, quando a meta declarada é a pesquisa publicada, sem nenhum incentivo ou prêmio ao desempenho em sala de aula.

Nas universidades privadas, com ínfimas exceções (p. ex., a PUC-RJ), são ralas as pesquisas e as publicações, embora haja alguns enclaves de boa pesquisa em grande parte delas. A razão é simples: Beatriz C. Mello estima que, para criar uma massa crítica de pesquisa, um quarto dos professores deveria estar em tempo integral. Sem fundos públicos, para financiar esses professores que fariam a pesquisa, uma universidade privada teria de, pelo menos, dobrar as mensalidades. Pouquíssimas instituições no país tem um alunado que possa pagar o dobro do que paga hoje.

Mas a ficção da pesquisa precisa ser preservada, pois a lei diz que ensino superior deve ter pesquisa. E, sem ser universidade, não se podem criar cursos sem passar pela via-sacra dos corredores do MEC, a penitência imposta às demais instituições.

Grande parte da barafunda resulta de uma semântica obscura. Todas as pesquisas se parecem no gesto e no método. A pesquisa que avança o conhecimento, publicada em poucos periódicos de renome, tende a ser cara e requer forte dedicação dos autores. Geralmente, tal pesquisa ocorre em poucas universidades. Mas há outra, de cunho didático, que pode e deve ser feita por professores e alunos, com ou sem tempo integral. A lógica é a mesma, só que a busca de originalidade não é o principal motor (embora haja surpresas) e sim a educação do aluno. Dependendo da área, custa pouco mais do que o tempo das pessoas. Quase sempre é uma pesquisa singela e pouco ambiciosa. Mas o método não diverge essencialmente de suas versões publicáveis. Embutida na boa prática pedagógica, é a pesquisa que irriga e dá asas ao ensino. Em qualquer caso, mostra como pesquisar, isto é, como aplicar o rigor e o método científico na busca de respostas para problemas concretos. O melhor exercício para entender uma teoria é sua aplicação ao mundo real. Deve, portanto, ser parte integrante das atividades de sala de aula. Justifica-se sempre, porque a pesquisa que enriquece o ensino é aquela feita pelo próprio aluno, no nível de dificuldade que ele pode enfrentar. Portanto, traz consequências benéficas indiscutíveis. Essa indissociabilidade faz sentido. Mas o nosso ensino superior ignora essa versão e sofre com o arremedo da outra.

> **Para discutir**
>
> 1. Se você estudou em uma faculdade, quantas pesquisas "de verdade" foram realizadas por você durante o curso? Você sente que aprendeu ao conduzi-las? Se não estudou, pergunte a alguém que estudou.
> 2. A disciplina de fazer uma pesquisa, espera-se, será transferida para a sua vida pessoal e profissional. Na pesquisa, você viu como se formulam perguntas precisas e como conduz o processo que leva às respostas. Você viveu essa experiência quando era estudante? Acha que lucrou com ela? Dá para usar essa experiência no seu cotidiano?

O brasileiro da Nokia

Grande parte do nosso ensino superior é apenas um esforço para dar aos graduados o nível de competência que tem um graduado do médio na Europa. Nada errado com esse esforço, pelo contrário, eleva o nível de competência da nossa força de trabalho. É um mal necessário, enquanto o ensino básico falhar nas suas funções de oferecer uma boa educação.

"Ecologia é o estudo dos ecos." Esta resposta foi dada em um vestibular. Por tudo que se sabe, o candidato pode bem haver sido aprovado e estar hoje formado em direito, administração, ou o que seja. Muitos bradam indignados contra tal estado de coisas, denunciando o absurdo de permitir entrar no superior uma horda de quase analfabetos.

Mas vejamos o outro lado.

A Nokia tem fábricas na Finlândia e também no Brasil. Imaginemos Alvar, um típico funcionário da fábrica finlandesa, com um curso médio completo (de 12 anos). Imaginemos agora o Mané, funcionário da Nokia brasileira. De quantos anos de escolaridade ele precisará, para se equivaler a Alvar, do ponto de vista da sua capacidade linguística e matemática? Por exemplo, para entender tão bem quanto Alvar um relatório técnico ou um manual de instruções.

Tomemos um graduado do nosso ensino médio público (que dura 11 anos). Suponhamos que se forme como bacharel em direito. Terá 16 anos de escolaridade.

Mas os dados do Pisa mostram que um brasileiro, em média, sabe o mesmo que um finlandês com 4,5 anos de escolaridade a menos. Tirando 4,5 dos 16 anos, terminamos com 11,5 anos. Em palavras outras e cruéis, se

Mané for bacharel em direito, ainda assim, não terá o nível de compreensão de leitura de Alvar, com seu reles diploma de médio.

O grande afluxo de alunos aos vestibulares mostra uma reação espontânea da sociedade, diante de uma educação pública de péssima qualidade. Os alunos e as empresas que os contratam não têm força para mudar a educação pública. Diante de sua impotência, fazem o que podem. Ou seja, para compensar a fragilidade das escolas, passam mais anos de vida estudando.

Cinco milhões estão no nível superior, para estudar mais quatro ou cinco anos. Pelo que nos dizem as pesquisas, aprendem muito nesses anos adicionais. Seu esforço traz grandes ganhos, mesmo para os mais fracos. Lucram os próprios alunos, as empresas e a sociedade. É infinitamente melhor do que assistir à novela ou tomar um chope.

A ideia é boa, desde que não seja em uma universidade pública que é muito cara, para o que dela podem tirar alunos mal formados. Mas não é uma boa opção de política pública, pois alongar a permanência na escola é uma maneira pouco inteligente de substituir uma educação fraca. Contudo, para os atores em jogo – alunos e empresas – é a única opção que resta. Diante do fracasso da escola básica, é o melhor que poderia acontecer.

Ao contrário do que se afirma, com total desconhecimento dos números, os alunos não estão sendo iludidos por promessas vãs de cursos superiores (embora haja públicos e privados de péssima qualidade). De fato, se cursarem um superior, sua renda média ao longo da vida profissional é 2,7 vezes a renda de um graduado do médio. E sua probabilidade de ficar desempregado é entre duas e três vezes menor. É um grande negócio. Para as empresas também é bom, pois muitos dos diplomados de superior passam a ter a preparação que poderíamos esperar de um graduado do médio, em vez de permanecerem semianalfabetos.

Menos de 20% dos bacharéis em direito passam no exame da OAB. E daí? Simplesmente, não serão advogados. Mas como em muitos outros países – incluindo a França – o curso de direito é uma excelente formação geral. Ou seja, direito é um curso que *também* forma advogados.

No ciclo básico, fazemos uma grande variedade de cursos, tais como geometria e história. Nem por isso seremos geômetras ou historiadores. Antes de tudo, a educação, de qualquer nível, é um processo de desenvolvimento intelectual. Aprendemos a pensar, a ler, a escrever, a usar números. Isso tanto pode ser o resultado de cursar disciplinas de geometria ou história como fazendo cursos superiores de filosofia, direito ou economia.

Em sociedades modernas, a proporção dos que trabalham no que corresponde ao diploma é cada vez menor. Isso já acontece no Brasil, onde bem menos da metade dos graduados exerce a profissão que está descrita no diploma (nas áreas sociais, a proporção cai para um quarto dos graduados).

Em suma, o curso superior é uma solução, diríamos, um remendo para compensar as fraquezas do que veio antes. Não é a melhor solução, mas menos mal que cada vez mais brasileiros optem por ela.

Para discutir

1. Quais as vantagens e desvantagens de se permitir que cursem o superior alunos que, tecnicamente, são analfabetos funcionais?
2. Converse com alguém que exerce uma profissão diferente do diploma. Indague por que mudou de ramo. Está satisfeito? Ganha mais ou menos do que seus colegas que ainda exercem a profissão original?
3. Faça uma lista das pessoas que você conhece e que têm diploma superior. Que proporção exerce o ofício aprendido na faculdade? Discuta os resultados.

A faculdade da roça

Não pode ser desprezado o papel social e econômico de uma faculdade de interior, mesmo quando mostra resultados fraquinhos. Desde que o ensino seja correto, ela está oferecendo uma chance de crescimento a um aluno e a uma comunidade, em geral, bem mais pobres e desprovidos de alternativas.

Nossas proezas no mapeamento do genoma da *Xylella fastidiosa* deram um artigo de capa na famosa revista *Nature*. No embalo, os cientistas foram contratados para tentar salvar a indústria de vinho da Califórnia, ameaçada por uma prima dessa bactéria. Esse é o tipo de trabalho que vitalmente esperamos de nossas universidades de pesquisa.

Mas ensino superior não é só isso. Fui recentemente visitar uma faculdade nos fundões das Minas Gerais. De colegiozinho, foi crescendo e virou faculdade. De tão mal construído, o primeiro prédio rachou. Mas, nos mais novos, com granito na entrada, as salas de aula dão inveja a muita federal. Os professores são os talentos locais, reforçados por alguns mestres de fora. A biblioteca é correta e os laboratórios impecáveis (exigência do MEC). Para algumas centenas de alunos, é a única chance de fazer um curso superior. Para a economia local, é mais uma atividade produtiva.

Como essa, existem 566 faculdades (privadas e comunitárias) esparramadas pelo interior, abrigando 300 mil estudantes. A maior parte faz o que pode, limitada pelas condições locais. Nos grandes centros, há doutores e mestres à vontade. No interiorzão, no máximo, um ou outro. A maioria consegue fechar o balanço, algumas com um lucrinho, outras nem isso. E, como em todas as áreas, há os que se enriquecem sem oferecer em troca um ensino correto.

O Provão e o Enade nos dizem quanto os alunos aprenderam ao se formar. Dificilmente uma dessas instituições mais modestas poderá brilhar com A e B no Provão. Na pesquisa que fiz com José F. Soares, mostramos que 80% da nota no Provão se deve ao nível do estudante ao entrar para o ensino superior. Ou seja, a qualidade do ensino oferecido pela faculdade só determina 20% do resultado. Quem recebe alunos fracos no vestibular está condenado a resultados modestos no Provão. Não existem mágicas, embora indivíduos possam dar grandes saltos por seu esforço.

Pelo desvelo dos donos da instituição que visitei, certamente ela não tirará nota E. Mas, para efeito de discussão, suponhamos que tirasse. O MEC deveria ir lá e fechar a faculdade?

Examinemos duas situações. Em uma, a instituição não oferece um ensino que atinja os padrões do MEC. É negligente, incompetente ou pobre demais. Não alcança um mínimo razoável de qualidade. Nesse caso, não tem perdão, que seja tratada com todo o rigor – como já está acontecendo com algumas. Mas e se está tudo direitinho e o único pecado é receber alunos fracos?

Na área médica ou em outras em que há questões de segurança envolvidas, que se exijam mínimos invioláveis. Mas, afora esses casos, será que os estudantes e a sociedade ganham ao se deixar operar uma escola que obtém nível E? Landeira-Fernandez (PUC/Universidade Estácio de Sá – Unesa) e R. Primi (Universidade São Francisco) trouxeram a resposta. Tomaram cinco faculdades de psicologia, de A a E. Em cada uma, aplicaram o Provão aos calouros. Embora o teste seja para formandos, cultura e uso do raciocínio lógico permitem que um calouro acerte várias perguntas. Os da faculdade A obtêm os escores mais altos, seguidos pelos da B, ficando por último os da faculdade E. Ou seja, a melhor instituição recebe os melhores alunos e produz os melhores diplomados, o que não é uma surpresa.

Mas podemos subtrair as médias do Provão oficial de cada faculdade da média do Provão aplicado aos calouros. Essa diferença nos dá os ganhos obtidos no decorrer do curso. Esse ganho é chamado de valor adicionado. O da faculdade A é um pouco maior do que o da B, e assim por diante. No entanto, mesmo os alunos da faculdade E têm um ganho de pontuação apenas ligeiramente menor. No absoluto, ficam bem abaixo dos da faculdade A no final do curso, pois partem de uma base mais baixa. Mas, por estudarem quatro anos, crescem em pontuação quase o mesmo que os da faculdade A.

O papel social e econômico até de uma faculdade E não pode ser desprezado. Desde que o ensino cumpra a regulamentação (um papel nobre para o MEC é verificá-lo implacavelmente), ela está oferecendo uma chance de crescimento a um aluno, em geral, mais pobre e vítima de uma educação prévia de má qualidade. O dedo acusador contra toda faculdade E não passa de ignorância, elitismo ou luta por reserva de mercado.

> **Para discutir**
>
> 1. O penúltimo parágrafo afirma que o "valor adicionado" de um aluno fraco em uma instituição igualmente fraca é ainda muito positivo. Quais as implicações desse fato para a política educativa?
> 2. O que fazer com as faculdades de nota E? Que critérios particulares deveria haver para regular a sua vida?

Muitas universidades em uma só

As ferozes críticas às nossas universidades públicas são inapropriadas por ignorar a variedade institucional dentro delas. Não há adjetivos ou epítetos que possam resumir tudo que acontece dentro de uma universidade, pois a variedade é excessiva. Em um extremo, a graduação está cheia de problemas. No outro, a pós-graduação é o que de melhor temos em matéria de ensino.

São merecidas quase todas as críticas que acusam as universidades federais de desmazelo, ineficiência, improdutividade e descumprimentos em todos os azimutes. Geram-se assim os custos tão altos como o das universidades europeias, sem a mesma qualidade e sem que os professores sejam bem pagos. Na verdade, quase tudo resulta das péssimas regras do serviço público, que estiolam o bom e premiam quem descumpre, em vez de puxar-lhe as orelhas. Os orçamentos são rígidos, não permitindo gastar onde é preciso e economizar onde é possível. Vão-se os dinheiros e ficam os magros resultados.

Mas quase todos os críticos se esquecem de dizer que esses males afetam, sobretudo, a graduação. De fato, dentro dessa estrutura carunchada, há mais três universidades escondidas, todas elas brilhantes, ou quase.

Há a pós-graduação, produzindo muita pesquisa, uma boa fração dela passando pelo crivo das publicações nos periódicos internacionais mais competitivos. A cada dois anos, o Brasil passa na frente de algum país no volume de publicações tabuladas no *Citation Index*. A razão desse sucesso é ser a pós-graduação movida pelos fundos competitivos, pela avaliação impiedosa dos pares e pela pressão para produzir mais e melhor. Os professores desses quase 2 mil cursos não podem se permitir entrar em greve, pois têm prazos a cumprir. São as joias da coroa (embora alguns defeitos estejam hoje clamando atenção).

Há também as fundações que operam dentro das universidades, com um espírito furiosamente capitalista, viabilizando a venda de serviços, cursos, pesquisas e, cada vez mais, desenvolvimento tecnológico. Dentro delas está a extensão, a ala mais dinâmica da universidade. Como nas universidades públicas americanas, geram os recursos necessários para novos equipamentos, para os assistentes de pesquisa e para comprar o que os apertados orçamentos de custeio não permitem. Algumas fundações aumentam em até 30% o orçamento regular da universidade. Ainda assim, são alvo de ataques furibundos de alguns, respaldados por uma ideologia coberta de teias de aranha. Por inveja, algumas fundações são sangradas por pedágios exorbitantes, cobrados pela administração central. Em uma delas – bem-sucedida na área empresarial –, diante do excesso de cobrança de taxas de administração, os professores pediram demissão, em bloco, levando todos os contratos e criando uma fundação independente. Ficou a universidade a ver navios, com sua fundação vazia e sem os recursos extras que iam para outros departamentos.

Finalmente, há o setor informal operando dentro das federais. São os professores que oferecem seus serviços em um mercado cinza. São consultores, profissionais liberais, professores em outros lugares ou assessores de outras instituições. Sem tais biscates, muitos dos melhores deixariam a universidade, atraídos pelos salários mais altos do mercado. Para seus alunos, trazem a experiência que não existe dentro dos muros da universidade. Ou seja, boa parte da experiência profissional dos professores resulta de suas incursões na consultoria ou na operação de seus próprios negócios, ao arrepio das ortodoxias universitárias.

Essa quádrupla universidade pode ser vista de dois ângulos. Podemos lamentar os pecados contra a castidade administrativa, a confusão e as distorções, além da iniquidade de um sistema em que alguns ganham muito e outros, muito pouco.

Contudo, diante do marco regulatório que existe e dos obstáculos políticos para mudar as regras de funcionamento da universidade federal, há os que veem nessa barafunda um mal menor. Se não mudam as leis nem os regulamentos, melhor essa colcha de retalhos de ilegalidades e maquiagens. Seria pior a alternativa de uma pós-graduação esterilizada pelas perdas de receita. Haveria uma queda abrupta na participação dos professores em atividades socialmente úteis e o risco de perda dos melhores. O contribuinte pagaria quase o mesmo, e não teríamos o impressionante volume de pesquisas e os primeiros passinhos na tecnologia. Afinal, esse time de professores é o que de melhor possuímos em recursos humanos esplendidamente preparados.

Temos dentro do mesmo campus uma favela composta de uma universidade trôpega e três vibrantes. Três a um. Se não dá para melhorar, como está ainda ganhamos o jogo. O que não podemos é deixar piorar, destruindo essa favela produtiva.

> **Para discutir**
>
> 1. Considere a situação dos professores das áreas profissionais que têm consultorias e empregos, em paralelo ao seu regime de dedicação exclusiva que os impediria de exercer tais funções. O que fazer diante dessa situação?
> 2. Por que as fundações universitárias são consideradas indispensáveis para a pesquisa? Que alternativas haveria?

QUEM VAI PAGAR A CONTA?

Não há ensino gratuito. Alguém paga a conta. Quando não é o interessado, é o contribuinte que, na média, é bem mais pobre do que os alunos das universidades públicas. Esse é um contencioso da sociedade brasileira. Seja como for, a meta de aumentar as chances dos menos prósperos de entrar no superior nos leva às discussões de cotas e de bolsas de estudo. Também candente é a propalada má qualidade de boa parte do ensino privado, bem como o custo elevadíssimo das universidades públicas.

A rifa viciada do Fiat e a doação da bicicleta

Praticamente todos chegam ao ensino público fundamental. Para os que se formam nele, há vagas no médio. Com cada aluno matriculado nesses dois níveis, a cada ano, o governo gastará o equivalente ao valor de uma boa bicicleta. É um ensino medíocre – para ser muito otimista – com custos igualmente modestos. É enorme o contraste com quem cursa uma universidade federal, cujos gastos anuais por aluno atingem o valor de um Fiat Uno. Ao se formar, o jovem terá recebido um presente igual a quatro automóveis.

O problema é que a bicicleta é garantida e o Uno tem de ser ganho na rifa. De uma coorte de cerca de 3 milhões e meio, algo como 400 mil encontrarão vagas no superior público. Ou seja, se todos tivessem igual probabilidade de entrar nessa rifa, as chances seriam de um em 11.

Infelizmente, as cartas estão marcadas, é uma rifa fajuta. Entra quem teve a chance de ter uma família que valoriza educação e tem acesso a boas escolas – em geral, privadas. Se supusermos, grosseiramente, que dois terços da população é de "classe operária" e que a participação desse grupo no ensino superior federal talvez não atinja 10%, as chances dos pobres andam por volta de um para 90.

Os demais 90% dos alunos das universidades públicas vêm dos vários matizes da mal definida "classe média". Quem quiser indicadores mais visuais da sua prosperidade, que examine o estacionamento de uma universidade pública.

Mas quem são os alunos? Quase sempre, são graduados daquelas melhores e mais caras escolas privadas do ensino médio. Para eles, a chance de ganhar um Fiat é de quase 100%.

Em outras palavras, a classe média tem 90 vezes mais chances de ganhar nessa rifa, comparado com os pobres (são estimativas grosseiras, mas não fogem demais do mundo real). Examinando dados equivalentes, somente 1% dos realmente pobres entra no superior público. Em matéria de iniquidade, é um prato cheio.

Não é preciso dizer mais para deixar clara a presença de um sério problema de equidade. Aos ricos, os quatro Fiats, aos pobres, as bicicletas. A solução óbvia para reduzir os privilégios dos ricos seria a cobrança de anuidades dos alunos. Mas tal política se tornou um ícone de luta na educação brasileira, desde os tempos do regime militar, como se fosse uma causa com algum resquício de justiça.

Este talvez seja o mais clássico exemplo de uma ideologia de esquerda sendo usada para defender interesses privados da classe média. Os alunos do ensino superior público, quase todos oriundos de classes de renda que os coloca bem acima da renda *per capita* média, conseguiram o apoio de grupos que se dizem de esquerda, para um movimento que, em outros tempos, se identificou com os grandes temas de justiça social.

Diante de outros problemas até mais importantes, a pergunta que um político com juízo tem de fazer é se a defesa de uma causa sólida de equidade – melhor distribuição dos gastos com educação – justifica transformar a universidade pública em uma praça de guerra. Há sempre a ameaça dos fogos de artifício e badernas criadas pelos interessados em conseguir de graça o que deveriam pagar e pelos irresponsáveis que querem ver o circo pegar fogo.

Minha posição pessoal é que isso não é um contencioso para o Ministério da Educação, mas para o Legislativo. É lá que se resolvem esses problemas. Há um progressivo deslocamento da opinião pública em favor de uma cobrança seletiva e judiciosa por parte daqueles que podem pagar. Será que já há maioria no Congresso?

Deveríamos, em paralelo, atacar outros aspectos até mais angustiantes da falta de equidade do sistema educativo. Como dissemos, são as condições familiares e a má qualidade da educação pública que reduzem em muito as chances dos mais pobres de concorrer em igualdade de condições com os que podem pagar melhores escolas privadas, cursinhos ou mesmo escolher as melhores escolas públicas (como as escolas técnicas federais e os colégios de aplicação universitários).

Portanto, a primeira política a merecer todo o interesse dos administradores é o desafio de melhorar a escola pública fundamental e média. Essa é a medida de maior efeito sobre a equidade no ensino superior – e em todos os outros. Na verdade, é uma política cujos benefícios ultrapassam o acesso ao ensino superior. É resolver o nó mais cego do nosso ensino. Acesso ao ensino superior para os mais pobres vem de lambuja.

Certamente, houve enormes progressos nessa área, capturados quantitativamente pelo conjunto de duas estatísticas:
(i) o aumento das graduações no ensino médio e fundamental é admirável; e
(ii) os dados do Saeb mostram que isso se deu sem que houvesse uma perda significativa de qualidade no ensino. Ao contrário do que se poderia supor, os escores do Saeb se mantêm quase estáveis. Mas falta muito para chegarmos a ter uma boa educação e a distância de desempenho entre pobres e ricos é imoral.

Dentro dessa linha de melhorar a qualidade acadêmica dos alunos mais pobres que se aproximam do vestibular, pode haver intervenções pontuais e eficazes. Por exemplo, as universidades federais poderiam operar cursinhos para aqueles alunos de origem mais modesta que revelem um bom potencial de competir nos vestibulares. Isso seria um empurrão relativamente pequeno do ponto de vista de custos, mas que poderia aumentar fortemente a presença de alunos de origem mais modesta no ensino superior. O apoio que a Universidade Federal de Santa Maria (UFSM) dá às escolas públicas dos municípios vizinhos é exemplar. Com essa intervenção, dois terços dos seus alunos vêm de escolas públicas.

A segunda política seria criar um sistema paralelo de cobrança. Seria criada uma fundação, dirigida por um triunvirato da universidade, professores e alunos. Suas finanças seriam totalmente independentes da universidade e haveria uma regra rígida de que não poderia haver qualquer transferência de recursos para os cofres da universidade. Essa fundação cobraria dos alunos que podem pagar e usaria os proventos para dar bolsas aos que não têm condições de manutenção durante seus estudos.

Um mecanismo bem melhor para criar cotas para alunos de ensino público foi desenvolvido na Universidade Estadual de Campinas (Unicamp). Uma pesquisa mostrou que, considerando alunos com resultados acadêmicos comparáveis no vestibular, aqueles de nível socioeconômico mais baixo tendiam a mostrar um rendimento melhor durante o curso. Ou seja, saem-se melhor ao longo do curso os alunos que, apesar das desvantagens de origem, conseguem pontuação equivalente (ou quase) no vestibular. Veio daí a ideia de dar um prêmio de pontuação no vestibular. Alunos de escolas públicas ganhariam 30 pontos a mais. Isso permitia admitir alunos mais pobres que quase foram aprovados e rejeitar alunos mais ricos que quase foram reprovados. A pesquisa sugere que não haverá perda de desempenho da turma assim formada. Universidades como USP e UFMG adotaram também essa fórmula.

Tais mecanismos, contudo, ainda não seriam respostas a um problema aflitivo e que recebe infinitamente menos atenção. Há um número pequeno – mas significativo – de candidatos modestíssimos que poderiam competir nos vestibulares das carreiras mais competitivas. Contudo, são obrigados a optar por cursos menos exigentes em tempo, para que possam trabalhar e se manter. Diante da escassez de cursos noturnos nas federais, muitos preferem trabalhar de dia e pagar as mensalidades de uma instituição privada noturna.

Esses são os heróis que sobreviveram a todas as barreiras de acesso. São obrigados a escolher um curso de menores ambições, por falta de recursos para o tempo integral requerido nas carreiras mais desejadas e melhor remuneradas das universidades públicas.

Se as privadas têm clientelas de menor poder aquisitivo e suas mensalidades, em média, correspondem a um terço do custo das públicas, cobrar o valor desse terço seria mais do que razoável, pois é um custo que pode ser arcado por, pelo menos, dois terços dos alunos das federais – que seja a metade, para tomar uma hipótese exageradamente conservadora. Com esses recursos, seria factível dar bolsas de manutenção para praticamente todos os alunos mais pobres que conseguirem passar nos vestibulares. As fórmulas para medir as reais necessidades econômicas dos candidatos existem e são usadas tanto no Brasil como em outros países. De resto, é o que se faz no Programa Universidade para Todos (Prouni).

A vantagem dessa fórmula é, antes de tudo, política. Os argumentos ideológicos em oposição ficam muito atenuados. É mais desconfortável ser contra.

Mas há um problema legal-administrativo a ser resolvido. Como impor a cobrança? Voluntária? É pouco eficaz. Pressão moral? Pode ser. Mudanças de legislação? Criar um tributo? Cumpre aos nossos advogados tão criativos em inventar liminares a tarefa de encontrar a solução.

Para discutir

1. Por que haveria tanta oposição à cobrança de mensalidades nas instituições públicas? Separe os argumentos factuais dos ideológicos.
2. Se você pudesse decidir nesses assuntos, mas tivesse poucas possibilidades de aumentar gastos, como modificaria o sistema? Justifique.

O MEC acertou: Prouni

A grande expansão do ensino superior privado está chegando ao seu limite. Os que podem pagar já estão matriculados. A expansão subsequente teria de vir das classes mais modestas que, cada vez mais, estão conseguindo terminar o ensino médio. Contudo, esses alunos não têm os meios financeiros para pagar as mensalidades. O Prouni está se revelando uma saída interessante para esse dilema.

Em 1881, o imperador Dom Pedro II deu uma bolsa para Augusto Barbosa ir estudar siderurgia na Europa – uma das primeiras bolsas de estudo do país. O bolsista fez melhor: lá se casou e trouxe o sogro a tiracolo, Jean Albert Gerspacher, um experiente engenheiro siderúrgico suíço. O resultado foi a construção em Itabirito da Usina Esperança, a primeira siderúrgica comercialmente viável no Brasil – que ainda funciona.

Substituindo iniciativas raras e isoladas como essa, na década de 1950 nascem os programas de bolsas, com as fundações Ford, Rockefeller e a Usaid, desencadeando um programa de formação de pesquisadores e cientistas. Capes e CNPq expandiram o sistema. Eis a origem do grande salto da ciência brasileira, recém transmigrando para a produção tecnológica, prometendo ser a grande arma de nossa competitividade.

Até agora, as bolsas de estudo têm sido predominantemente usadas para promover a ciência e a tecnologia brasileiras. O objetivo é pura e unicamente pescar os mais talentosos e neles investir o que for preciso. É necessário continuar tais programas.

Mas aparece no horizonte um outro objetivo para as bolsas de estudo. Há alguns anos, observávamos o rápido crescimento do ensino médio e fazíamos previsões róseas sobre um início de democratização do ensino superior. Como os pobres começavam a terminar o ensino médio, imaginávamos que seriam espontaneamente incorporados ao ensino superior, pelo menos modestamente.

Contudo, as estatísticas recentes jogam um balde de água fria: houve pouca inclusão de novas camadas sociais no ensino superior, apesar de o ensino médio ter praticamente triplicado em 10 anos. As causas são conhecidas. Como o ensino superior público não cresce, a presença dos pobres aumentou muito pouco, diante de vestibulares altamente concorridos.

O ensino privado precisa pagar suas contas e tem de repassar os custos para os alunos. Dadas as regras do MEC, não são possíveis reduções significativas nos custos operacionais e, portanto, nas mensalidades. Inevitavelmente, os alunos abaixo de certo nível de renda familiar não conseguem pagar as mensalidades.

Em outras palavras, muitos pobres agora chegam ao limiar do ensino superior. Mas não conseguem competir pela matrícula nas universidades públicas nem pagar as mensalidades das escolas privadas. Alguns poucos quase chegam, mas morrem na praia. Começam seus cursos, mas vão se endividando e perdendo sua capacidade de continuar pagando as mensalidades.

Até que o sistema público volte a crescer, a ideia salvadora são as bolsas de estudo. O ministro Tarso Genro apoiou uma iniciativa do seu então secretário executivo, Fernando Haddad. E acertou em cheio ao propor que o sistema de ensino privado conceda bolsas de estudo aos alunos mais pobres e seja compensado, por via de abatimentos nos seus impostos.

Esse esquema está longe de ser o ideal. Mais fácil seria um simples fundo para bolsas, pago com os recursos do Tesouro (semelhante ao que faz a Capes). Mas politicamente a máquina orçamentária mostra resistências maiores diante de aumentos orçamentários. A renúncia fiscal proposta é uma solução administrativamente mais complicada, mas funciona.

Abrem-se as portas do ensino superior a uma clientela mais pobre que estava bloqueada, porém ansiosa para entrar. O desafio foi transformar uma boa ideia em um bom programa. Como bem sabemos, o caminho foi árduo. Isso ficou demonstrado pelas duas centenas de emendas propostas à lei que criava esse programa, o Prouni.

A proposta de que os alunos incluídos viessem de famílias com renda até um salário mínimo (*per capita*) provocou uma discussão séria. Ficariam de fora muitos alunos ainda pobres, mas de renda um pouco superior. A decisão de excluir do Fundo de Financiamento Estudantil (Fies) quem não quiser participar do Prouni foi considerada autoritária.

Como esses, houve outros escolhos. A decisão de não criar filtros para a escolha da instituição ou curso a ser frequentado foi e permanece controvertida. Se o programa só se aplicasse a instituições com notas no Enade acima de um certo limiar, introduziria um grande incentivo à qualidade. Contudo, no ambiente conturbado em que se aprovou a lei, abriria outra linha de oposição a um programa já não muito simpático às nossas esquerdas, em geral, hostis ao sistema privado.

Como o valor da renúncia fiscal afeta diretamente a contabilidade das instituições, houve batalhas ferozes para negociar os dinheiros. Isso é esperado e é normal, seja no orçamento do Vaticano, seja em empresas com fim de lucro.

Um caso mais encrencado foi o das filantrópicas, que não pagam impostos. A reivindicação do MEC é que sua isenção tenha como contrapartida as bolsas para alunos escolhidos pelas regras do governo. Mas há a alegação de direitos adquiridos. Sem saber o que dizem os mais festejados juristas, o presente autor se cala.

No fundo, estávamos diante de uma situação clássica. Uma excelente ideia foi proposta. Suas implicações para a equidade de um sistema secularmente injusto eram promissoras. Mas havia uma negociação delicada entre as partes e muita gente torcendo para não dar certo. Foi preciso pragmatismo de ambos os lados, pois não era desprezível o risco de deitar-se tudo a perder ou parir um monstro. Felizmente, foi encontrada uma solução politicamente aceitável para todos e que se revelou boa para a sociedade.

A decisão de usar o Enem para selecionar os candidatos academicamente mais aptos foi decisiva. Isso eliminou o cunho assistencialista do programa, pois o Enem seleciona os portadores dos melhores escores.

Em um momento em que pouca coisa com sinal positivo veio do MEC, o Prouni foi a grande estrela. Conseguiu a proeza de ser eficiente, meritocrático e socialmente justo. Eficiente porque não criou uma grande burocracia e funciona sem tropeços ou sustos. Meritocrático porque seleciona os melhores candidatos. Nesse particular, os depoimentos dos donos de faculdades são unânimes. Em média, os alunos do Prouni têm desempenho ao longo do curso melhor do que os pagantes. E, quanto ao seu papel de justiça social, é um programa extraordinário, pois pesca os alunos mais talentosos das escolas públicas, desde que estejam em um patamar de renda muito modesto.

Para discutir

1. Por que os alunos do Prouni estariam obtendo resultados melhores do que seus colegas pagantes?
2. Compare o Fies com o Prouni. Quais as vantagens e desvantagens de cada um? Considere o plano pessoal e as políticas públicas.

APRENDENDO UM OFÍCIO NO SUPERIOR

As primeiras universidades formavam o clero e as elites. Ensinar uma profissão não era o seu objetivo. Contudo, progressivamente, o ensino superior passa a receber a missão de preparar os profissionais requeridos por sociedades que se modernizavam. Essa dupla militância sempre causou perplexidades e equívocos. No Brasil, o ensino profissional carece de uma boa base nas ciências e nas humanidades. E, paradoxalmente, não é suficientemente profissional, perdendo-se em divagações e sendo muitas vezes ministrado por pessoas que não praticaram a profissão.

O sofisma da especialização

O profissional de primeira linha pode ou não ser um especialista que tem a necessidade de conhecer as últimas teorias da moda. Mas não pode prescindir de uma formação de base nas ciências, na cultura e nas humanidades.

Alguém disse que um especialista é uma pessoa que sabe cada vez mais sobre cada vez menos. A frase é engraçadinha, porém errada. Cadê o especialista que só sabe de um assunto? Certamente, não está nos empregos mais cobiçados.

Pensemos no caso dos cientistas. Noventa e nove vírgula nove por cento dos mortais não entendem suas publicações, sobretudo nas ciências naturais. Mas um cientista fez um primário e secundário genérico, uma faculdade pouco especializada e os cursos de doutorado são bastante amplos e, quase sempre, multidisciplinares. Portanto, em seus 20 anos de estudos, relativamente pouco tempo foi concentrado em áreas especializadas. E, mesmo estudando áreas especializadas, muito do proveito foi afiar a capacidade de manipular ideias. No fundo, o bom cientista é um grande generalista que, além disso, domina uma área específica. Os russos tinham um curso para engenheiros especializados em tintas com pigmento orgânico e outro para inorgânico. Mas se são bons engenheiros é porque passaram muitos anos adquirindo uma competência mais ampla para analisar problemas e pensar claro.

É a maior capacidade de pensar de forma abrangente que faz de alguém um grande cientista e não um reles operador de laboratório. Robert Merton mostrou que a diferença entre um prêmio Nobel e outros cientistas é sua capacidade de escolher o problema certo na hora certa. Portanto, não é o conhecimento especializado que conta – embora seja necessário na pesquisa e em muitas outras áreas, mas a combinação deste com uma série de competências generalizadas. Ou seja, todo especialista de primeira linha é também um generalista.

Entre as ocupações valorizadas e mais bem remuneradas, há duas categorias. A primeira é a dos cientistas, engenheiros e muitos outros profissionais cuja preparação requer o domínio de técnicas complexas e especializadas – além das competências "genéricas". Ninguém vira engenheiro eletrônico sem longos anos de estudo. Mas pelo menos a metade das ocupações que requerem diploma superior exige conhecimentos específicos limitados. Essas ocupações envolvem administrar, negociar, coordenar, comunicar-se e por aí afora. Podem-se aprendê-las por experiência ou em cursos curtos.

Porém, somente quem dominou as competências genéricas trazidas por uma boa educação tem a cabeça arrumada de forma a aprendê-las rapidamente. Por isso, nessas ocupações há gente com todos os tipos de diploma. Nelas estão os graduados em economia, direito e dezenas de outras áreas. É tolo pensar que estão fora de lugar ou mal aproveitados, ou que se frustrou sua profissionalização, pois não a exercem. É interessante notar que as grandes multinacionais contratam "especialistas" para posições subalternas e, para boa parte das posições mais elevadas, traz pessoas com a melhor educação disponível, qualquer que seja o seu diploma.

Paradoxalmente, a profissionalização mais duradoura e valiosa tende a vir mais do lado genérico que do especializado. Entender bem o que leu, escrever claro e comunicar-se, inclusive em outras línguas, são os conhecimentos profissionais mais valiosos. Trabalhar em grupo e usar números para resolver problemas, pela mesma forma, é profissionalização. E quem suou a camisa escrevendo ensaios sobre existencialismo, decifrando Camões ou Shakespeare pode estar mais bem preparado para uma empresa moderna do que quem aprendeu meia dúzia de técnicas, mas não sabe escrever.

A lição é muito clara: o profissional de primeira linha pode ou não ser um especialista, dependendo da área. Pode ou não ter a necessidade de conhecer as últimas teorias da moda. Mas não pode prescindir dessa visão de conjunto que é oferecida pelo estudo das ciências e das humanidades. Sem tais alicerces intelectuais será um idiota, cuspindo regras, princípios e números que não refletem um julgamento maduro do problema. Portanto, lembremo-nos: especialista não é quem sabe só de um assunto. Ser profissional não é apenas conhecer técnicas específicas. O profissionalismo mais universal inclui saber pensar, interpretar a regra e conviver com a exceção.

> **Para discutir**
>
> 1. Francis Crick, ganhador do prêmio Nobel de biologia, era um físico. Poderíamos dizer que era um "especialista", considerando que seu diploma não coincidia com sua obra maior?
> 2. Você consegue identificar algum grande cientista que só conhecia a sua área específica de trabalho?
> 3. Um bom advogado é um especialista ou um generalista?

A epidemia dos diplomas?

Os diplomas de pós-graduação passaram a ser exigidos para ministrar disciplinas em que a experiência profissional é muito mais importante. Na prática, quem sabe fazer está sendo substituído por quem não sabe, mas exibe frondosos diplomas. Infelizmente, só quem é profissional consegue formar bons profissionais.

Um diploma é um pedaço de papel certificando que seu detentor possui os conhecimentos e competências correspondentes. Mas, no mundo real, há muitos conhecimentos que não correspondem a um diploma e há muitos diplomas que não cobrem os conhecimentos desejados.

Em particular, a experiência profissional requer muitos anos de trabalho na área e não é objeto de diplomas. No caso brasileiro, muitos diplomas de pós-graduação são recentes e seus detentores não têm os anos de trabalho prático no mundo real, sem os quais não se adquire a experiência correspondente. Ou seja, não podem saber o que traz a prática.

Um curso profissional é uma combinação de disciplinas de cunho mais acadêmico e outras mais aplicadas ou profissionais. Nas primeiras, os diplomas de mestrado e doutorado sugerem uma formação teórica completa e apropriada. Devem, portanto, ser a exigência normal para a docência.

Já nas disciplinas profissionais, a exigência de diplomas de mestrado ou doutorado pode ser um golpe fatal no profissionalismo. Se não há mestres e doutores com a experiência prática requerida para o exercício profissional competente, ou contratam-se pessoas com experiência e sem os diplomas ou contratam-se diplomados que não sabem nada da profissão.

Quem opera em áreas profissionais sabe bem da diferença entre diplomas e experiência. De fato, há um tipo de competências que só a experiência profissional pode suprir. O estudo clássico na área é o de Donald Schoen (*The Reflective Practitioner*[2]), onde ele fala de conhecimento tácito, da teoria da prática e do interstício que existe entre a teoria e a prática. Fala também de uma linguagem própria dos praticantes, diferente do conhecimento codificado. É o "olho clínico" do médico, é o *educated guess* dos estatísticos, é a "intuição" dos administradores. Na própria prática da pesquisa, o mais importante não está no livro de metodologia, mas na experiência acumulada do orientador.

Queremos cursos em que os professores das disciplinas profissionais tenham uma longa experiência de trabalho, correspondente às disciplinas que estão ensinando. Mas o corporativismo é forte.

Em visita a uma faculdade privada, vi no elevador um cartaz de recrutamento para a expansão do corpo docente. Explicitamente, era condição para candidatar-se a posse de diploma de mestrado ou doutorado. Em muitas disciplinas, isso é a sentença de morte no tipo de formação que pretendemos dar aos nossos alunos.

Por que esse edital na parede do elevador? Na prática, há bons profissionais no mercado que gostariam de ensinar o que praticam nas fábricas e escritórios. Com a vantagem de que são mais baratos do que mestres e doutores, pois são mil vezes mais numerosos. Mas o visgo do diploma é irresistível. Mesmo nas faculdades em que, pela regulamentação, apenas a metade dos profes-

---

[2] Schoen, D. *The reflective practitioner*. New York: Basis Books, 1983.

sores precisa ter mestrados ou doutorados, não se contrata quem sabe trabalhar. Nosso ensino foi contaminado por uma epidemia de diplomas.

> **Para discutir**
>
> 1. Tente identificar os conhecimentos que vêm da prática profissional, em contraste com o que se aprende na escola. Responda unicamente a partir de exemplos e casos concretos.
> 2. Tomando alguma carreira superior com a qual você tenha familiaridade, identifique disciplinas em que os diplomas são mais importantes do que a experiência e outras em que a experiência é mais importante.

Diplomas na Cartoriolândia

Um diploma informa que o seu possuidor cursou, com sucesso, uma determinada carreira. É uma informação muito útil. Mas as razões para que seja obrigado a tê-lo para o desempenho profissional são, quase sempre, erros egrégios. Somente em algumas poucas profissões há boas razões para que sejam exigidos.

Na época em que eu era aluno de pós-graduação do Mario Henrique Simonsen, seu nome já estava no catálogo de Harvard como professor visitante de economia. Paradoxalmente, ele era também aluno do segundo ano de graduação em uma faculdade de Economia (sem qualquer distinção). Por ser economista da Confederação Nacional da Indústria, apenas com o diploma de engenheiro, o Conselho de Economia o obrigou a fazer o curso (só que não assistiu a uma só aula, segundo depoimento dele próprio).

Se adotasse o mesmo critério desse douto Conselho, a Academia de Ciências da Suécia não daria o prêmio Nobel de economia a Herbert Simon e Daniel Kahneman, ambos psicólogos. Ou o de biologia a Watson, que era físico.

O diploma não passa de um atestado de que o seu portador cursou o programa indicado e teria satisfeito requisitos formais. Não é nem bom nem mau. Depende do uso dado a ele.

Nos casos benignos, oferece informações úteis. O diploma e sua reputação alguma coisa informam a quem precisa saber. Pode atestar conhecimentos específicos (o diploma de encanador do Senai atesta que o profissional praticou na escola o que fará na minha casa). Em outros casos, é mais vago, por exemplo: administrador, filósofo, etc.

Para certas profissões, faz sentido que a lei exija o diploma, pois protege consumidores indefesos. É o caso de profissões onde: (i) o erro tem consequências graves (saúde, acidentes). (ii) quem contrata o serviço não está em condições de avaliar o profissional. Nesses casos estão os médicos e pilotos, em quem temos de confiar, sem sabermos os meios de checar os seus conhecimentos.

Mas quem contrata engenheiros mecânicos ou administradores são empresas que sabem avaliar competências, portanto, não precisam ser "protegidas", sobretudo, por conselhos interessados em restringir a oferta. Nos casos mais malignos, a reserva de mercado impede o trabalho de quem sabe, mas não tem o diploma. Por exemplo: Chateaubriand e Roberto Marinho não poderiam ter sido jornalistas enquanto esteve vigente a reserva de mercado para jornalistas diplomados. Em contraste, como a Constituição alemã garante a liberdade de expressão, lá não se pode exigir diploma para ser jornalista.

Pela nossa Constituição, é o MEC quem cuida dos diplomas requeridos para ensinar nas universidades. Não obstante, os conselhos profissionais vêm tentando usurpar tal prerrogativa, ilegalmente impondo exigências de diplomas para a docência.

Se no mundo inteiro fossem catados os melhores professores de administração, pela interpretação capenga do seu Conselho Federal de Administração, poucos poderiam ensinar nas nossas faculdades. De fato, verifiquei que a maioria não era formada em administração. Ou seja, os nossos alunos estudam nos seus livros, mas eles estariam proibidos de ensinar.

De longa data, o MEC é pródigo em prestigiar diplomas e desvalorizar a experiência e competência. Músicos como Villa Lobos, Turíbio dos Santos e Jacques Klein não puderam ensinar em universidades. E Portinari, que nem tinha primário completo?

Na Universidade Federal do Rio de Janeiro (UFRJ), um aluno brilhante de física foi mandado para o Massachussets Institute of Technology (MIT), antes de completar sua graduação. Lá chegando, foi guindado diretamente para o doutorado. Com seu reluzente Ph.D., voltou ao Brasil. Mas sua candidatura a professor foi recusada pela UFRJ, pois não tinha diploma de graduação. Luiz Laboriou foi um eminente botânico brasileiro, com Ph.D. pela Caltech e membro da Academia Brasileira de Ciências. Mas não pôde ensinar na USP, pois não tinha graduação.

Outro aspecto nefando da nossa legislação de carreira para os pesquisadores brasileiros é glorificar as publicações e ignorar por completo as realizações no campo específico do trabalho profissional. O engenheiro que salva uma empresa ou aumenta a sua produtividade não terá sua carreira docente valorizada. Mas contará pontos um *paper* publicado por um colega sobre o trabalho brilhante desse mesmo engenheiro.

Podemos e devemos fustigar os rábulas da nossa Cartoriolândia. Se não protestarmos, quem o fará? Mas eles são apenas nossos representantes de plantão. No fundo, a culpa é nossa, pois idolatramos os diplomas e deles somos as vítimas.

> **Para discutir**
> 1. Considere a profissão de contabilista. Que razões haveria para exigir diploma para o seu exercício? E psicólogo? E por que psicanalista não precisa de diploma oficial para exercer sua profissão?
> 2. Portinari deveria ter sido autorizado a ensinar pintura? Quais os argumentos a favor e contra?

E se os professores cumprissem a lei? A ilegalidade virtuosa

Para preparar um profissional, é preciso que os professores das disciplinas aplicadas sejam praticantes dessas artes. Infelizmente, a dedicação exclusiva dos professores das universidades públicas impediria essa prática. O que salva o ensino é que grande parte dos professores das áreas profissionais descumprem a lei e estão fazendo algum tipo de trabalho no mundo real.

Burla a lei o professor de engenharia civil de uma universidade federal, contratado em tempo integral e com dedicação exclusiva, mas que também trabalha em uma empresa construtora. O arquiteto, no mesmo regime, que tem um escritório privado onde projeta edifícios. O médico que trabalha em um seguro privado de saúde. O engenheiro metalúrgico que dá assessoria técnica a uma siderúrgica. O professor de educação física que é técnico de voleibol de um time local. O professor de administração que dá consultoria a uma multinacional. O de informática que dá assessoria a uma empresa na instalação de redes. O professor de direito trabalhista que opera em um escritório, representando empresas.

Esses são exemplos de burla da dedicação exclusiva, que não permite aos professores nesse regime aceitar outros trabalhos fora da universidade. Mas não são exemplos isolados. Praticamente todos os professores das áreas profissionais e aplicadas estão fazendo algum bico, consultoria ou têm também empregos sólidos fora da universidade. Dentre os melhores mestres, são poucos os que respeitam seu impedimento legal de fazer outros trabalhos.

Mas está começando um movimento de moralização. Alguns cruzados do Ministério Público estão denunciando os abusos. Quem sabe a moda pega e conseguiremos eliminar todos ou quase todos os que descumprem o regime de dedicação exclusiva.

Vitória, dirão alguns. Mas provavelmente uma tragédia para nossa educação profissional. Imaginem se os futuros projetistas de estrutura aprenderem seu ofício com quem sempre cumpriu o tempo integral e, portanto, nunca construiu uma só casa. Ou os futuros arquitetos, alunos de quem não projeta mais do que a casinha de seu cachorro. Ou os engenheiros metalúrgicos, discípulos de quem jamais sentiu o bafo quente de um alto-forno. Ou o aluno do professor de educação física que só conhece práticas desportivas de ler nos livros. Ou o administrador, aluno de quem jamais trabalhou em empresas "de verdade". Ou o informático, cujo professor escreve *papers*, mas não sabe do mundo real. Ou o advogado que aprendeu práticas jurídicas com quem não frequentava os tribunais.

Nossa universidade pública é vítima dos bem-intencionados e dos arrogantes, cuja produção legiferante foi concebida para as áreas científicas. A ideia de colocar quase todos os professores em tempo integral e dedicação exclusiva é ótima para a física, a biologia, a filosofia e muitas outras ciências clássicas, em que o produto mais nobre é uma publicação e o local de trabalho é um laboratório ou uma biblioteca.

Esqueceram-se de que nas áreas profissionais e aplicadas a competência e a criatividade que mais contam não se geram dentro dos muros da universidade, mas sim no mundo real. A dedicação exclusiva para os professores de disciplinas aplicadas lhes tira a oportunidade de conviver onde se pratica o que irão ensinar. Alguns podem ter tido experiências profissionais no passado, mas logo estarão desatualizados. Note-se que um professor em regime de 40 horas, mesmo que queira, está legalmente impedido de trabalhar mais do que 8 horas por dia – a não ser que se disponha a fazer caridade. Visto de outro ângulo, a se cumprir a lei, cada cabeça mais bem-educada – e não são tantas – deixaria de produzir para o país todas as horas adicionais que sua energia permite.

Há inúmeros abusos. E há saídas legais, mas essas são acanhadas e sujeitas a um regime tributário muito desfavorável. Na prática, restam aos professores das disciplinas profissionais duas alternativas. Ou burlam a lei ou ficam sem a experiência prática essencial para transmitir a seus alunos.

Contribuindo para a solidez e a beleza de nossos edifícios e para a competência de nossos profissionais, os professores em dedicação exclusiva burlam a lei – discreta ou ostensivamente. Que sorte a nossa! Dada a contumaz incapacidade nacional para produzir regras sadias para as universidades federais, será que o pior cenário possível não seria o êxito dos cruzados que tentam coibir os abusos no cumprimento da dedicação exclusiva nas universidades federais?

> **Para discutir**
>
> 1. Se você pudesse decidir, como mudaria a legislação que rege o trabalho dos professores das universidades públicas? Tempo parcial para alguns? Incorporar as consultorias no trabalho oficial? Outras soluções? Discuta as vantagens e desvantagens de cada alternativa.
> 2. Os professores acadêmicos têm suas carreiras valorizadas pelas publicações em periódicos científicos. Como deveriam ser avaliados os professores profissionais?

Por que quatro anos?

Ao contrário dos países mais avançados, temos quase nada de formação entre o fim do médio e os quatro anos de bacharelado. É nesses níveis intermediários que estão crescendo as ocupações. Além disso, oferecem um perfil de formação mais adequado para muitos alunos.

Por que os cursos superiores têm quatro anos de duração? Não é difícil entender que algumas ocupações são mais complexas e requerem preparação mais longa. Existem mais de 2 mil ocupações catalogadas no Brasil, cada uma com suas competências. Mas é no mínimo estranho que, de repente, saltemos do diploma médio para o superior de quatro anos, sem nada no meio do caminho. Com centenas de ocupações de nível relativamente complexo, por que não haveria muitas que exijam mais do que o médio e menos do que quatro anos? Nos Estados Unidos e na Europa, há mais graduados de cursos de dois anos (ou menos) do que de quatro anos. Argentina, Chile e Venezuela têm cerca de um terço de seus graduados em cursos curtos.

O Brasil é um retardatário, pois somente agora atinge 10% a matrícula superior em cursos mais curtos. Mas começamos a ter alternativas à ditadura dos quatro anos. Com a reforma em meados dos anos de 1990, cria-se o técnico pós-médio de um ano. Esse novo técnico compacta em um só ano o que era dado ao longo de três, quando era integrado ao ciclo médio. Pode ser feito em paralelo ao médio ou por quem já o terminou. Os cursos para tecnólogos e os sequenciais estão sendo regulamentados em períodos de dois a três anos. Criou-se, portanto, uma escadinha natural, indo de cursos de um ano (os técnicos) ao outro extremo, de sete (medicina). Corresponde à percepção de que o pulo para o curso de quatro anos é uma descontinuidade artificial. Cada carreira requer certas competências, e o tempo que leva para adquiri-las não tem por que ser igual – muito menos, igual a quatro anos.

Na verdade, pesquisas feitas nos Estados Unidos mostraram que 20% dos novos empregos requerem ensino superior, embora a oferta de graduados seja de 28% para essa faixa. Em contraste, 65% das ocupações exigem cursos curtos, apesar de somente 32% dos estudantes chegarem ao mercado com essa formação. Em outras palavras, o mercado mais dinâmico é o das formações curtas, não o das tradicionais, de quatro anos. Não temos estudos similares no Brasil, mas aqui a situação deve ser parecida. Ao crescer 270% em 2001, os cursos sequenciais mostraram que o país não é tão diferente. Mais recentemente, os tecnólogos começaram a crescer, por obra e graça do setor privado. Portanto, refletindo uma evolução natural do mercado.

Isso se deve ao crescimento explosivo das ocupações da informática, dos escritórios, da área de saúde, dos serviços pessoais e da indústria do lazer, do turismo, da hospitalidade e da instalação e manutenção de miríades de equipamentos. Portanto, não se trata de menos anos para as velhas ocupações, mas de novas ocupações requerendo menos tempo de estudo.

Não podemos nos esquecer das oportunidades que cursos curtos oferecem aos novos perfis de alunos que estão terminando o curso médio. Nos Estados Unidos, apesar de os Estados garantirem vaga em cursos superiores de quatro anos a todos os residentes, uma ampla maioria prefere a alternativa de dois anos. O mesmo acontece na França (com os Institutes Universitaires de Technologie – IUTs).

As primeiras pesquisas no Brasil com cursos para tecnólogos e sequenciais mostram que sua clientela é de alunos trabalhadores que buscam novas oportunidades pessoais e profissionais. Ou seja, estão oferecendo uma alternativa mais curta, mais barata e mais apropriada a sua situação de vida e preferência pessoal. Afinal, educação permanente é isso, é para toda a vida. O mesmo está começando a acontecer com o novo técnico pós--médio – em que já existem parcerias do Ministério da Educação com a Central Única dos Trabalhadores (CUT). Segundo o representante da Força Sindical no Fórum Nacional do ministro Reis Velloso (de 2002), a classe operária passou a ter acesso aos cursos técnicos, pois não são mais monopolizados pelos ricos.

Mas as conquistas não são tranquilas e definitivas. Há ameaças de vários lados. Algmas por conservadorismo, outras para preservar reservas de mercado. Algumas associações de classe tentam defender seus feudos no tapetão da lei, impedindo o exercício por parte dos tecnólogos. Outros sonham nostalgicamente com uma universidade de pesquisa para todos, como se em algum país isso existisse. Para esses, oferecer diplomas ao cabo de dois anos é abastardar o ensino superior, sacrilégio imperdoável. Em sua cabeça não entra a noção de que superior é tudo que vem depois do médio, incluindo a preparação para muitas ocupações novas ou que se transformaram.

> **Para discutir**
>
> 1. Considere alguma posição real, geralmente atendida por tecnólogos. Parece mais uma ocupação superior de quatro anos que se diluiu? Ou é uma ocupação exercida por pessoas anteriormente com menos educação formal?
> 2. Pesquisas mostram que pessoas economicamente mais modestas revelam preferência por cursos mais curtos. Contudo, há objeções da esquerda de que não é correto criar cursos para pobres e outros, mais longos, para ricos. Como você analisaria essa controvérsia.

A hora do mestrado profissional

Em nenhum outro nível, o Brasil conseguiu resultados tão expressivos quanto na pós-graduação. Contudo, esse sucesso torna mais visível a necessidade de diversificar a oferta, sobretudo, nas áreas profissionais e na formação de professores que ensinarão em cursos menos ambiciosos.

Há problemas que são o resultado do êxito em resolver outros problemas. A pós-graduação (PG) brasileira, por ter tido um extraordinário sucesso, põe a descoberto os territórios que não ocupou ou que ocupou mal. A nossa PG fez, e fez bem, o que propôs fazer. Foi concebida como um sistema para formar professores pesquisadores para universidades cuja vocação – pelo menos parcial – seria a pesquisa e a formação de lideranças intelectuais. O próprio nome da Capes já proclamava a sua vocação original.

Com o seu êxito, podemos mais claramente ver como ficaram a descoberto dois mercados de enorme importância:

(i) o mercado das empresas que necessitam de pessoal com um nível de preparação que ultrapassa a graduação, mas que não é bem dos mestrados e doutorados acadêmicos tradicionais;

(ii) as instituições de ensino que precisam de perfis de professores diferentes dos mestres e doutores voltados para a pesquisa acadêmica.

O primeiro caso é mais do que óbvio. Quando a graduação de engenharia é menos do que requerem as empresas, o mestrado acadêmico se revela um complemento desajeitado, por exigir demais em teoria e pesquisas de cunho acadêmico e oferecer de menos a convivência com os melhores profissionais do ramo e a prática do cotidiano das empresas. Isso é verdade nas engenharias, mas também na administração e em outras áreas de serviço (para não falar na clínica médica).

No que tange a formação de professores, os mestres e doutores de cunho acadêmico/pesquisador atendem apenas a um segmento do ensino superior. No

Brasil, como em todos os países, são minoritárias as instituições onde ensino e pesquisa realmente ocorrem. Nos Estados Unidos, não passam de 3% as 3.500 instituições de ensino superior que declaram a pesquisa como atividade central.

Poderíamos pensar, ainda que não façam pesquisa, professores com uma longa formação de pesquisador teriam um perfil ideal para a sala de aula. Mas, infelizmente, isso não é necessariamente verdade. Falta a preparação para o cotidiano do magistério e falta a motivação para, terminando uma tese de doutorado, ir ensinar na graduação. Como já foi dito, nos Estados Unidos, a maior parte das *community colleges* não aceita doutores como professores, pois acha que não têm a paciência e a vocação para ensinar nos cursos iniciais e dar atenção a alunos academicamente menos dotados.

Por esses argumentos, já passou da hora de criar um real mestrado profissional. Algumas barreiras legais já foram vencidas. Mas há adversários ferrenhos, sejam por purismo acadêmico ou por defenderem reservas de mercado para instituições públicas.

O que está freando o desenvolvimento do mestrado profissional é a sua estrutura atrelada à PG acadêmica que lhes tira a vida própria e o converte em prêmio de consolação ou mendigo, no Olimpo dos cursos acadêmicos. A estrutura presente condena os mestrados profissionais a uma mímica da vida acadêmica e da pesquisa "científica" totalmente inapropriada para sua índole profissional.

Sem que satisfaçam a exigências muito próximas daquelas apropriadas para o mestrado acadêmico, a Capes não os aceita. Ou seja, minimamente oito doutores em tempo integral e programa de pesquisa levando a publicações acadêmicas. Na prática, isso significa que somente uma instituição operando um mestrado acadêmico pode satisfazer às exigências do profissional. O que seria um grande filão para instituições privadas de boa cepa, torna-se inviável, pois um mestrado acadêmico privado gera um prejuízo que poucas instituições podem suportar.

Cumpre mencionar que a direção da Capes, há anos, tenta viabilizar um mestrado profissional mais profissional. Mas as resistências corporativas de seus comitês assessores são enormes. Houve progresso, mas ainda estamos em um território contestado.

Seja como for, cumpre dar vida própria ao mestrado profissional. No que segue, apresentamos as principais ideias que poderiam nortear um tal mestrado.

Mestrado profissional

Se pensarmos na valorização do mestrado profissional, a primeira providência é definir quais seriam as condições necessárias para que sobrevivam e se desenvolvam – como aconteceu tão brilhantemente com a PG acadêmica. Listamos a seguir o que nos parece serem as regras mínimas para a sua operação.

O mestrado profissional, como modalidade de PG, tem de adquirir vida própria. Sua supervisão pela Capes tem de ser independente da que prevalece para as áreas acadêmicas. Isso tem a ver com os critérios intrínsecos do que é bom para tais mestrados. Mas também com as condicionantes políticas do processo decisório, pois os comitês assessores têm um forte viés academicista que colore todas os seus pareceres e decisões.

Na prática, isso significa a criação de órgãos colegiados que representem o espírito e a índole da profissão ensinada. Qual a atividade mais nobre da área? Qual a sua essência? A resposta nos dará o perfil de profissional que terá peso predominante nesses conselhos, grupos gestores ou o que seja. Um curso de engenharia terá de ser dominado por engenheiros praticantes. Os professores acadêmicos têm de estar presentes, pois há disciplinas acadêmicas nos mestrados profissionais. Mas não podem mandar demais. Se isso acontecer, voltamos à estaca zero. Reinstala-se a mímica do mestrado acadêmico.

Em geral, deveremos pensar em estruturas de governança onde, digamos, um terço dos membros serão professores com plena titulação acadêmica, um terço de praticantes com ampla experiência no que ensinam (qualquer que seja a sua titulação) e um último terço de representantes das empresas do ramo. Essa última representação é a mais problemática. Mas sabemos que, quando há especificidade no que se quer, já começa a ficar mais fácil encontrar bons representantes de empresa. Nesse último grupo, além de representantes das empresas, poderão ser incluídos funcionários das grandes firmas consultoras, funcionários do Banco Nacional de Desenvolvimento Econômico e Social (BNDES) especializados na área e os *head-hunters* correspondentes.

É preciso que os professores do mestrado reflitam a natureza da profissão e que haja um equilíbrio correto entre acadêmicos, profissionais/acadêmicos e profissionais com pouca vivência acadêmica, isto é, do mundo empresarial. É preciso que os profissionais ricos em experiência e pobres em diplomas possam ter as mesmas regalias, galgar aos mesmos postos funcionais e receber as mesmas remunerações que seus colegas ricos em diplomas e pobres em experiência.

Por tradição, a PG *stricto sensu* é definida como um local meio sagrado onde se produz conhecimento novo e onde se pesquisa. Mas, na prática, é apenas uma linha de montagem para publicações nos periódicos listados no *Current Contents* ou, pelo menos, que tenham critérios rígidos para a aceitação de trabalhos. Como prêmio de consolação, entram os periódicos que operam nos mesmos moldes, mas sem chegar a entrar nas listas do Institute of Science Index (ISI).

Mas nem tudo que é criativo e nem tudo que é importante se materializa em um *paper* acadêmico. Nas áreas profissionais, em geral, o que conta não é o que se publica – aliás, o que não pode ser publicado, por ser segredo comercial, pode contar ainda mais. Portanto, é vital que cada área defina claramente o que é a essência da sua atividade criativa. São as manifestações desta essência que deverão ser valorizadas.

Vale a composição da sonata e não o ensaio avaliando o seu contraponto e métrica. Vale o concerto e não a biografia do compositor. Vale a consultoria que aumentou a produtividade da empresa em tantos por cento, e não a análise de regressão hierárquica sobre os fatores que incidem na produtividade. Vale a aula bem dada, e não o que aprendem os alunos, em discussões rarefeitas ou dogmáticas sobre a obra de Vygotsky. Ou os mecanismos de avaliação criados valorizam essa essência da criatividade em cada área ou não daremos um passo à frente.

O mestrado profissional deverá ser, sobretudo, para profissionais que querem avançar seus conhecimentos, sejam funcionários de empresas sejam professores. Ou seja, é um mestrado para quem trabalha.

E quem trabalha somente tem noites, fins de semana e férias para estudar. Se os programas não se adequarem ao perfil da clientela, por que criá-los? Lembremo-nos de que grande parte dos alunos da PG americana não são futuros cientistas estudando em tempo integral, mas professores do ensino básico, usando suas férias para obter seus mestrados ou doutorados. É predominantemente assim que estudou grande parte dos 55% de professores de ensino fundamental e médio que têm mestrados naquele país.

Certamente, muitos alunos potenciais querem tanto a vocação profissional quanto a possibilidade de ter seus diplomas aceitos na carreira acadêmica. De fato, é uma hipótese razoável supor que o aluno típico pensa em uma dupla militância: ensino e consultoria. Portanto, a validade do diploma perante a Capes é fundamental para uma proporção grande de candidatos.

Se os alunos são mais maduros e motivados, mas ocupados e presos ao seu mundo profissional e familiar, a tecnologia pode ajudar. Com todos os recursos hoje tecnicamente disponíveis e dominados, mesmo no Brasil, não há razões para deixar de usá-los, tornando o ensino mais eficiente e mais conveniente. A educação a distância (EAD) é uma solução consagrada e eficaz. Há uma longa pendenga da Capes contra os mestrados a distância. Mas são os mestrados acadêmicos. Nos profissionais, a situação é outra e requer começar a pensar tudo de novo.

Em muitos casos, as modalidades semipresenciais podem ser de grande utilidade para otimizar o uso do tempo dos alunos, sobretudo quando não moram perto. Deverá ser explicitamente encorajada a utilização de tais meios (computador + internet + teleconferência + vídeos + etc.). Legitimá-los não pode continuar a ser uma cruzada, uma guerra santa sempre perdida.

Se entendemos que é preciso sinalizar que chega a hora dos mestrados profissionais, o instrumento da Capes para balizar o sistema são as bolsas de estudo. Portanto, as bolsas devem ser usadas naquelas áreas onde há mais interesse em ver crescimento, sobretudo quando as clientelas têm menos recursos (como é o caso dos futuros professores, discutido a seguir).

Mestrados para formar professores

É dramática a escassez de professores de bom nível, em todos os níveis e em todos os azimutes do mapa do Brasil. E como não há bom ensino sem bons professores, se há uma prioridade para a Capes é a formação de professores. Aliás, ela foi criada justamente para isso. Portanto, destacamos abaixo a área que deverá receber mais atenção e apoio nos mestrados profissionais.

Mestrado em ensino, sim, mas ensino de alguma coisa bem concreta. Não precisamos de mais cursos genéricos, discutindo teorias pedagógicas da moda ou de séculos passados. Portanto, falamos de ensino de física, de administração ou o que seja. Mas é preciso ter especificidade e foco.

Quando pensamos no corpo docente de um mestrado para professores, devemos pensar que tais cursos devem ter pessoal com três perfis diferentes, em analogia ao que já dissemos dos mestrados profissionais. São necessários os mais acadêmicos, com seus conhecimentos teóricos mais profundos. Deve também haver alguns poucos que possam ensinar uma didática aplicada. E, mais importante, deve haver muitos professores que sejam os *super-teachers* em sala de aula. O centro de gravidade do curso deve pender para o último grupo. Em um mestrado para ensinar física no ensino médio, devem estar como professores as grandes estrelas das melhores escolas de ensino médio – e também, dos cursinhos. Em minha carreira de estudante, os melhores professores de ciência estavam nos cursinhos, ensinando de verdade, ao contrário do mito corrente de que apenas adestram.

Pela mesma forma, nos conselhos, órgãos colegiados e forças-tarefa, esse mesmo equilíbrio de forças deve prevalecer. São os bons praticantes que devem ter peso em programas onde a prática e as artes do bem fazer são o alvo central.

Cursos de professores, de quaisquer níveis, exigem estágios supervisionados. Sem isso, repetimos os erros do passado. Portanto, muito mais do que teses acadêmicas, a etapa de aplicação do que foi aprendido seria focalizada na experiência de trabalho, registrada em memórias do que foi aprendido, em vez das teses de mestrado convencionais.

Para discutir

1. Cite explicitamente em que áreas do conhecimento faz sentido oferecer mestrados profissionais.
2. O que poderia ser um programa de pesquisas para um mestrado profissional? Tome um exemplo; não interessam generalidades que se aplicam a várias profissões.

7
Enguiços e promessas da formação profissional

Não há país de primeira linha que não tenha um sistema excelente e volumoso de preparação de operários especializados e técnicos. No todo, o Sistema S apresenta bom desempenho, mas a formação de técnicos é cronicamente conflituosa e a de tecnólogos, ainda incipiente.

O ensino das profissões manuais

Um bom curso de formação profissional combina a prática de oficinas com uma formação teórica e conceitual. Mas, diante das transformações tecnológicas, muda-se a forma de combinar esses dois ingredientes. Em geral, tornam-se necessários mais anos de educação formal e mais ênfase na formação geral e teórica. Há bons modelos e o desempenho do Brasil é respeitável, mas os desafios não são poucos.

As fórmulas para operar escolas acadêmicas são claras, embora possa haver dificuldades na fase de implementação. Ao longo de séculos de experiência, estabeleceu-se que a escola ensina a lidar com a linguagem e com os números, evoluindo progressivamente para lidar com as ideias. E, durante todo esse processo, o aluno aprende ciências e muitas coisas mais.

Já no ensino profissional, com pouco mais de um século de história, nem sequer as fórmulas são tão claras, além de que há maneiras diferentes para combinar teoria com prática profissional. Por exemplo, França, Alemanha e Estados Unidos adotam modelos bem diferentes. Ademais, com as transformações tecnológicas, as soluções mudam também. Não espanta que os casos de insucesso sejam muito frequentes.

É muito fácil ensinar a usar uma serra, pregar ou soldar. Basta encontrar quem saiba e deixar que o aprendiz aprenda com ele.

Mas como a verdadeira formação profissional é muito mais do que ensinar a usar as mãos para fazer coisas úteis, acabamos com ambiguidades crônicas nas fórmulas. Ao contrário do que pensam alguns, o uso da cabeça é e sempre foi importante nas profissões manuais. A cada momento, há decisões, há desafios. Com a rápida evolução tecnológica, o trabalho manual tem cada vez mais componentes de cognição e abstração. Portanto, as profissões manuais qualificadas requerem uma formação profissional que consiste em uma combinação entre o uso das mãos e o uso da cabeça.

Acontece que nossas tradições históricas separam o mundo dos que usam a caneta do mundo dos que usam as mãos. Como a formação profissional exige juntar esses dois mundos, é altamente sujeita a descaminhos, pois esses mundos são como água e azeite, não se misturam. O equilíbrio entre os dois é fugidio. Ora são manualidades rasas, ora é muita teoria e pouca prática.

Há uma tradição de origem medieval de ensinar no local de trabalho, é a aprendizagem, em que um mestre mais experiente toma as rédeas do processo. Ainda funciona bem e é assim que a maioria aprende seus ofícios, mesmo no mundo de hoje. Mas o mestre – que pode ser exímio nos misteres do ofício – tende a ser frágil na complementação tecnológica, no uso da palavra e nos números. E justamente, é o equilíbrio desses elementos que se torna mais crítico, ao longo das mutações a que se submetem os ofícios.

Verdade seja dita, poucas ocupações sumiram do mapa. Uma das poucas citadas é linotipista. Contudo, poucas ocupações deixaram de mudar ao longo do tempo. O marceneiro, que precisava de uma mão certeira com o serrote, hoje programa uma ilha de produção de CNC.

Daí a necessidade de complementar a experiência do mestre com um currículo que aproxima o processo de aprendizagem da escola acadêmica. O chamado Sistema Dual alemão é a versão mais refinada desse modelo. Mas sua replicação em outras partes do mundo tende a ser muito problemática.

Na prática, os cursos que se originam no mundo do trabalho, como a aprendizagem, tendem a estar mais próximos do mercado. Mas o desafio de introduzir neles o mundo das ideias tende a ser menos bem-sucedido. Contudo, exemplos de um bom equilíbrio entre a mão e a cabeça são dados pelo Sistema S, (Senai, Senac, etc.).

No outro lado da cerca estão os cursos que se originaram nas tradições da sala de aula. São cursos concebidos e criados por quem está próximo de escolas e de ensino. Na prática, adiciona-se um apêndice profissional a um programa cujo DNA é acadêmico.

O resultado mais frequente é que o lado acadêmico domina e sufoca a formação profissional. De tempos imemoriais, os escribas têm *status* mais alto do que os artesãos. Estes últimos sempre foram menos na vida, sempre tiveram menos poder e menos prestígio.

Duas situações são comuns. Na primeira, os professores de ofício carecem de *status* e são os bagrinhos na escola. Como resultado, os ofícios que ensinam são desvalorizados e depreciados pelo próprio preconceito que a escola lhes reserva.

Aprender um ofício é também aprender a ter por ele respeito e apreço. Em tais situações, é a própria escola que sabota o seu aprendizado. São numerosos os exemplos de escolas técnicas ou profissionais onde os instrutores de bancada se vestem diferente, têm salários inferiores, não têm *status* e são discriminados pelos professores das disciplinas acadêmicas. Os alunos notam logo que estão recebendo uma preparação para ser cidadãos de segunda classe, como são os seus instrutores de ofício.

Na segunda situação, exigem-se diplomas acadêmicos para todas as posições docentes. Há dezenas de países onde as escolas profissionais requerem, no mínimo, um diploma de curso técnico para os seus instrutores. No fundo, as regras do jogo estão nas mãos de professores, seja nas próprias escolas, seja nas secretarias e ministérios aos quais as escolas estão vinculadas. É a dinastia dos escribas que manda na escola. Como consequência, as regras de contratação vão sendo moldadas para que se exijam credenciais de professores para todos os que ensinam.

As justificativas parecem persuasivas. Por que não exigir conhecimentos de pedagogia? Por que não contratar gente com níveis mais elevados de educação formal para reforçar a parte teórica? Parecem bons conselhos, mas na prática, conduzem a erros lamentáveis, sendo a causa mais frequente do fracasso total e rematado de tais cursos.

Tomemos a área da metal-mecânica, uma das mais importantes na formação profissional. Para ser instrutor de solda, é preciso ser soldador. Para ser soldador, é preciso um mínimo de 500 horas queimando eletrodos. Isso tudo, antes de mais 200 horas queimando eletrodos, para passar de soldador a instrutor. Ora, não há nenhum curso técnico no mundo onde se possam reservar 700 horas para tal aprendizado. E ainda menos isso poderia acontecer em um curso de tecnólogo ou de engenharia. Portanto, se for exigido um diploma de técnico para ensinar solda, a probabilidade de que o aluno tente adquirir sua profissão de quem não a tem fica próxima de 100%. Bem sabemos que não se pode virar profissional se o instrutor não passa de um amador improvisado.

Mas, mesmo que seja possível adquirir os rudimentos da profissão na escola, não é o bastante. A experiência de longos anos de exercício da profissão ensina a "teoria da prática". É o que não está no livro, é o "pulo do gato". É a intuição não explicitada no pensamento formal.

Portanto, nem pensar em formação profissional se os domínios profissionalizantes não estiverem em mãos de reais profissionais, com muitos anos de experiência. Essa é uma condição *sine qua non*.

Suponhamos que bons oficiais estarão ensinando ofícios. Isso não é o bastante. Não resolve ainda o conflito contumaz entre o pensamento e a ação. Não é suficiente ter a matemática e a linguagem de um lado e as oficinas em outro, se esses permanecem mundos separados. O acadêmico permanece abstrato e inexpugnável. Decorar fórmulas não é educação. E a oficina permanece distante do pensamento, não se fazendo a ponte com a tecnologia e o entendimento dos processos. O aluno bate, serra e lima, mas não sabe por quê.

Se essa sinergia entre oficina e teoria não acontece, é uma pena, pois as lides da bancada permitem apresentar os conhecimentos escolares de forma contextualizada. A palavra que era oca pode virar a ferramenta de aprendizado e comunicação na oficina. A fórmula matemática vira a ferramenta requerida para realizar a obra do aluno. As habilidades cognitivas viram habilidades integradas no desafio de resolver problemas de oficina.

O conhecimento termina na cabeça, mas entra pelas mãos. Já diziam isso as corporações de ofício francesas. Com palavras diferentes, John Dewey, Montessori, Rudolf Steiner e muitos outros propõem ideias semelhantes. O tema é sempre a fusão da prática com a teoria. Contudo, no mundo real, as coisas não são tão simples. O fosso entre o manual e o intelectual tende a ser a armadilha onde perecem as melhores intenções de formação profissional.

Ao mesmo tempo, pode tornar-se a grande solução, se cuidadosamente formos construindo a teia que une o mundo das ideias com a prática dos ofícios. Antes de tudo, na construção dessa teia, nada se improvisa, nada acontece por acaso. Um exemplo da mecânica pode ser usado para ensinar regra de três. Mas isso não acontece por acaso ou na sala de aula. É um trabalho coletivo e premeditado.

Antes de tudo, é preciso evitar o erro de imaginar que está tudo por se fazer. Há uma longa experiência nas melhores instituições de formação profissional e não há qualquer razão para não começar o serviço onde elas pararam.

Para concluir, o caminho da formação profissional está cheio de armadilhas e perigos. Não são poucos os cursos que foram vítimas deles. Mas, ao mesmo tempo, oferece um potencial inigualável de fusão entre as atividades intelectuais e as manuais. Em muitos aspectos, é superior ao que se pode obter na educação acadêmica convencional.

Não há formação mais produtiva para um aluno do que um curso profissional bem-resolvido. Aumenta as chances de um emprego satisfatório.

Ensina competências valorizadas pelo mercado. Acima de tudo, usa o contexto da oficina para exercitar a abstração e dominar teorias. Contudo, cursos mal resolvidos podem ser o pior investimento. São caros, não levam a empregos e frustram os alunos.

> **Para discutir**
>
> 1. Considere uma profissão manual qualificada qualquer (mecânico, marceneiro, etc.). Tome um dia de trabalho, ou um atendimento a um cliente. Verifique quanto de destreza manual foi exigida, quanto de força física, quanto de cultura técnica para entender os processos e quanto de raciocínio para tomar decisões.
> 2. Qual é o perfil dos diferentes professores requeridos para ensinar cada um desses aspectos? Como deveriam ser formados?

O ensino técnico sem rumo

Ao combinar uma formação acadêmica com uma formação profissional, os cursos técnicos tentam misturar água e azeite. Há uma grande polarização entre os dois lados e o equilíbrio requerido é fugaz. Nos cursos federais, o lado acadêmico leva a melhor, dominando o *ethos* da escola e atraindo alunos apenas interessados em um bom ensino, para que possam passar nos vestibulares mais competitivos.

No currículo dos nossos cursos técnicos, além do ensino da tecnologia, está também todo o currículo convencional do médio, sem concessões. Ou seja, é um médio com um técnico a ele aposto. Note-se que, quando examinamos técnicos em outros países, o currículo acadêmico é consideravelmente aliviado. Em capítulos anteriores, reclamamos do excesso de ambições dos nossos currículos acadêmicos. O técnico vive no pior dos mundos, do ponto de vista de congestionamento dos conteúdos.

Comparado com qualquer país industrializado, no Brasil, o técnico tem um porte ínfimo, estando bem abaixo de 10% da matrícula no nível médio. Na maior parte dos países, entre 30 e 70% dos alunos desta faixa etária estão em escolas técnicas ou profissionais. Aqui, além do seu porte estreito, esse tem sido um nível de ensino cronicamente problemático, sobretudo, no caso da Rede Federal de Escolas Técnicas.

Com as melhores intenções, nos idos de 1960, houve uma tentativa séria e cara de expandir a rede de escolas técnicas federais. Foi o primeiro grande empurrão, após serem criados, no início do século XX. Mas, diante da escassez de escolas acadêmicas públicas de boa qualidade, essas escolas foram cooptadas pelas elites brasileiras que nelas viam uma forma eficaz e barata de preparar-se para os vestibulares mais competitivos.

A partir dos anos de 1970, o resultado foi bastante bem documentado. A maioria dos alunos que passava nos "vestibulinhos", para nelas se matricular, vinha de classes sociais mais altas. Assim sendo, não tinham interesse algum pela formação profissional oferecida. Na maior parte das capitais brasileiras, a sua clientela era tão elitizada quanto a das melhores escolas privadas.

Na prática, como resultado da concorrência acirrada nos "vestibulinhos", negava-se o acesso àqueles de classe mais modesta que se interessariam pelas profissões técnicas ensinadas. Ao mesmo tempo matriculava uma elite apenas interessada nos vestibulares. Como resultado, os mais pobres eram alijados e as empresas ficavam sem os profissionais treinados. Era o pior dos mundos.

Em 1996, foi separada a parte técnica da acadêmica, para que os alunos interessados no ensino técnico não fossem eliminados pelos outros de classe mais alta – que apenas buscavam um médio de qualidade. Contudo, a rede federal tentou, de todos os modos, escapulir desse processo de democratização de acesso e de recuperação da sua missão original de escola técnica.

Não encontrei quaisquer pesquisas mostrando o que realmente ocorreu na rede federal – e talvez não seja por acaso. Contudo, na rede pública de São Paulo (da Fundação Paula Souza), aconteceu o que se previa e esperava. Ou seja, houve uma queda abrupta na classe social dos alunos dos cursos técnicos.

Os dados documentam de forma indisputável a troca de perfil dos alunos. Aqueles com renda familiar de até cinco salários mínimos passaram de 32 para 57%. Os de 11 a 20 salários caíram de 21 para 8% e a faixa de 21 a 30 passou de 5 para 1%. Portanto, dobrou a proporção de alunos de origem muito modesta, legitimamente interessados nos cursos profissionais oferecidos. Eis um feito a ser comemorado. Acendamos foguetes e rojões para a sua entrada, ainda que tardia, no ensino técnico.

Isso significou que, finalmente, os alunos cursando os técnicos eram aqueles mais modestos, que pretendiam ser técnicos. Portanto, um resultado que combina eficiência com equidade. De fato, há da ordem de 30 candidatos por vaga e um bom aproveitamento dos graduados na profissão ensinada.

Mas isso foi apenas na rede paulista, pois, recentemente, o MEC voltou a pregar a integração dos cursos acadêmicos aos profissionais. As razões parecem ser de duas naturezas. Uma delas é puramente ideológica. A Secretaria do MEC incumbida de cuidar de ensino técnico passou a ser dominada por um grupo que, há muitos anos, defende as ideias criadas por Gramsci e englobadas sob o termo "politecnia". Seus defensores pregam uma escola técnica única e integrada, ensinando, ao mesmo tempo, as ciências e as humanidades e preparando para o trabalho.

Diante dos protestos de outras instituições e de alguns estados (como São Paulo), o MEC desistiu de obrigar todos à integração. Mas a legislação foi aprovada, em benefício das escolas federais.

É interessante notar que a integração plasmada na nova lei é perfeitamente desnecessária, como demonstram as escolas do Senai. Em algumas de suas redes, quando foram separado o técnico do acadêmico, bastou acertar os horários, para que o ciclo acadêmico não conflitasse com o técnico-profissional. Como a as cargas horárias são determinadas pela LDB, é indiferente se é integrado ou não. O total de horas permanece o mesmo – que pode ser o mínimo exigido por lei (1.800 horas) ou o comum (2.400 horas). Ou seja, a decisão de reintegrar é ideológica. Ao não oferecerem as federais, o técnico desvinculado do acadêmico, os candidatos ao técnico passam a ter a mesma porta de entrada do acadêmico, voltando ao elitismo anterior.

Por que essa teimosia em voltar a integrar? A explicação semioficial é puramente ideológica, vindo vestida com as roupagens da argumentação de Gramsci. Mas, dentro das escolas técnicas, a motivação mais persuasiva é a tentativa de assegurar a qualidade acadêmica dos alunos. O ethos das escolas federais é o elitismo acadêmico, sua missão é obter o máximo de realizações acadêmicas dos seus alunos (tais como entrar nos vestibulares mais competitivos). E, para isso, precisam de alunos hiper-selecionados. Falta a elas o que caracteriza os *community colleges* americanos que é o orgulho de receber alunos pobres e despreparados e fazer deles profissionais competentes. A modelagem dos cursos técnicos vem das melhores universidades públicas. Mobilidade social para quase todos não é sua meta real.

A única nota positiva nesse quadro foi a iniciativa do MEC de criar um casamento entre o EJA de nível médio e os cursos técnicos. Essa solução parece acertar duas vezes – embora não haja ainda evidência empírica. Em primeiro lugar, o EJA tem um currículo simplificado. Isso reduz o excesso de ambição do currículo convencional, o que é bom (alguns observadores até sugerem que o médio adote esse currículo para todos). Em segundo lugar, os alunos do EJA são necessariamente mais velhos e de nível socioeconômico mais modesto. Para maioria, as aspirações de fazer um vestibular foram substituídas pela motivação de obter uma boa preparação para atuar imediatamente no mercado de trabalho. Assim sendo, o curso torna-se mais compatível com suas aptidões, seus meios econômicos e com seus planos profissionais. Se mais adiante resolverem fazer um vestibular, esta será uma boa notícia. Mas a intenção inicial é profissionalizante.

Em meados dos anos de 1990, os conflitos e tiroteios cruzados entre a rede federal e o MEC, deixaram as escolas privadas atônitas. Inicialmente, houve uma retração na matrícula. Ninguém entendia nada. Mas a poeira baixou e, progressivamente, o sistema privado voltou a crescer. Hoje se expande em taxas mais elevadas do que outros níveis e modalidades de educação. De fato, cresce de forma acelerada.

O que lá acontece repete mais ou menos o quadro do ensino superior: um ensino público muito caro tem seu crescimento tolhido pela impossibilidade de expandir orçamentos públicos. Daí o espaço criado para o crescimento do privado. Mas como o ensino privado é pago pelos alunos e esses são alunos modestos, será necessariamente um ensino modesto e voltado para áreas relativamente simples de serem ensinadas. Na prática, é informática e múltiplas modalidades de gestão.

Resta falar dos cursos técnicos do Senai. Não são muito numerosos, são caros ou caríssimos e são altamente especializados, buscando áreas bastante sofisticadas. Quase sempre, mostram bons resultados.

Para discutir

1. Que vantagens e desvantagens teria a combinação de um programa técnico com o EJA, para alunos mais maduros?
2. E se fosse estendida para todos os alunos, independentemente de idade?

8
Estudo com trabalho e trabalho com estudo

Nem sempre o estudo acaba antes de se começar a prática profissional. Na aprendizagem e nos estágios, coexiste o estudo e o trabalho. A ideia é consagrada por séculos de história. Porém, cada vez mais, a legislação está atrapalhando o funcionamento dessas fórmulas. Na ânsia de proteger os alunos da cobiça capitalista, cada vez mais, evaporam-se os incentivos para que as empresas recebam estudantes.

Aprendizagem de fingidinho?

Rigorosamente, todos os países desenvolvidos têm programas estruturados e bem-sucedidos de aprendizagem. Lamentavelmente, o Brasil quase arruinou o que tinha graças a uma legislação tola, que tira das empresas toda a motivação para contratar aprendizes.

Ao completar o 10º ano, com 16 anos, Fritz (poderia ser Hans) é contratado como aprendiz na gigantesca fábrica da Volkswagen, na cidade de Volksburg (Alemanha). Durante três anos e meio, vai trabalhar e aprender, sob a tutela de um mestre. Um dia por semana, frequentará uma escola pública especial, onde estudará línguas, humanidades, ciência e tecnologia. Reza a lei que Fritz ganhará menos do que o salário mínimo, pois produz menos, além de gastar o tempo da pessoa que lhe ensina o ofício.

José, ao terminar seu ensino fundamental, aos 16 anos, gostaria de trabalhar na fábrica da Volkswagen de São Paulo. De fato, a lei manda a Volks contratar alguém como José. Manda também que pague o salário mínimo, não menos.

No entanto, José não pode fazer na fábrica de São Paulo o que Fritz faz na fábrica da Alemanha. Isso porque há uma regulamentação proibindo menores de trabalhar em fábricas, pelo perigo que elas oferecem.

Ou seja, para os alemães, a fábrica é segura. Mas uma fábrica quase igual no Brasil é considerada insegura. Nossas doutas autoridades proibiram o trabalho de menores, por exemplo, onde há máquinas funcionando. Podem trabalhar se as máquinas estiverem paradas, mas somente se tiverem um dispositivo que impeça o seu acionamento. Ou seja, só podem trabalhar em fábrica que não produz. Há 81 proibições que barram os menores em praticamente todas as atividades industriais.

Ou seja, a lei obriga a empresa a contratar aprendizes. Porém, agora há outra lei dizendo que os aprendizes não podem trabalhar. A solução é fazer um curso no Senai, longe da fábrica, perdendo os benefícios do que se aprende com o trabalho "de verdade". A formação do Senai é de boa qualidade. Mas, além do sacrifício de uma valiosa experiência de trabalho, não há vagas suficientes para todos. Ao acolher em suas escolas esses aprendizes que são pagos para trabalhar na fábrica, o Senai deixa de atender outros tantos jovens – ou adultos – que igualmente necessitam de preparação para o trabalho.

A aprendizagem é milenar. Sua estruturação ocorreu na Idade Média, gerando as corporações de ofício. Continua uma excelente solução, pois o aprendiz aprende ao mesmo tempo em que trabalha e produz. Todavia, além de pagar a contribuição do Senai, agora a lei manda que o empregador pague também a um aprendiz que está proibido de trabalhar. Algumas exceções serão permitidas, analisadas caso a caso. Mas, se a mais clássica forma de aprender um ofício requer um favor de alguma autoridade local, tem-se, no mínimo, uma grotesca distorção. É também um convite à fraude e ao não cumprimento da lei. O Ministério do Trabalho, orgulhoso promotor de tais leis, tenta mobilizar um exército de inspetores para obrigar as empresas a cumprir a lei.

Na Alemanha, nem sequer há leis obrigando a contratação de aprendizes. Ou as empresas estão interessadas em preparar os jovens que empregará mais adiante ou o faz pela lógica econômica: o aprendiz tem um salário mais baixo (embora uma legislação férrea determine como deve ser treinado).

É meritória a intenção de proteger o aprendiz de riscos e abusos. Mas jamais algum país industrial impediu menores de trabalhar em fábricas. Uns muitos, outros poucos, mas todos os países da Europa têm aprendizes em suas fábricas.

Riscos sempre há e todo cuidado para reduzi-los é justificado. Mas a probabilidade de acidentes no setor informal e de morte violenta para jovens nas grandes cidades brasileiras é dezenas de vezes maior do que o risco de acidentes em fábricas. Em outras palavras, um jovem de classe operária está mais seguro dentro da fábrica da Volks (ou qualquer outra do gênero) do que na rua, mesmo que estivesse utilizando as máquinas que lá operam.

Toda vez que exageramos na proteção aos empregados – menores ou maiores – isto ocorre às expensas de reduzir os incentivos para o emprego formal. No caso dos aprendizes, chegamos à perfeição. Estamos prestes a acabar com uma tradição milenar de aprender um ofício. Pior, o aprendiz que a indústria não pode acolher é mais um jovem no exército da informalidade, trabalhando sem contrato e em situações de muito maior risco (dentro e fora de seu trabalho). Certamente, a aprendizagem não é a solução para todos os problemas, não deve substituir a escola regular nem tirar o espaço de outras formas. Mas deve somar-se às outras modalidades, enriquecendo a oferta de preparação de mão de obra.

Houve abusos aqui e acolá no trato com os aprendizes, gerando uma preocupação legítima. Contudo, a resposta do governo foi dar um pontapé na história. A fórmula de coibir o abuso não pode ser pela via simplista de eliminar seu uso.

Para discutir

1. Procure na internet e descreva o sistema francês de aprendizado, de origens medievais e que persiste até hoje (Compagnons du Devoir, Tour de France e outros).
2. Para o empregador, receber um aprendiz gera custos e benefícios. Descreva-os com base em algum caso concreto.
3. As oficinas informais recebem aprendizes, ignorando a legislação. Entreviste um proprietário ou um jovem aprendiz e descreva como funciona o sistema. Que méritos e que problemas apresenta?

Acabemos com os falsos estágios!

Os estágios nas empresas brasileiras podem ser duas coisas completamente diferentes. Podem ser uma oportunidade para jovens e empresas de se conhecerem mutuamente, ao mesmo tempo em que é oferecida uma experiência útil de trabalho. Podem também ser uma forma disfarçada de contratar mão de obra mais barata. Essa segunda opção é vista com opróbrio. Contudo, ainda é a única forma para milhares de jovens financiarem seu ensino superior.

Muito se fala e se escreve sobre os estágios. Alguns decantam incansavelmente suas virtudes. Mas também denunciam-se os estágios como formas disfarçadas de contratação de mão de obra barata. Por isso, tramitam novas regulamentações, visando a coibir tais abusos, estabelecendo limites às tarefas pertinentes aos estagiários, bem como reduzindo a sua jornada de trabalho e proibindo o trabalho produtivo.

Aqueles que acusam o estágio de ser uma forma disfarçada de emprego a baixo custo estão cobertos de razão. Do milhão de estágios oferecidos, boa parte é exatamente isso. Grande número de jovens tira xerox, leva papéis, executa os trabalhos mais simples e desinteressantes dos escritórios. No fundo, não são estágios legítimos. São empregos simplórios reservados para estudantes. Paradoxalmente, esse é um dos seus méritos.

Isso porque é assim que financiam seus estudos. Sem esses falsos estágios, muitos jovens estariam impedidos de estudar, pois não dispõem de recursos para pagar a mensalidade da escola. Em outras palavras, diante de uma legislação trabalhista que desencoraja o emprego, o estágio é uma saída, ainda que seja pela porta dos fundos. É bom para a empresa, pois é mão de obra mais barata. Pesquisas mostram que os (falsos) estagiários também gostam. De quebra, permitem muitos aprendizados úteis. É infinitamente melhor do que o desemprego.

As empresas têm diferentes razões para acolherem estagiários. Pode ser uma estratégia conveniente de pré-selecionar seus futuros funcionários de primeira linha. Nessa lógica, atraem os melhores candidatos e investem neles. Seu número não depende de leis protegendo os estagiários, mas das políticas de contratação vigentes na empresa e do dinamismo da economia. Bem sabemos que nem sempre há criatividade e adequado aproveitamento dos estagiários. Contudo, as leis são impotentes para mudar isso.

Outra razão para receber estagiários é obter trabalho temporário ou serviços adicionais a baixo custo. Não são reais estágios, mas empregos simples para estudantes, garantidos pelo custo mais baixo. Enquanto for mais barato, contrata-se um estagiário para tirar xerox. Se a lei não deixa o estagiário produzir "de verdade", limita as horas de presença na empresa e cria outros constrangimentos, a empresa preferirá contratar *office boys*. As restrições em discussão poderão ter um efeito devastador sobre os falsos estágios, por uma questão elementar de racionalidade econômica.

Muitos dirão: "ora, vivas, tamparemos um buraco na lei". Para as empresas, a perda será limitada. Mas acontece que são ínfimas as chances que têm esses alunos modestos de arranjar verdadeiros estágios, competindo com colegas academicamente mais fortes.

Contudo, o prejuízo atinge também os reais estágios, oferecidos pelas grandes empresas. Os autores da proposta de lei, pelo que se depreende, nunca entraram em uma empresa e jamais entenderam a lógica do "aprender fazendo", mais velha e tão respeitável quanto a escola. Pelas novas regras, um aluno de marcenaria deve aprender a serrar em tábuas que serão jogadas fora. Contudo, há muitos conhecimentos que só podem ser adquiridos pelo exercício da ocupação. Um aprendiz nas tarefas gerenciais ou administrativas, não pode decidir e jogar fora a decisão. Aprende-se executando, "de verdade", tarefas mais simples ou ajudando colegas mais experientes. Se os estagiários não podem produzir, não podem aprender. Portanto, é tudo "de fingidinho", empobrecendo o processo de aprendizado dos reais estagiários.

Os clássicos beneficiários da atual flexibilidade ou descumprimento sistemático da lei são os mais pobres. Como tentar consertar a CLT é encrenca certa, deixar como está seria o mal menor. De fato, estágios financiam a educação de 28% dos universitários (em São Paulo). São mais alunos do que no Prouni e Fies. Quantos estágios desapareceriam com a nova lei?

Mas há lógica nessa burrice. A legislação brasileira já conseguiu varrer do mapa o milenar sistema de aprendizagem. É perfeitamente esperado que agora se dedique a destruir os estágios, outra forma de aprender fazendo. Faz parte da metástase do tumor maligno.

Para discutir

1. Identifique dois estagiários. Um que seja apenas uma forma de pagar menos a um funcionário. Outro que esteja em um legítimo estágio. Entreviste ambos e descreva o seu cotidiano, separando as funções em que aprendem de outras em que apenas produzem.
2. O que estaria fazendo o primeiro estagiário, se não encontrasse essa posição? Estaria igualmente cursando o superior?

9
Educação com tecnologia?

A cada nova tecnologia que surge no horizonte, predica-se uma revolução definitiva no ensino. Não é bem assim. Contudo, cada vez mais, as tecnologias revelam um enorme potencial, seja como atores coadjuvantes, seja como elemento essencial.

Os computadores e seus mitos

É difícil não ser seduzido pelo potencial educativo dos computadores. De fato, pesquisas em usos específicos mostram excelentes resultados. Porém, a sociologia da escola não convive bem com eles. Daí que o seu impacto nos sistemas educativos tende a ser nulo ou próximo disso.

Tão logo inventados, os computadores foram usados na educação, ainda na década de 1950. Eram os mastodontes *mainframe* e a orientação era imitar os professores, ensinando as matérias, como se fossem mestres de carne e osso.

Escrevendo em 1966, P. Suppes (da Universidade de Stanford) predicava que, com os computadores, "[...] milhões de alunos poderiam ter acesso ao que Alexandre, filho de Felipe da Macedônia, teve como prerrogativa real: os serviços pessoais de um tutor tão bem informado e intencionado quanto Aristóteles [...]".

Depois disso, evoluíram os computadores e aumentou a sua confiabilidade. Houve um extraordinário avanço nos *softwares* educativos e na variedade de estilos de uso. Mas há um aspecto que persiste desde então: os resultados permanecem turvos.

Há uma vasta bibliografia colecionando pesquisas de avaliação do uso dos computadores no ensino, sobretudo, nos Estados Unidos. Há também muitos *white papers,* tentando fazer um balanço globalizante do que se sabe.

Tomada conjuntamente, a literatura técnica aponta para uma conclusão pouco alentadora. Apesar de somar meio século de experiência, o impacto global do computador no aprendizado parece ser medíocre. Não cumpre aqui duvidar desse ou daquele uso que obtém resultados positivos. A tese aqui é o impacto global da informática educativa. E não se pode deixar de registrar o desapontamento com uma promessa tão tentadora e tão persuasiva. Eu próprio não me canso de ficar fascinado com o potencial educativo que oferecem os computadores. Para mim, a mensagem mais central desses resultados globalizantes é uma ducha de água fria nas expectativas geradas por uma máquina tão intrigante e criativa.

Para M. Horn (um dos autores do livro *Disrupting Class*[1]), os bilhões de dólares investidos para trazer os computadores para a escola não fizeram qualquer diferença. As escolas e os alunos não foram capazes de se beneficiar da tecnologia. Os culpados são a organização da jornada escolar, a divisão do aprendizado em disciplinas acadêmicas, a arquitetura dos prédios escolares e a legislação à qual os educadores precisam obedecer.

Tais afirmativas também encontram eco no Brasil. Por exemplo, Almir Brandão, da Universidade Paulista (UNIP) afirma que a sala de aula é um dos ambientes da sociedade atual que menos aproveita as potencialidades da evolução tecnológica. Eduardo Chaves, um dos gurus da Unicamp para uso de computadores na educação, reverbera a mesma ideia:

> A escola tem sido uma das poucas instituições refratárias ao uso da tecnologia, num mundo em que as demais instituições usam tecnologia para se reinventar e, assim, continuar vivas e relevantes.

Talvez o resultado mais robusto baseado em pesquisas convincentes se origina de análises do Pisa. Segundo esse estudo, o uso moderado melhora o aprendizado. Paradoxalmente, é o uso em casa e não na escola. Ou seja, os alunos sabem usar o computador para a sua educação, mesmo tendo acesso a *sites* pornográficos, *chats, blogs,* jogos e tudo mais. Mas, como sugerido pelos muitos *white papers* que circulam, a escola não sabe. É um resultado curioso, mas não muito lisonjeiro para todos aqueles que gastaram décadas tentando introduzir computadores nas escolas ou defendendo o seu uso.

---

[1] CHRISTENSEN, C. M.; HORN, M. B.; JOHNSON, C. W. *Disrupting class:* how disruptive innovation will change the way the world learn. New York: McGraw-Hill, 2008.

Ernesto Schiefelbein criou um painel de 20 educadores, considerados como líderes na América Latina. A eles foi entregue uma lista de intervenções possíveis nas escolas básicas, pedindo que as ordenassem pelo impacto esperado na qualidade do ensino. Os resultados foram combinados com os custos comuns de tais intervenções. Isso permitiu gerar uma lista que começava com as mais custo-efetivas e terminava com as mais caras e de pouco impacto. É instrutivo registrar que o gasto mais ineficaz que poderia fazer um ministro da Educação seria comprar computadores! Que confiança atribuir a tais resultados? Isoladamente, não muito. O que lhes dá certa credibilidade é serem semelhantes aos dos estudos mais robustos e conhecidos.

Por exemplo, Martin Carnoy conclui um estudo sobre os computadores na escola com a seguinte afirmativa:

> Para a maioria dos países, *computer literacy* pode ser um luxo caro, com resultados pífios [...] CAI (Computer-Aided Instruction) pode funcionar, mas é menos eficaz do que um aluno ajudando ao outro (*peer tutoring*).

Não obstante, podemos ver que há também bons resultados, apresentados por inúmeras pesquisas. Mas é relevante mencionar, não se referem ao impacto sobre sistemas de ensino como um todo, mas em casos de usos específicos, como o ACOT (programa de computadores na escola da Apple Computer) ou muitos outros. O problema é que não podemos confundir esses casos felizes e estreitos com o impacto global que permanece pouco alentador.

Rebatendo a questão para o Brasil, temos pouquíssimos estudos metodologicamente à prova de bala. Ou seja, estudos quantitativos, respeitando os cânones usuais da metodologia científica. Note-se que, sem números e sem grupos controle, estamos fazendo advocacia ou sermões, não avaliação. É ocioso perder tempo com estudos metodologicamente frágeis, pois nada dizem que seja confiável.

Tom Dwyer e seus colegas fizeram um dos poucos estudos satisfazendo às exigências usuais para pesquisas desse tipo. Usaram o Saeb, uma prova respeitada e de características técnicas amplamente conhecidas.

Os resultados são bastante consistentes, entre níveis e disciplinas. Segundo os autores, "[...] a hipótese de que computadores são benéficos para o desempenho escolar fundamental e médio são pouco convincentes e provavelmente, não muito significantes.". Nas provas de matemática e língua portuguesa, "usar sempre o computador está associado a uma perda de 10 a 30 pontos [...], independentemente da classe social". Ou seja, segundo a pesquisa, usar o computador para lidar com as matérias mais centrais do currículo não melhora o aprendizado e até pode piorar.

A questão que se apresenta é decifrar o que significam e por que chegamos a resultados tão anti-intuitivos. O Saeb nos mostra um resultado que é profundamente perturbador e que não podemos ignorar, pois sugere que usar o computador piora a nota. Só que não nos oferece uma boa explicação para entender o que estaria acontecendo.

Aonde chegamos? Como dito, as metapesquisas mostram a ineficácia dos computadores para melhorar redes de ensino como um todo. Já os resultados positivos se referem a experimentos e usos mais limitados, seja na abrangência geográfica, seja no tipo de uso ou no cuidado exercido nos casos estudados. Por exemplo, os processadores de texto costumam ter efeitos positivos sobre a redação dos alunos.

Onde estão os bloqueios? A ideia é ruim ou a implementação não se faz a contento? Essa é uma das perguntas mais importantes para avançar a discussão. A ineficácia observada resulta de uma premissa equivocada? Ou seja, será falsa a hipótese de que o computador bem usado melhora o aprendizado? Ou, pelo contrário, a teoria é boa, mas na prática, os computadores não são usados como deveriam ser e, portanto, não mostram os resultados esperados?

Há um conflito gritante entre a sociologia da escola e os imperativos tecnológicos dos computadores. A lógica do funcionamento da escola pune os usos mais criativos dos computadores. Apesar de visionário, Seymour Pappert sempre entendeu que, sem uma revolução profunda no funcionamento das escolas, o computador não iria fazer grandes diferenças. E não há muitos indícios de que essa revolução na escola esteja acontecendo ou prestes a acontecer. Os bons resultados tendem a aparecer em escolas fora dos padrões usuais.

Os bons resultados do ACOT da Apple são atribuídos à intensidade da intervenção, à abundância de *hardware*, ao longo período de maturação do projeto e à introdução progressiva de formas mais sofisticadas de agir com os computadores. Conhecendo tais resultados positivos, uma primeira linha de perguntas é saber se um uso mais leve traz benefícios ou não adianta nada.

Uma linha pertinente é indagar se, com o computador, o professor tem a sua vida facilitada ou dificultada. Trabalha mais ou menos? Se precisa gastar mais tempo, estudar mais, arriscar-se a passar vergonha diante dos alunos, provavelmente, o computador não vai ser usado com frequência. Se ficar tudo fácil, provavelmente vai usar mais. Por exemplo, os *softwares* de *drill and practice* de aritmética reduzem o esforço do professor para obrigar os alunos a fazer contas durante toda a aula. Promovam ou não o aprendizado, são convenientes para o professor e correspondem a uma forma fácil e conveniente de iniciar programas de informática nas escolas (exceto nos ambientes inundados pela vaga construtivista, quando são objeto de desprezo).

Há outra linha mais ligada às políticas para escolas públicas. Quer seja ou não uma ferramenta educativa eficaz, o computador é uma ferramenta universal para quem entra no mercado de trabalho. Da classe média para cima, todos têm, todos sabem usar. Grande parte do *digital divide* se origina nos mais pobres que, não tendo acesso a computadores, entram no mercado de trabalho em ampla desvantagem. Portanto, para eles, não se trata discutir se aprendem mais com computador, mas de que precisam aprender a usá-lo corretamente.

> **Para discutir**
>
> 1. Visite uma escola em que haja computadores para os alunos. Verifique quanto tempo cada aluno tem contato direto com ele a cada semana. Avalie o possível impacto dessa intervenção.
> 2. Verifique o que os alunos estão fazendo com os computadores. Especule se terão benefícios na sua educação como resultado desse uso.

Educação ou embromação a distância?

No seu conjunto, as avaliações não deixam dúvidas: é possível aprender a distância. De fato, tanto no exterior quanto no Brasil, os cursos superiores a distância mostram resultados tão bons ou melhores do que o presencial.

Novidade incerta? Mais um conto do vigário? Ilustres filósofos e distinguidos educadores torcem o nariz para o ensino a distância (EAD).

Logo após a criação dos selos de correio, os novidadeiros correram a inventar um ensino por correspondência. Isso foi na Inglaterra, em meados do século XIX. No limiar do século XX, os Estados Unidos já ofereciam cursos superiores pelo correio. Na década de 1930, três quartos dos engenheiros russos foram formados assim. Ou seja, novo não é.

EAD significa que alunos e professores estão espacialmente separados – pelo menos boa parte do tempo. O modo como as duas partes vão se comunicar depende da tecnologia existente. No começo, era só por correio. Depois apareceu o rádio – com enorme eficácia e baixíssimo custo. Mais tarde veio a TV, área em que Brasil e México são líderes mundiais (com o *Telecurso* e a *Telesecundaria*). Com a internet, EAD vira *e-learning*, oferecendo, em tempo real, a possibilidade de ida e volta da comunicação. Na prática, a tecnologia nova se soma à velha, não a substitui: bons programas usam livros, o venerando correio, TV e internet. Quando possíveis, os encontros presenciais são altamente produtivos, como é o caso do nosso ensino superior que adota centros de recepção, com apoio de professores "ao vivo" para os alunos.

Há embromação, como seria esperado. Há apostilas digitalizadas vendidas como cursos de nomes pomposos. Mas e daí? Que área escapa dos vigaristas? Vemos no EAD até cuidados inexistentes no ensino presencial, como a exigência de provas presenciais e fiscalização dos postos de recepção organizada (nos cursos superiores).

Nos cursos curtos, não há esse problema. Mas, no caso dos longos, o calcanhar de Aquiles do EAD é a dificuldade de manter a motivação dos alunos. Evitar o abandono é uma luta ingente. Na prática, exige pessoas mais maduras e mais disciplinadas, pois são quatro anos estudando sozinhas. As telessalas, que reúnem os alunos com um monitor, têm o papel fundamental de criar um grupo solidário e dar ritmo aos estudos. E, se o patrão paga a conta, cai a deserção, pois abandonar o curso atrapalha a carreira. Também estimula a persistência se o diploma abre portas para empregos e traz benefícios tangíveis – o que explica o sucesso do *Telecurso*.

Mas falta perguntar: funciona? Prestam os resultados? Felizmente, houve muita avaliação. Vejamos dois exemplos bem diferentes. Na década de 1970, com Lúcia Guaranys, avaliei os típicos cursos de radiotécnica e outros, anunciados nas mídias populares. Para os que conseguiam se graduar, os resultados eram espetaculares. Em média, os alunos levavam menos de um ano para recuperar os gastos com o curso.

Em um mestrado de engenharia elétrica de Stanford, foi feito um vídeo que era, em seguida, apresentado para engenheiros da HP. Uma pesquisa mostrou que, no final do curso, os engenheiros da HP tiravam notas melhores do que os alunos presenciais. Os efeitos do *Telecurso* são também muito sólidos.

Para os que se escandalizam com a qualidade do nosso ensino superior, sua versão EAD é ainda mais nefanda. Contudo, o Enade trouxe novidades interessantes. Em metade dos cursos avaliados, os programas a distância mostram resultados melhores do que os presenciais! Por quê? Sabe-se que a aprendizagem "ativa" (em que o aluno lê, escreve, busca, responde) é superior à "passiva" (em que o aluno apenas ouve o professor). Na prática, em boa parte das nossas faculdades, estudar é apenas passar vinte horas por semana ouvindo o professor ou cochilando. Mas isso não é possível no EAD. Para preencher o tempo legalmente estipulado, o aluno tem de ler, fazer exercícios, buscar informações, etc. Portanto, mesmo nos cursos sem maiores distinções, o EAD acaba sendo uma aprendizagem interativa, com todas as vantagens que decorrem daí.

No seu conjunto, as avaliações não deixam dúvidas: é possível aprender a distância. Não obstante, cada vez mais, o presencial se combina com segmentos a distância, com o uso da internet, *e-learning*, vídeos do tipo YouTube e até com o prosaico celular. O duelo do presencial contra o EAD perde fôlego. Em vez disso, é a educação presencial bolorenta que está sendo ameaçada pelas múltiplas combinações do presencial com tecnologia e distância.

Para discutir

1. Entreviste alguém que fez ou está fazendo um curso a distância. Quantas horas por semana são dedicadas ao curso? É mais ou menos do que seria comum em cursos presenciais?
2. Como é o uso do tempo nesse curso? Como se compara com um presencial semelhante? Apenas julgando pelo tipo de uso, é mais ou menos favorável a um real aprendizado?
3. Como fica a interação com professores e colegas? Há mecanismos alternativos para compensar a ausência de uma sala de aula regular?

Computador para pobre, livro para rico

Alguns poderão ter objeções aos livros digitais, pelas mais diferentes razões. Porém, se puderem ser oferecidos aos mais pobres a custos muito inferiores, estaremos diante de uma solução vencedora.

Quando falamos da "brecha digital", separando os pobres dos ricos, é preciso cautela para não generalizar. Há logo um contraexemplo. Na telefonia é ao contrário. O rico tem telefone fixo, que é analógico. O pobre tem o celular, que é digital.

Mas está aparecendo uma outra inversão que, além de surpreender, é crítica para o futuro da educação. Visitei um curso de tecnólogo em administração na periferia de São Paulo. Dificilmente se encontraria no Brasil um curso superior cuja clientela tenha uma origem social mais modesta.

Em uma sala de aula, com mais de 30 alunos, perguntei quantos não tinham acesso a computador, fosse em casa ou no trabalho. A resposta surpreendeu, pois apenas um não tinha.

Discutindo a resposta, os alunos enfaticamente mencionaram a sua importância. Insisti na pergunta: por que o computador seria tão importante? A nova resposta foi ainda mais inesperada. Afirmaram que o computador era vital, pois, sendo muito pobres, não podiam comprar livros. Os livros requeridos para fazer o curso estavam acima de sua capacidade financeira. Se tirassem cópias dos capítulos de que necessitam, fariam alguma economia, mas não tanta.

Em outras palavras, com a disponibilidade crescente de leituras na internet ou em bibliotecas virtuais, o computador está se tornando uma forma de acesso menos dispendiosa do que os materiais escritos (além de ter charme e outros usos). Note-se que, segundo o Enade, 92% dos alunos do superior privado têm acesso a computador (mas só dois terços os possuem).

Os alunos de mais posses compram livros e podem tirar fotocópias dos livros que não compraram. Mas os mais modestos não podem se permitir tais luxos. Se tiverem acesso a impressoras, poderiam imprimir o que encontram na internet. Mas os cartuchos das impressoras são caros e acabariam gastando o mesmo que em livros ou fotocópias. Portanto, a solução mais econômica é ler na tela do monitor.

Cada vez mais, torna-se possível encontrar no mundo labiríntico da internet muitas leituras requeridas nos cursos superiores. Com a vantagem de que, no nível superior, há muito menos risco de se chafurdar e se perder na babel de informações pouco filtradas e de qualidade duvidosa. A internet pode virar uma ferramenta para formar e não para informar e confundir.

Do lado do papel, há um círculo vicioso. Os livros do ensino superior têm tiragens limitadas. Pior, alguns são enormes, grandes demais para serem estudados de ponta a ponta. Por tais razões, são livros caros. Sendo caros, poucos os compram – sequer as bibliotecas têm recursos para escapar da mediocridade dos seus acervos.

E não há mais de um exemplar na biblioteca dos artigos de periódicos indicados na bibliografia. A solução é a cópia do artigo pelo aluno. Mas é também caro para a maioria. E, para evitar pecados contra os direitos de propriedade intelectual, o leitor tem de ser o próprio copista.

Para os que podem, o papel é o luxo de consumo. Para os que só conseguem acesso a um computador, a solução digital é a mais barata. É a nova brecha digital, deixando o rico com a solução analógica (papel) e o pobre com a digital. Espontaneamente, a tecnologia da informação começa a ser o caminho mais econômico. Pobre tem de ler na tela. Muitos não acham confortável. Mas é como o transporte coletivo, chega-se lá, embora seja menos conveniente. Na verdade, pesquisas nos Estados Unidos mostram que o problema é entre gerações. Aos jovens não incomoda ler na tela.

Haveria como baratear os livros. Ademais, o governo poderia subsidiar a sua compra ou comprar os direitos autorais e oferecer como domínio público (como começa a acontecer em alguns estados americanos). Mas, no nosso caso, ainda estamos longe dessas definições.

Alunos de faculdade, se têm recursos, gastam por ano com livros o mesmo que custa um computador usado (cerca de R$ 500,00). Portanto, uma linha mais imediata e promissora é barateá-los ainda mais, diante do novo desafio da equidade. A nova brecha digital é entre os menos ricos que têm computador e os que não o têm. Os mais ricos não precisam de computador, pois podem comprar livros.

Mas talvez a providência mais urgente seja dar acesso aos alunos às versões digitais de tudo que precisam ler na faculdade. Essa seria uma grande contribuição do MEC.

Para discutir

1. Entreviste um jovem e uma pessoa mais velha, ambos com trato frequente com computadores. Qual a atitude de cada um, diante das leituras na tela, em vez de ser no papel? Interprete os resultados.
2. Discuta a perspectiva de adoção de livros digitais no ensino médio, como está por acontecer em vários estados americanos. Quais são as vantagens? Quais são as desvantagens? Como mudará a estrutura de custos?

10

Avaliação: o GPS do ensino

Houve momentos em que a avaliação de alunos era um tabu inexpugnável. Contudo, as assombrações foram vencidas e o país embarcou na mesma tendência que se disseminou pelo mundo afora. Ao fim e ao cabo, se não avaliamos não sabemos onde estamos nem para onde vamos. A boa notícia é que temos um sistema sofisticado e abrangente para avaliar alunos e instituições, em todos os níveis.

Medimos bem a ruindade da nossa educação

Com o desenvolvimento dos mecanismos de avaliação, passamos a ter excelentes termômetros para avaliar o nosso ensino. E o que mostram esses termômetros não é alvissareiro. Ficamos sabendo com confiança e precisão que nossa educação é muito ruim.

Estamos no pior dos mundos. Pais, alunos e professores encontram-se redondamente enganados na ideia generosa que fazem da nossa educação. E isso, apesar da existência de indicadores altamente confiáveis para medir a sua qualidade. De resto, todos dão a mesma notícia: nossa educação é péssima. Mas estamos nos antecipando.

Como veremos adiante, na década de 1990, não conseguimos resolver os problemas da qualidade. Mas resolvemos o problema de medir a qualidade.

Agora sabemos, com segurança, como anda a qualidade da nossa educação. É pois confiável a constatação de que é muito deficiente essa qualidade.

Temos todas as ferramentas para sabermos como estamos: o Saeb, a Prova Brasil, o Ideb e o Enem. Além disso, o Instituto Paulo Montenegro/Inaf, do grupo Ibope, mede o grau de alfabetização dos adultos brasileiros. Todos os testes satisfazem aos critérios comuns de confiabilidade, precisão, aleatoriedade da amostra e lisura na aplicação. Ou seja, não apareceram críticas tecnicamente respaldadas e que ameacem os resultados mais importantes. Todos já foram aplicados mais de uma vez e os resultados não variam de forma substancial.

Alguns se perguntam o que será que medem tais testes e se é isso mesmo que deveriam medir. O assunto não pode ser descartado com duas ou três afirmativas categóricas. Contudo, podemos evitar uma longa conversa, dizendo que nossos testes são parentes muito próximos daqueles utilizados no mundo inteiro e preparados nos países de melhor educação. Em outras palavras, se estamos redondamente equivocados, consola saber que estamos em excelente companhia. De fato, quando comparamos nossos testes com o Pisa, patrocinado pela OCDE (o "clube" dos países ricos e industrializados), podemos ver que os nossos testes são muito parecidos, seja no que tentam medir seja na sua qualidade técnica.

Outros críticos acusam os testes de deixar de fora muitas dimensões relevantes de uma boa educação (criatividade, civismo, dotes morais e outras). Isso é totalmente verdadeiro e não há por que escondê-lo. Contudo, pesquisas recentes reportadas por Doug Lemov (*Teach like a Champion*[1]) mostram que essas outras dimensões se correlacionam de forma estreita com aquilo que medem os testes.

O Saeb é aplicado ao 5º ao 9º ano do fundamental, e mais no último ano do médio. As provas do 5º ano mostram que 54% dos alunos não foram plenamente alfabetizados. Essa é uma etapa a ser vencida ao fim do 1º ano, por praticamente todos os alunos. Ou seja, ao cabo de cinco, mais da metade dos alunos não aprendeu a ler. Como a leitura é a principal ferramenta da escola, metade dos alunos não tem o instrumento de que precisaria para ser educada. E isso sem considerar que os alunos chegam ao 5º ano com uma taxa de repetência que é a maior da América Latina. Ou seja, nem andam na velocidade certa e nem aprendem. É o pior dos mundos.

A Prova Brasil é uma variante do Saeb. A filosofia ou o conteúdo do que se tenta medir permanecem mais ou menos os mesmos. Mas, em vez de extrair uma amostra dos escolares brasileiros, inclui o total das escolas (somente ficam excluídas aquelas muito pequenas). Isso permite oferecer resultados por cidade e por escola. Em outras palavras, praticamente todas as escolas públicas (não inclui as privadas) têm a sua nota.

---
[1] LEMOV, D. *Teach like a champion*. San Francisco: John Wiley & Sons, 2010.

Uma variante da Prova Brasil é o Ideb que toma os resultados desta e adiciona a velocidade com que os alunos avançam no sistema. Dizendo diferente, toma-se o inverso da repetência ou do atraso idade-ano. O próximo tópico analisa o Ideb em mais detalhes.

O Enem é uma prova do mesmo naipe, aplicada ao fim do ciclo médio. Tecnicamente, ainda é menos sofisticada do que a Prova Brasil, mas sua aplicação inclui o sistema privado. É um teste de participação voluntária. Isso dificulta bastante a comparação entre escolas, como mencionado anteriormente ("Mentir com estatísticas? Mas há vacinas", Capítulo 1). Praticamente, virou a medida oficiosa do desempenho das escolas de nível médio, pois a Prova Brasil não é aplicada nas escolas privadas.

Nas gerações mais recentes, poucos deixam de permanecer na escola por muitos anos (em média, por cerca de nove anos). Ainda assim, a escola continua produzindo analfabetos funcionais. Se o Saeb mostrou que aprenderam pouco na escola, o Inaf mostra a consequência disso quando viram adultos. Verificou-se que 74% dos adultos são funcionalmente analfabetos. Trocando em miúdos, não conseguem ler suficientemente bem para se comunicarem por escrito (exceto por bilhetes toscos), não conseguem ler notícias de jornal (exceto as muito simples) e não conseguem usar a leitura para se educarem (uma funcionalidade essencial em uma sociedade moderna). Ou seja, pelas definições internacionalmente aceitas, três quartos dos brasileiros adultos são analfabetos funcionais.

Em 2001, o Brasil entrou no Pisa, um sistema de avaliação que aplica testes em alunos de 15 anos e que foi desenvolvido para os países industrializados. Ali recebemos o golpe de misericórdia. Dentre 31 países, obtivemos o último lugar. Estamos atrás de todos os países avançados, o que não seria uma grande surpresa. Mas estamos substancialmente atrás do México. No segundo Pisa, com uma participação mais numerosa de países com níveis de renda próximos à do Brasil, saímos em penúltimo. Somente o Peru nos salva do último lugar. Aliás, tais resultados não divergem de alguns outros, gerados por provas internacionais de desempenho educativo.

Da carnificina do Pisa, não escapou ninguém. Análises estatísticas mostraram que a ruindade da nossa educação não é comensurável com pobreza do país, comparada com a riqueza dos europeus. É muito pior. Dado o nosso nível de renda, deveríamos ter uma educação bem melhor do que temos.

Tampouco sobreviveu a tese de que nossos pobres são mal-educados, embora a educação dos ricos seja boa. O Pisa mostrou que os 25% de alunos com situação econômica mais alta se saíram pior do que os europeus pertencentes aos 25% inferiores. Em bom português, nossos ricos leem pior do que os filhos de operários da Europa.

Na média, o aluno brasileiro tem a mesma capacidade de leitura que um europeu com quatro anos a menos de escolaridade. E se este europeu for finlandês, a diferença sobe para quatro anos e meio.

A prova permite classificar os alunos segundo os níveis de compreensão de leitura em que se encontram os estudantes. Segundo as estimativas de Ruben Klein, apenas 3% dos alunos do 9º ano atingem o nível considerado satisfatório (350 pontos no Saeb) e 26% atingem o nível mínimo (275 pontos). Portanto, essa é a matéria-prima com que trabalha o médio. O resultado é o esperado, pois apenas 7% se formam no médio com o nível básico e 1,3% com o nível satisfatório.[2] Ou seja, a tarefa do médio está muito acima de suas forças.

Tal como o Saeb, o Pisa classifica os alunos por níveis de proficiência (de 1 a 5 e mais o nível abaixo de 1). Os resultados nos níveis dois ou abaixo são considerados insuficientes. Pois bem, no Brasil, 86% dos alunos se encontram no nível 2 ou abaixo. Desses, 23% estão abaixo do nível mínimo (1). Trata-se de uma proporção muito mais elevada do que aquela observada até para os países mais pobres do que o nosso. Em outras palavras, o Brasil não está apenas mal, mas muito mal no Pisa.

Alguns duvidavam dos resultados do Pisa. Mas nas duas aplicações subsequentes, confirmaram-se os resultados catastróficos. A única diferença é que entraram países bem mais pobres, como o Peru e Indonésia, permitindo que ficássemos em penúltimo lugar.

> **Para discutir**
>
> 1. Se apenas 14% dos alunos que entram no superior têm o preparo esperado, que políticas deveriam ser implantadas nesse nível? Deveria ser vedada a entrada dos que não estão suficientemente preparados? Deveriam mudar os conteúdos ensinados? Discuta, com extremo cuidado de separar ideologias, juízos de valor e fatos.
> 2. Como você escolheria uma escola média para o seu filho ou para algum amigo? Que critérios incluiria? Considerando as escolas da sua cidade, quais as três que consideraria melhores?

Ideb, o novo termômetro da educação

O Ideb soma a medida de quanto os alunos aprenderam com a velocidade com que avançam no sistema escolar. Seus resultados, comparando regiões e cidades, apresentam algumas surpresas. Em outras palavras, é um número que junta dois indicadores. Os resultados são muito interes-

---
[2] KLEIN, R. *Como está a educação no Brasil*. No prelo.

santes. Os números mostram que estados tradicionais perdem posição, enquanto outros estados mais jovens avançam céleres. Algumas das cidades que têm o melhor ensino são totalmente desconhecidas.

Em geral, a ciência gera os avanços que se transformam em tecnologia. Mas há o caminho inverso, pois avanços tecnológicos podem permitir saltos na ciência. Com a tecnologia do microscópio, os micróbios passaram de conjectura a entes reais. O telescópio revelou astros invisíveis a olho nu. Na economia, o conceito de PIB engendrou novas análises. Mais adiante, veio o Índice de Desenvolvimento Humano (IDH), revelando o lado social do desenvolvimento. Na educação, o Brasil acaba de ganhar um novo termômetro: o Ideb. Trata-se de um índice de excelência da educação. Com ele, podemos realizar novas análises.

O Ideb é um indicador engenhoso, que combina a velocidade de avanço dos alunos dentro da escola com o nível de rendimento nos testes da Prova Brasil. Foi calculado para o 5º e o 9º anos e para o último ano do ensino médio (mesmos anos que a Prova Brasil e Ideb).

Quanto menos repetência, maior o índice. Quanto mais altos os escores na Prova Brasil, maior o índice. O Ideb premia municípios ou escolas cujos alunos aprendem mais e repetem menos. Portanto, se a escola aprovar quem não sabe, para reduzir a repetência, perderá nos escores de rendimento escolar. A que peneirar os melhores, com o objetivo de gerar escores superiores, terá mais repetência, puxando para baixo o índice.

Sem revirar tudo de pernas para o ar, o Ideb mostra algumas novidades no nosso ensino. Consolida-se a liderança do Centro-Sul, premiando a continuidade das suas políticas educativas. Do Rio Grande do Sul até Minas Gerais, os resultados são sempre superiores. A surpresa é que nesse time acaba de entrar o Espírito Santo e sair o Rio de Janeiro. Depois de liderar por mais de dois séculos, o Rio afundou para o meio da distribuição, equiparando-se com o Acre, Sergipe e outros estados pobres. São Paulo é reabilitado pelo Ideb, aparecendo em 1º, 1º e 4º (no 5º, 9º e último anos). Perdão para a sua tão vilipendiada política de promoção automática? Apesar de 15 estados terem maiores gastos *per capita*, a educação de Minas está entre as melhores. Ou seja, gastar bem vale mais do que gastar muito.

Vínhamos observando os avanços do Centro-Oeste. De fato, está bufando no cangote do Centro-Sul, apesar de sua recentíssima colonização. A grande surpresa são os novos estados e ex-territórios, sempre subestimados. Rapidamente subiram, mesclando-se com o Centro-Oeste. Com 18 anos de idade, o Tocantins desponta em 6º lugar (no 9º ano), mostrando que é possível criar um sistema educativo adequado em tempo recorde. Bela lição. Querendo, educação melhor não é apenas para os netos.

Em contraste, os estados velhos do Norte e Nordeste permanecem firmes na rabeira. Foram ultrapassados até pelos ex-territórios. No ensino médio, raspando na trave, escapam o Ceará e Sergipe. Alagoas e Amazonas carregam a lanterninha. E que surpresa ver Acre, Amapá e Roraima se descolarem do Norte e Nordeste. A maior vergonha é o Distrito Federal. No 5º ano, vai bem (2º lugar). Mas, nos níveis seguintes, cai para 13º e 9º. Com custo por aluno de quatro vezes a média nacional, é inaceitável que a politicagem de Brasília tenha provocado tão lamentáveis consequências.

Nos municípios, o que mais chama atenção é ver a qualidade fugir das capitais. De fato, poucas estão acima da média nacional. Curitiba é a melhor capital. Contudo, há mais de 400 municípios com educação melhor.

Recentemente, ouvi depoimentos de diretoras de escolas da periferia de uma grande capital. A conflagração urbana domina a agenda. Discorreram sobre todas as desgraceiras e falaram de tudo, menos de educação. Se educação de qualidade não está na agenda delas, como poderíamos querer que se materializasse? Nem por milagre. Assim sendo, as periferias puxam para baixo os escores das capitais.

Se o ensino de qualidade fosse tão caro, como poderia ocorrer em municípios pobres? As grandes estrelas são municípios pouco conhecidos. Quem ouviu falar de Trajano de Morais? Pois, pasmem, tem o melhor ensino fundamental do Brasil. Mas o quarto pior (Piraí) está também no estado do Rio de Janeiro. Barra do Chapéu, o melhor 5º ano do país, está no Vale do Ribeira, uma região pobre do estado de São Paulo. Aliás, para ultrapassar o desempenho das capitais não é necessário mais do que prefeitos dedicados e o feijão com arroz benfeito.

Para discutir

1. Você conhece algum município pequeno que tenha uma boa nota no Ideb? Que diferenças haveria entre outros municípios semelhantes? E comparado com a capital do estado?
2. Que diferenças haveria nos estados do Centro-Oeste, já que praticamente não existiam, faz pouco tempo e agora seus indicadores se aproximam daqueles dos estados mais antigos e consolidados? E por que estão conseguindo ultrapassar os estados do Nordeste?

A pior escola vai melhorar?

Visitar a pior escola da periferia de Belo Horizonte trouxe certas surpresas. Mostrou que o Ideb já se transformou na medida consagrada da educação. A diretora tinha plena consciência de onde estava a sua escola e planos concretos para melhorar.

A Rede Globo decidiu dar um tratamento mais sistemático e pensado à educação. No curso da sua nova agenda, recebi um convite para discutir com o seu departamento de jornalismo as pautas para o Bom Dia Brasil e o Jornal Nacional (em si, essa preocupação já é uma boa notícia).

Já que moro em Belo Horizonte, decidiu-se que faríamos algumas visitas. Escolhemos a melhor e a pior escola do município mais pobre da periferia da Capital.

Por conta de um atraso, só havia tempo para visitar uma. Escolhemos a pior. No carro, trocamos ideias sobre que cara teria essa pior escola do município: suja, maltratada e depredada? Banheiros sujos, grafites por todo lado, diretoras ausentes ou desinformadas? Fizemos também a lista de todos os equívocos que, imaginávamos, a diretora estaria cometendo.

Erramos redondamente. A escola é modesta e sofrida, mas estava limpa e bem cuidada.

Os professores estavam lá, reunidos para discutir como manejar a sala de aula. Uma delas havia inventado um jogo que mostrava às colegas. Era o oposto do que esperávamos.

Conversamos com as professoras sobre a sua formação. Segundo elas, do que aprendem nas faculdades de educação, muito pouco serve para manejar a sala de aula. De fato não serve para lidar com o mundo real da escola. É abstrato demais para ser aplicável. Segundo as próprias, levam até seis anos usando os alunos como cobaias, até que aprendam a ensinar e lidar produtivamente com uma sala de aula.

Depois de alguma conversa, resolvemos dar uma pegadinha na diretora. Perguntamos qual o Ideb da escola. Para nossa surpresa, ela conhecia todos os números, os presentes e os passados. E tinha uma meta clara para o próximo.

Questionamos porque o Ideb havia caído. Ela explicou com tranquilidade e clareza que houve um concurso público para o magistério. Como resultado, no ano anterior, foi-se boa parte dos seus professores. Além disso, a escola estava entre duas favelas que estavam em pé de guerra. Guerra das boas, por conta do tráfico de drogas. O trabalho de proteger a escola dos conflitos havia sido árduo.

Enquanto falávamos de resultados, apareceram professoras mostrando diagramas de barras, com as pontuações dos alunos. Explicaram haver aprendido sobre eles nas escolas de Ouro Branco. Estavam prestes a começar um programa de gestão escolar e já se haviam antecipado, aprendendo a usar as ferramentas que iriam adotar.

O que vimos nessa visita? Certamente, não foi o que esperávamos.

Houve uma mudança de paradigma. Professoras e diretoras saíram da choradeira sentimentaloide e dos argumentos ideológicos. Em lugar do muro de lamentações, entrou em cena a aritmética do Ideb. A conversa da diretora era mais ou menos assim: Tinha X pontos, perdi Y com a crise e agora esperamos chegar a Z no próximo teste.

Em outras palavras, o Ideb virou o GPS da escola. Mostra onde estava, onde está e baliza para onde se quer ir. No processo, permite diagnosticar o que está certo e o que está errado.

Para a presente discussão, não importa tanto se a escola está bem ou mal. Interessa é que há um bom diagnóstico, compartilhado pela equipe da escola. A diretora sabe onde está e como vai proceder para cumprir as suas metas. Nesse momento de sucessos tão modestos na educação, é tudo que se pode desejar para a escola.

Nos dias que correm, uma pesquisa do Ibope com diretores de escolas da rede pública brasileira mostrou que três quartos deles conhecem o Ideb. Deveria ser 100%. Mas já é um avanço considerável.

É o modelo do novo Brasil que está sendo forjado.

Para discutir

1. Entreviste uma professora de rede pública e pergunte sobre a avaliação. O que ela sabe? Conhece os números que medem a sua escola? A escola tem planos baseados nesses resultados?
2. Entreviste um professor ou diretor de escola média privada. Faça as mesmas perguntas do parágrafo anterior, considerando o Enem. Que diferenças existem? Interprete.

Por que defendo a avaliação do ensino superior

Sem o Provão/Enade, estaremos condenados a voltar às trevas da ignorância e da superstição. Contudo, abundam mal-entendidos sobre o que significam e como interpretar essas avaliações.

O Provão e seu sucessor, o Enade, são para-raios de besteiras e equívocos. Há a ignorância honesta. E há a pseudoignorância dos que jogam para as plateias e só tem a ganhar com a confusão e opacidade criadas.

Vejamos algumas perplexidades de interpretação, bem como equívocos que passam por verdades sagradas:

Provão e Enade são coisas muito diferentes.

Não é bem verdade. As provas em si são muito parecidas, houve uma grande continuidade nas equipes e nos procedimentos. Compartilham dos mesmos méritos e defeitos. As diferenças maiores estão na sistemática de aplicação e na introdução de indicadores compostos.

Em primeiro lugar, o Provão era aplicado todos os anos e para o universo dos matriculados em cada curso, sendo os resultados divulgados para cada aluno. O Enade passou a ser por amostragem, gerando dúvidas quanto à lisura dos critérios de seleção (esse aspecto foi eliminado, mas os resultados disponíveis ainda refletem a sua presença). Além disso, o Enade só é aplicado a cada três anos, em cada área do conhecimento.

Em segundo lugar, o Enade é formado por uma combinação de indicadores, complicando a interpretação e introduzindo algumas distorções. Ao dar um peso substancial para a prova aplicada aos alunos entrantes, cria-se um viés nada desprezível nos resultados finais. Favorece as universidades públicas, capazes de atrair bons alunos, pelo mero fato de serem gratuitas.

Em terceiro lugar, favorece novamente as públicas, por incluir na nota a proporção de mestres e doutores no quadro, bem como a proporção de professores em tempo integral. Pior ainda, nos cursos profissionais, doutores e mestres demais trazem um viés acadêmico ao ensino. Ou seja, são premiados os cursos que têm muitos professores com diplomas e, consequentemente, pouca experiência prática.

Em termos gerais, há uma dificuldade metodológica no uso de indicadores que misturam variáveis de processo com as de resultado. Não sabemos bem o que está sendo medido e, portanto, a interpretação dos resultados é mais ambígua.

O lado positivo é que não foi eliminado, como gostaria o primeiro presidente do Inep no período Lula. Ou seja, continuamos a ter termômetros para o ensino superior.

Não queremos uma medida que ranqueie os cursos.

Na área social, não temos quilos ou metros. Só nos resta comparar. Portanto, muito do que medimos é por via de comparações. Na verdade, comparamos o tempo todo: futebol, Fórmula 1, as melhores empresas. Mesmo na vida cotidiana, comparamos para decidir a qual filme assistiremos e se compraremos esta ou aquela marca de chocolate. Seria especioso se a educação escapasse das comparações, considerando-se a importância vital do assunto. Portanto, o que nos resta a fazer é mostrar a superioridade do curso X sobre o Y. Sem fazer isso, os números são totalmente inúteis.

Por que insistir em uma avaliação que desagrada aos educadores?

Os fatos estão errados. Logo no início da sua aplicação, foram favoráveis ao Provão 10 associações de dirigentes e instituições de ensino superior, representando o universo do ensino superior privado. Mas, ainda que tivesse sido rechaçado por esse grupo ou por outros, é um direito da sociedade conhecer a qualidade dos cursos que preparam a próxima geração. O desconforto de ser avaliado é o ônus inerente à operação de um curso, tanto quanto para os dirigentes de um clube de futebol que verá publicados os resultados do jogo.

Por que não diretamente a instituição, em vez de medir os alunos?

Se quisermos saber, entre dois carros, qual anda mais depressa, podemos chamar um time de engenheiros para examinar o motor ou a aerodinâmica e estimar a velocidade de cada um. Teremos várias teorias e muitos debates. Mas, em vez disso, podemos colocar os carros lado a lado, acelerar e observar qual anda mais depressa. No primeiro caso, testamos o processo. No segundo, o produto. No segundo caso, claramente, é um resultado mais confiável. O mesmo vale para a educação. O Enade desnuda o produto, isto é, mostra quanto os alunos aprenderam. No fundo, é isso que queremos saber. Examinar o funcionamento do curso – o processo – ajuda a entender o porquê das diferenças, mas não mede bem o que se aprende nele.

Seria muito melhor e mais justo fazer a autoavaliação das instituições.

De fato, esse é um ótimo mecanismo interno de discussão e mudança. Mas pensemos: se o psicanalista contasse no clube as barbaridades que ouve de seus pacientes, ninguém lhe falaria a verdade. Assim é a autoavaliação. Se os resultados vão ser divulgados, todos mentirão. São verazes as "confissões", apenas se ficarem entre quatro paredes. Só que, não vindo a público, não ficamos sabendo quais são os cursos bons. Ou seja, autoavaliação não é uma ferramenta de política pública. É apenas um mecanismo interno de aperfeiçoamento institucional.

O Provão ou o Enade não permitem comparar áreas diferentes.

Assim é e assim tem de ser. Não há como dizer se os filósofos dali são melhores do que os dentistas de acolá. O problema não é da ferramenta que mede, mas da dificuldade inerente de comparar coisas tão díspares. Como seria um dentista melhor do que um filósofo? Porque consegue instalar uma coroa de jaqueta melhor do que o filósofo entendeu o imperativo categórico de Kant? Não faz sentido.

O Enade só diz que um curso é melhor do que outro, não diz se o curso é bom ou mau.

É verdade. Qualquer nota depende tanto da excelência dos alunos como da dificuldade das provas. Por exemplo, as notas muito baixas dos cursos de matemática podem ser devidas a expectativas irrealistas dos que redigiram as provas. Se a prova é difícil demais, as pontuações são baixas. Fixar normas para cada curso é uma tarefa espinhosa em um país tão heterogêneo. De mais a mais, ainda não foi feito. Portanto, apenas com o Enade, continuaremos a não saber se a área de matemática é fraca ou se as provas são muito difíceis.

Alguns cursinhos e colégios estão treinando os alunos para fazer os testes.

Ótimo. Como quase todos os alunos estudam para as provas, estudar para o Provão ou para o Enade é bom, pois tratam-se de exames de boa qualidade, laboriosamente planejados pelos professores das melhores universidades. Podemos até chegar à conclusão de que não são tão benfeitas assim as provas e que têm os seus defeitinhos. Não obstante, são amplamente superiores às provas em geral aplicadas durante o curso por professores apressados e que não são líderes na sua área ou especialistas em formulação de provas.

Por que os cursos com notas mínimas não foram fechados?

O Provão e o Enade apenas dão sinais de alarme. Sugerem que, ao tirar nota baixa, o curso tem problemas e deve ser visitado. Se a visita identifica deficiências graves, cabe aplicar a lei. Mas só em uma ditadura um ministro pode fechar um curso sem cumprir os ritos legais. Na prática, arrastam-se os processos, com medidas protelatórias e liminares. Mas isso nada tem a ver com o Provão, o Enade ou com a vontade do ministro. São os vícios clássicos do nosso sistema legal.

Como é possível julgar um curso só por uma prova?

Se os resultados fossem voláteis, as notas de uma mesma instituição flutuariam de ano a ano. Mas isso não acontece. Pela lei dos grandes números, há notável estabilidade. A mosca que esvoaça e desconcentra um aluno pode piorar a nota dele. Mas, no grupo, é um pequeno distúrbio que não muda os resultados. Por outro lado, quando observamos um curso que deu um salto, quase sempre, é possível documentar que foi feito um grande esforço para melhorar. E, quando afunda, é quase certo que fez besteira ou teve um acidente de percurso. Não há flutuações inexplicáveis.

O Provão não leva a nada, não traz consequências.

Total inverdade. Há uma coleção enorme de casos em que uma nota ruim gerou drásticos processos de mudança dentro da instituição. Além disso, os alunos logo entenderam o que dizem as notas. Nos cursos com notas A e B no Provão, aumentou em cerca de 41% o número de candidatos. Os cursos com nota C e D tiveram a desagradável surpresa de ver 18% dos seus candidatos debandarem.

O sistema de avaliação do Provão e do Enade são imperfeitos.

Pura verdade. Por exemplo, as notas não constam do histórico escolar do estudante (por decisão do Congresso). Algumas provas são excessivamente técnicas. Conforme a cabeça dos professores encarregados de redigir as provas, escapolem questões ideológicas ou peso excessivo nessa ou naquela teoria ou doutrina. E por aí afora. Estamos condenados a infindáveis controvérsias de interpretação e uso. Mas sem o Provão estaríamos condenados a voltar às trevas da ignorância e da superstição.

Para discutir

1. Entreviste professores ou diretores de faculdades. Tente avaliar em que medida a existência do Provão ou Enade mudou a forma pela qual as coisas se passam nas suas instituições. Ou seja, a avaliação teve impacto?
2. Escolha aleatoriamente 10 perguntas de um Provão ou Enade (p. ex., feche os olhos e aponte o dedo). Examine cada uma e determine se exigem: (i) apenas memória, (ii) memória e raciocínio, ou (iii) apenas raciocínio. Discuta o resultado.

Dom Pedro II ensina a visitar faculdades

As visitas às faculdades pelos consultores indicados pelo MEC são uma fonte previsível de ruídos. Em geral, perdem-se no acessório e não tocam no essencial. É curioso voltar ao diário de viagem de Dom Pedro II, no trecho em que descreve a visita que fez à Escola de Medicina da Bahia. Quem sabe os consultores do MEC não teriam algo a aprender com o nosso Imperador?

Se há alguma justificativa para o MEC azucrinar o ensino privado, ela está no seu papel de coibir os abusos e incompetências de alguns cursos superiores. De fato, ao fiscalizar e monitorar os cursos novos e os que estão já em operação, cria-se a oportunidade para coibir os descumprimentos das regras, possivelmente responsáveis por um ensino de má qualidade. Igualmente, laudos positivos estimulam os bons programas. Isso é fundamental para valorizar os cursos sérios.

Portanto, todos os esforços do MEC para avaliar e filtrar a qualidade do ensino oferecido são mais do que bem-vindos, desde que o processo seja bem direcionado e focalize aquilo que realmente importa para a qualidade da educação.

Bem sabemos que olhar papelada não adianta grandes coisas. Os papéis podem não dizer nada. Se faltar um carimbo ou registro no contrato de locação, isso é apenas um estorvo a mais na via-sacra do pobre dono de faculdade que busca obter autorização para funcionar. Se a descrição dos objetivos e do modelo pedagógico for comprada de uma empresa consultora da moda, aqueles estarão perfeitos e iguaizinhos a dúzias de outros produzidos na mesma fábrica. É só papel. Mas, se a lista de professores será a mesma dos que vão realmente dar aulas, sobre isso, o papel nada diz.

O que realmente interessa é o processo de ensino. E ele acontece no cotidiano da escola, dentro da sala de aula. Portanto, só indo xeretar a sala de aula é que podemos ter uma ideia acerca da qualidade do ensino realmente oferecido.

Ao que tudo indica, nunca ninguém instruiu os visitadores do MEC, mostrando que esta é a única maneira de saber o que está acontecendo na escola a ser avaliada. Diante disso, a presente nota apresenta uma lição Imperial de como avaliar cursos superiores.

De fato, o Imperador Dom Pedro II quis saber como estava o curso de medicina da Bahia. Para responder à sua real curiosidade, foi visitá-lo. Se fosse Sua Majestade um visitador da Sesu ou Inep, teria ido à secretaria do curso e se debruçado sobre todos os papéis e registros disponíveis.

Mas nosso Imperador, em vez disso, resolveu assistir a uma aula de cada disciplina oferecida. Os resultados, anotados em seu diário, foram recentemente reproduzidos em uma publicação. Na opinião do autor da presente nota, os problemas de avaliação do ensino brasileiro estariam mais bem-resolvidos se os visitadores do MEC fizessem como Dom Pedro II ao avaliar a Escola de medicina da Bahia.

É curioso notar que o Imperador não gasta mais do que umas poucas linhas para falar de prédios ou instalações. O assunto é ensino e não construção civil.

O único problema é que Dom Pedro II não seria aceito pelo MEC como visitador, pois não tinha nem mestrado nem doutorado. Pior, não trabalhava na área e não tem o registro profissional correspondente. Portanto, mister seria desqualificar a sua visita e o seu relatório.

Segue adiante uma transcrição do seu diário de viagem, na esperança de que Sua Majestade inspire os nossos visitadores (note-se: o texto é uma transcrição *ipsi literis* de suas notas, portanto, é em estilo telegráfico e gramaticalmente irregular).

10 de outubro de 1859

Às 8 ½ estava na Escola de Medicina.
Clínica Externa – o Dr. Antunes pareceu-me medíocre, e não fez preleção apesar de ter um caso curioso, segundo ele mesmo disse.

Farmácia – Antônio José Osório, não é mau; porém algumas proposições não me pareceram exatas, não falando, conforme o estudo da ciência da pectina, quando tratou dos sucos dos frutos e plantas.

Operações – Alencastre, medíocre; tratou dos processos de envaginação [sic] dos intestinos, levando a lição quase toda escrita.

Clínica interna – Antônio Policarpo Cabral; tem o movimento das pernas quase que perdido, mas excelente cabeça e simpática fisionomia. O sextanista Joaquim Andrade Muniz Barreto foi o estudante que me pareceu ter respondido melhor à cabeceira do seu doente. Não houve preleção e não apareceu, como devera, o opositor, Antônio Álvares da Silva.

Anatomia geral e Patologia – Elias José Pedrosa, atrofia e hipertrofia, dizendo que a magreza é uma espécie de atrofia. Dá lição pelo compêndio, foi o verdadeiramente mau o que ouvi.

Patologia externa – Aranha Dantas, falou-me com a clareza e propriedade de termos, quanto pude julgar, de quem sabia sobre luxações; foi o melhor que ouvi.

Fisiologia – Justiniano da Silva Gomes, menos que medíocre, pensa como Raspail, que citou, que a albumina e fibrina são a mesma substância, no estado líquido ou de solidificação.

Higiene – Domingos Rodrigues Seixas, tratou no fim do ano [sic] de generalidades dos diversos modificadores gerais do organismo, e com muita, talvez demasiada verbosidade, não tropeçando uma só vez, como quem trazia o discurso estudado. Desde que disse que o Ganges se lançava no golfo Pérsico tratei de ir a outra aula.

Botânica – Manuel Maurício Rebouças, difuso e verboso. Tratou dos crustáceos que classifica com pouca clareza, dizendo que as pérolas eram ovos da feminina, que o macho cobria de uma certa secreção, julgando que se referira ao licor prolífico.

Patologia interna – Alexandre José de Queirós, não me desagradou tanto da matéria.

Química mineral – Francisco Rodrigues da Silva, moço de muito talento e bela exposição. Espraiou-se em generalidade e como, perguntando-lhe se era aquela a matéria da lição, caracteres distintos dos reinos inorgânicos e orgânicos, deixei-o continuar até acabarem as horas das aulas à 1 hora.

Fui depois correr o estabelecimento para examinar o mais, e achei que a sala dos atos é melhor que a do Rio, pedindo-me o Antunes o meu retrato para colocá-lo aí.

O gabinete de física muito falho, não tendo senão a pilha de Bunsen, e faltando o aparelho para demonstrar as leis de Ampère e os principais instrumentos de óptica, que aliás pouco dão, por vir para o fim do compêndio de Pelletan. Tem uma bela máquina de Atwood, com relógio.

O de química é miserável pelo local, e o que nele se acha. Está em obras; mas assim mesmo creio que antes não estaria tão bem arranjado e limpo como o de física.

O anatômico, todo preparado pelo Abbott e discípulos, é digno de ver-se. Há esqueletos de variados animais, e até de um camelo, que morreu aqui, e de anta, sobressaindo, pelo bem preparado, uma árvore de esqueletos de beija-flores. O esqueleto do tucano parece mostrar que a cabeça e bico reunidos pesam mais que o resto do corpo. Há um crânio do vigário da Conceição da Praia, Manuel Dendebus, que prestou serviços [à Independência], o qual é notável pelo intervalo entre duas falhas dos ossos crânios, causando duas notáveis protuberâncias supraorbitais, que Dr. Abbott atribui a ter ele morrido envenenado. O queixo inferior adianta-se tanto, que o Dr. Abbott disse que o cônego nunca lhe pudera morder o dedo com os incisivos.

A biblioteca ainda não está arranjada para a busca, apesar de haver catálogo por matérias, e desde 1854 que não recebe novas publicações.

....

A biblioteca é de forma hexagonal de quatro lados grandes e dois pequenos e conservam mais um manuscrito do Orbe Seráfico de Jaboatão, e outros em 5 volumes dos sermões do mesmo frade, que é tradição terem sido escritos por ele. Fr. Raimundo Nonato disse-me que examinava esta questão. Informei-me dele como ia o irmão, Fr. José do Espírito Santo, e respondeu-me que cada vez pior do juízo.

A biblioteca é de 1731 e aí vi, sobre um canapé, uma caixa chata, de papelão, de modas.

....

Depois das 8 fui ao Teatro Dramático de S. Pedro de Alcântara. É maior que o do Ginásio, mas com a mesma forma e três ou quatro camarotes; representaram Probidade; forte maçada!

....

11 de outubro de 1859

Acordei às 6 ½, li; almocei.
Às 8 estava na Escola de Medicina assistindo, até as 9, a lição de Jônatas Abbott que me pareceu falar muito bem sobre a aorta e suas principais ramificações, sobre o cadáver de uma parda, que já fedia, incomodando-me um pouco o espetáculo, a que assistia pela primeira vez.
Comparei então o busto [sic] com o cadáver de Auzoux que tinha perto de mim e admirei a perfeição da arte.
No gabinete anatômico, há outras peças principalmente para a cadeira de obstetrícia, da mesma natureza.
Medicina legal – Salustiano Ferreira Souto, sobre as diversas teorias relativas ao modo de operar dos tóxicos. Fala bem e expendeu bastantes ideias durante certo tempo, depois repetiu-se dando quase que importância demasiada à força vital nos efeitos dos tóxicos.
Química orgânica – Antônio de Cerqueira Porto, primo de Pedreira, dissertou sobre a ureia, mas sem experiência; fala sofrivelmente, mas de modo enfadonho e mostra conhecimentos.

Patologia geral – José de Gois Siqueira. É fraco, mas parece aplicado, e sua exposição é clara, falando todavia baixo; dissertou sobre o prognóstico, largou a aula antes da hora porque os estudantes desejavam acompanhar-me, conforme me respondeu.

Partos – Matias Moreira de Sampaio, falou com clareza e facilidade sobre a metrite, porém julgo-o medíocre.

Matéria médica – Joaquim Antônio de Sousa Velho, menos que medíocre, deu sabatina, a que me disse estava procedendo, não aparecendo senão depois da hora, mas antes do quarto de hora.

Física – Vicente Ferreira de Magalhães, espírito atilado e de ilustração, tendo estudado em Coimbra os 3 anos matemáticos. Expendeu uma teoria engenhosa atribuindo os fenômenos da eletricidade, calórico, etc., à combinação da matéria inerte com a luz, que segundo ele, não é senão o elemento de força sobre o qual devem dirigir-se as vistas dos físicos. Custa-lhe a compreender ondas no éter que se reputa fluido, cujo estado depende do calórico; que aliás dizem os físicos proceder do éter em movimento. Citou o Gênesis segundo o qual Deus animou a matéria que formava o caos e criou a luz antes do sol, não podendo ser a luz senão o elemento de força; porque a ser a luz também matéria, criaria Deus duas vezes a matéria o que seria difícil de compreender, visto sua onisciência e onipotência. Enfim, agradou-me pelo seu talento, mas eu sempre lhe disse que era bom provar por experiências as leis da eletricidade, sobre que visava a lição, que julgava um pouco ter sido para mim e não para estudantes do 1º ano. Perguntando-lhe o que era então o elemento de força, se não era matéria nem espírito, respondeu que não era matéria nem também espírito, e que a minha reflexão de ver-se ele obrigado a formar uma hipótese para fugir de outras, retorquiu que era melhor adotar uma só explicação para todos os fenômenos dos corpos imponderáveis, ao que repliquei que a simplicidade levada até certo ponto só pertence a Deus.

Não houve lição de *Farmácia Prática* por causa da sala estar em obras.

Passei para o Hospital da Misericórdia que é miserável sobretudo as enxovias dos doidos, parecendo que a Irmandade pretende continuar a obra começada do novo hospital em Nazaré, mandando, entretanto, os expostos para uma roça, como chamam aqui a Chácara do Rio.

Para discutir

1. Compare a situação dos professores da Escola de Medicina da Bahia com a de alguma faculdade que você conheça. São hoje melhores ou piores?
2. Que perfil socioeconômico de alunos frequentaria hoje uma faculdade, em comparação com os alunos da Bahia? São menos elitizados hoje?

Apêndice
Conselhos para escolas e pais

É difícil decifrar certas questões da educação. Algumas controvérsias e até mistérios persistem, ano após ano. Mas aprendemos muito. Em alguns assuntos, sabemos o que fazer. Mais ainda, é possível apresentar conselhos muito sintéticos e fáceis de entender. No presente texto, apresentamos uma boa coleção de sugestões simples e confiáveis.

O decálogo dos pais

Há um papel político para os pais. Quando passarem a ver com desconforto e impaciência a falta de qualidade da educação, estaremos no caminho de uma solução definitiva. Se isso não acontecer, é difícil imaginar um cenário de mudanças profundas e rápidas.

Contudo, há um papel para os pais em outro registro. Quando um aluno pisa pela primeira vez em uma sala de aula, mais de cinco anos já transcorreram durante os quais frequentou outra escola: sua casa. Ou seja, para o bem ou para o mal, os alunos são educados em casa, até que cheguem à idade de ir para a escola.

Que "escola" foi essa? Uma escola que preparou o aluno para enfrentar esse primeiro dia de aula e os subsequentes? Ou uma escola longe dos livros, do uso correto da língua, do mundo das ideias e do diálogo?

Uma escola que forjou a sua personalidade, reforçou seu amor próprio e desenvolveu sua autoconfiança? Ou a escola do fracasso, da intimidação?

A criança precisa de um bom modelo, de uma referência, um espelho para se mirar e refletir. Alguém em casa tem de ser o modelo que ele vai copiar quando crescer.

Dependendo de que "escola" frequentou em casa, suas chances de êxito são drasticamente diferentes. Pais mais educados tendem a ter muito mais competência para preparar seus filhos para funcionar com sucesso na escola. Afinal, ensinam a eles sobre um mundo em que já viveram por muitos anos. Mas mesmo pais menos educados podem fazer muito para ajudar os filhos.

Crianças bem-sucedidas na escola e na vida, mas oriundas de famílias muito modestas, tiveram uma experiência em casa diferente da dos seus colegas. Seus pais conversavam muito com elas, davam atenção, acompanhavam de perto a sua trajetória na escola. Faziam o possível e o impossível para que lessem e tivessem em casa o que ler.

As pesquisas mostram de forma clara as fórmulas para ser um pai competente. Não há muito que inovar aqui. Falta fazer as famílias conhecerem essas regras e que tais comportamentos passem a ser efetivamente incorporados no cotidiano delas.

Queiramos ou não, os pais e as escolas compartilham a mesma empreitada de educar os alunos. Um não pode fazer o serviço do outro. Mas, em parceria, os pais podem contribuir, se conhecerem as regras do jogo e se dedicarem a tal tarefa cooperativa. Na prática, o desempenho dos pais deixa muito a desejar.

Um pai entendido em educação pode ajudar o filho em trabalhos criativos ou pode debater com os professores a teoria pedagógica da moda. O presente ensaio – obra coletiva de muitos amigos – não é para esses pais. Seu objetivo é mostrar o que qualquer pai pode fazer em casa e na escola.

Em casa, os pais podem ajudar os filhos de muitas maneiras. Vejamos as perguntas que um pai dedicado deve fazer a si próprio:
1. Conversa com os filhos com frequência? Sugere que se estabeleçam metas pessoais para sua educação? As pesquisas mostram a importância dessas conversas, mesmo que não sejam sobre educação.
2. Acompanha minuciosamente o boletim escolar – que é a fotografia do seu desempenho? Ouve os filhos, para saber se estão sendo educados com competência, desvelo e justiça? O pai pode não entender de educação, mas descaso e displicência ele sabe detectar.
3. Promove leituras em voz alta? Traz para casa leituras que os filhos achem interessantes? É preciso que seja alguma coisa que capture a sua curiosidade. Não há bons alunos que não sejam também bons leitores. A leitura e a escrita são os fundamentos da educação. São as ferramentas usadas pela educação escolar.
4. Cria, mesmo com sacrifício, o espaço físico e a tranquilidade necessária para os filhos estudarem? Abre mão de seus confortos e conveniências para criar o silêncio indispensável?
5. Administra a TV, para que não conflite com os estudos? Algumas pesquisas mostram alunos vendo mais horas de televisão por dia do que estudam por semana. Não se trata de discutir se a TV é prejudicial em si mesma, mas de preocupar-se com as horas que rouba dos estudos. Ademais, se a TV está ligada na hora em que as crianças fazerem seus deveres, isso pode prejudicar a sua atenção.

Na escola, não é menor o papel dos pais. Podem e devem cobrar resultados. E podem tornar desconfortável ou insuportável a vida de quem está atrapalhando ou deixa de fazer a sua parte. Eis as perguntas que um bom pai deve fazer à escola:
1. O professor passa dever para casa? Corrige? Discute os erros e acertos com os alunos? O "para casa" é uma continuação do processo escolar. E bem sabemos que, quanto mais tempo se passa estudando, mais se aprende.
2. Vai à escola indagar e tentar entender o que está acontecendo? Aprende como e por que a escola avalia, aprova e reprova os alunos? Vai ver como são as normas disciplinares? Busca estabelecer parcerias produtivas com os

professores que educam seus filhos? Nas visitas, verifica como estão os espaços físicos? Os banheiros estão limpos? Há vidraças quebradas? Se a escola está descuidada, é sintoma de enfermidades mais graves.
3. Acompanha a vida da escola, para ver se os professores faltam ou chegam atrasados? Se há greves ou não há aulas, as causas de tais desarranjos são problemas da escola, não seus. O assunto do pai é a falta de aulas e é disso que ele deve reclamar.
4. Cobra dos professores ou do diretor, quando a escola não atende às condições mínimas descritas acima? No caso do ensino público, reclama com o secretário de Educação, quando a política atrapalha o ensino, por levar à escola diretores, professores ou funcionários com perfis inadequados? Está disposto a acampar em frente à casa do diretor ou secretário, se os outros métodos não funcionam? Se a escola conhece a férrea disposição dos pais para protestar, isso já se constitui em mecanismo de pressão para resolver os seus problemas e dissuade os políticos de meterem o bedelho onde não devem. Mas é preciso energia e persistência.
5. Apoia os professores dedicados, com palavras e atos? Os bons professores têm de ser ajudados e prestigiados. Sua missão é preciosa demais para não ser reconhecida com generosidade. Mas os que parecem ser maus professores devem ser questionados com insistência.

Se os pais seguirem esse decálogo, as consequências seriam mais benéficas do que qualquer plano de educação feito pelo governo.

Dez sugestões para melhorar o ensino básico

1. Prioridade absoluta para alfabetizar quase todos os alunos no 1º ano de escolaridade.
2. Prioridade absoluta para ler, entender, escrever, falar, usar números e resolver problemas: esse é o currículo. O resto é perfumaria.
3. Ensino focalizado na aplicação, na análise e na síntese, abandonando os péssimos hábitos de memorização.
4. Professores que conheçam as matérias que ensinam e que tenham aprendido a ensiná-las, passo a passo.
5. Livros didáticos de boa qualidade, detalhados e com o grau de dificuldade compatível com o potencial dos alunos.
6. Professores que saibam usar os livros adotados.
7. Diretores de escola com preparo e liderança.
8. Preocupação com o ambiente da escola, com a satisfação dos alunos e professores e com o foco no ensino e na aprendizagem.
9. Carreira do magistério que premie o bom desempenho e penalize o mau, crie desestímulos à inadimplência e permita dispensar o professor por incompetência ou negligência.
10. Pais interessados e comprometidos com o aprendizado dos seus filhos, vigiando a realização de deveres para casa e mantendo com eles um diálogo constante.

Dez conselhos para uma escola bem-sucedida

Bernardo Toro é um educador colombiano que sabe o que é importante em educação e aprendeu a mostrar isso aos professores, com um estilo simples, claro e persuasivo. Em suas passagens pelo Ministério da Educação de seu país, ele preparou uma série de cartazes, mostrando o que as pesquisas apontavam como as causas do êxito e do fracasso na escola. Bernardo já veio várias vezes ao Brasil, deixando discípulos e marcas indeléveis, sobretudo em Minas Gerais.

Visitando o Ministério da Educação da Colômbia, vi que, colado à parede, estava um dos cartazes preparados por ele, com sugestões para escolas de ensino fundamental. Pedi licença e, sem esperar muito por uma resposta, retirei o cartaz. O presente texto é minha adaptação para o Brasil do que foi preparado por Bernardo.

1. Os melhores professores nos primeiros anos: a mais preciosa das decisões

Alunos de sucesso nos dois primeiros anos, geralmente, continuam tendo êxito nos anos subsequentes.

Se escolhermos os melhores professores de língua portuguesa para o início da escolarização, garantimos o sucesso escolar de todos os alunos.

Sabemos que os melhores professores se caracterizam por:
- Acumular bons anos de experiência
- Ter um conceito positivo de si mesmos e do seu trabalho
- Ter expectativas positivas com relação a todos os seus alunos
- Conseguir que todos os alunos aprendam

O bom professor é aquele que leva seus alunos a aprender bem o que precisam aprender no ritmo correto.

> *Indicar os melhores professores de língua portuguesa para os dois primeiros anos é a melhor forma de assegurar o êxito educativo da nossa juventude*

2. A duração do ano escolar: mais se estuda, mais se aprende

Os países com economias mais produtivas são aqueles em que o ano escolar é mais longo. Dessa forma, os alunos aprendem mais e melhor. Ademais, um estudo mais intensivo prepara o aluno para a ética do trabalho.

Um ano escolar mais longo e rico em experiências educativas permite que mais alunos atinjam os níveis de aproveitamento esperado. E, também, permite melhor apoiar os alunos que se atrasam.

> *É nossa responsabilidade aproveitar cada minuto do ano escolar e planejá-lo cuidadosamente, para que seja possível oferecer o máximo de experiências educativas*

3. *As expectativas positivas: devemos sempre esperar o melhor*

Se todos os adultos com quem as crianças têm contato (professores, pais, familiares) tiverem delas um conceito positivo e expectativas otimistas, elas irão desenvolver conceitos positivos de si próprias.

Se o ambiente escolar premia solidariedade, cooperação e honestidade, os alunos facilmente incorporam esses valores.

As crianças sempre querem agradar os adultos com seus comportamentos. Mas, para capitalizar esse impulso das crianças, é preciso:
– clareza sobre o que se espera delas;
– que vejam os bons exemplos nos adultos.

> *A formação moral começa com o aumento da autoestima, com clareza acerca do que se espera da criança e com bons exemplos dos adultos*

4. *O certo e o errado: as crianças sabem*

As crianças distinguem o bem do mal e o certo do errado. Sabem o que é justo e o que é injusto.

Esperam que se premie o bom e se puna o mau comportamento.

Diante de um comportamento arbitrário, tornam-se rebeldes e anárquicas.

> *As crianças desde muito cedo desenvolvem um julgamento moral e distinguem o certo do errado. A rebeldia resulta de contradições observadas nos adultos*

5. *A importância do caderno: é a primeira obra literária dos alunos*

Bons professores têm especial cuidado com os cadernos, pois ali os alunos expressam o que sabem, da maneira como sabem. Observando os cadernos com cuidado, é possível conhecer os avanços e as limitações dos alunos.

Os professores experientes ensinam ordem e clareza no trato com os cadernos. Ensinam os alunos a expressar as suas ideias, seja por escrito ou em desenhos.

Os professores experientes revisam com frequência os cadernos e obtêm deles informações preciosas sobre os seus alunos. Fazem nos cadernos anotações úteis para os alunos e para os pais. As observações escritas no caderno são uma ferramenta de comunicação com a família.

Exposições na escola com os melhores cadernos fortalecem as relações entre os pais dos alunos e a escola.

> *O caderno é a primeira obra literária do aluno, ali ele expressa suas ideias por escrito. E, no mundo atual, a comunicação escrita tornou-se indispensável*

6. *O dever para casa: a escola vai à casa do aluno*

Alunos que recebem dever para casa têm um rendimento escolar superior. Mas, para dar certo, é preciso que os deveres:
– sejam atraentes;
– possam ser realizados com o que se aprendeu na aula;
– sejam apropriados ao nível social dos alunos.

Dar deveres não basta, é preciso corrigir. Os bons professores sabem que, sem correção, frustram os alunos e os desmotivam para os deveres futuros.
O "para casa" é também um instrumento de comunicação com a família.

> *As reuniões entre professores para dialogar acerca das melhores formas de propor deveres adequados e atraentes são uma das formas de melhorar o rendimento dos alunos*

7. *A importância dos amigos: é nos grupos que se nutrem os valores*

Alunos com colegas bem-sucedidos tendem a obter rendimentos superiores. Daí a importância de distribuir os melhores alunos entre as diferentes turmas. Não é uma boa ideia juntar em uma mesma turma os alunos de rendimento mais fraco.

Os amigos e companheiros são os que mais influem na formação dos valores. Por isso, é importante planejar atividades, festas e competições levando o grupo em consideração. As lideranças espontâneas devem ser cuidadosamente observadas e distribuídas da melhor maneira possível.

> *É preciso programar as atividades escolares e extraescolares, levando em consideração os grupos existentes, pois isso pode contribuir para melhorar o rendimento e o clima da escola*

8. *Os livros escolares: a alegria de ler*

Os livros-texto, os livros e os materiais de leitura devem ser usados frequentemente, tanto na escola como em casa. Sabe-se que têm um efeito muito positivo sobre o rendimento dos alunos.

O domínio da língua falada e escrita é essencial para o aprendizado. E, em particular, para usar computadores, manejar equipamentos modernos e obter bons resultados em concursos e em qualquer tipo de trabalho.

Tais competências são mais facilmente adquiridas se os alunos, desde o início da escolarização, estão em contato com livros e revistas.

> *As bibliotecas e as leituras contribuem para o êxito presente e futuro do aluno*

9. *A promoção automática: o maior desafio*

Repetir o ano não leva a aprender mais e destrói a autoimagem. O aluno aprovado, sem saber, aprende mais do que o aluno que foi reprovado e repete. Quase sempre, é melhor promover do que reprovar.

A promoção automática elimina as provas que aprovam ou reprovam. Por isso, a avaliação ao longo do curso se torna, então, muito mais importante. É preciso verificar todos os dias se os alunos estão aprendendo corretamente o que deveriam aprender. Promoção automática requer mais avaliação, e não menos.

Se não aprendem, a cada dia, o que deveriam aprender, a promoção automática é um engodo. Simplesmente, leva o aluno acumular ignorância ao longo dos anos.

> *A promoção automática tem o potencial de devolver ao mestre toda a plenitude de sua função profissional: criar e manter as condições para que o ensino fundamental leve todos os alunos ao sucesso escolar. Mas o desafio é grande, pois, se mal utilizada, pode minar os estímulos para os alunos e desencorajar os professores*

10. *A educação para todos: a grande meta nacional*

A educação existe para que todos os alunos possam aprender com êxito.

Não há prejuízo maior para uma sociedade do que o aluno não aprender a tempo o que se deveria aprender. O fracasso escolar tem péssimas consequências econômicas e sociais.

Os alunos não são culpados do seu fracasso. Somos nós, os adultos, que não soubemos criar as condições para o êxito escolar.

> *Precisamos formar uma nova geração solidária, criativa e bem-sucedida na escola, desde o primeiro dia de aula*